第二辑

中国出版纪录小康文库

生命的战场：
中国减贫英烈口述史

中联口述历史整理研究中心 编著

中国出版集团
研究出版社

图书在版编目（CIP）数据

生命的战场：中国减贫英烈口述史 / 中联口述历史
整理研究中心编著. -- 北京：研究出版社，2022.12
ISBN 978 - 7 - 5199 - 1336 - 6

Ⅰ.①生… Ⅱ.①中… Ⅲ.①扶贫—先进工作者—先
进事迹—中国 Ⅳ.①K820.76

中国版本图书馆 CIP 数据核字（2022）第 172722 号

中国出版纪录小康文库·第二辑
生命的战场：中国减贫英烈口述史
中联口述历史整理研究中心 编著

研究出版社出版
责任编辑 张立明
北京市东城区灯市口大街 100 号华腾商务楼（100006）
研究出版社 发行
北京建宏印刷有限公司印刷
ISBN 978 - 7 - 5199 - 1336 - 6

2022 年 12 月第 1 版　　　　开本 710×1000　1/16
2023 年 2 月第 1 次印刷　　　印张 27¼
定价：78.00 元

"中国出版纪录小康文库"出版前言

  党的十八大以来，以习近平同志为核心的党中央把脱贫攻坚摆在治国理政的突出位置，统筹推进经济、政治、文化、社会、生态文明建设，决胜全面建成小康社会取得决定性成就。在庆祝中国共产党成立100周年大会上，习近平总书记代表党和人民庄严宣告：经过全党全国各族人民持续奋斗，我们实现了第一个百年奋斗目标，在中华大地上全面建成了小康社会，历史性地解决了绝对贫困问题，正在意气风发向着全面建成社会主义现代化强国的第二个百年奋斗目标迈进。

  在全面建成小康社会的奋斗历程中，涌现出丰富的实践和精神成果，具有非凡的纪录和出版价值。为全面展现和生动反映以习近平同志为核心的党中央团结带领全国各族人民顽强奋斗、如期全面建成小康社会的伟大历程和辉煌成就，落实中央领导同志在全国宣传部长会议上的重要讲话精神，中国出版集团勇于承担出版"国家队"的职责使命，决定紧紧扣住全面建成小康社会这一主题，遴选所属多家出版单位的优质图书品种，集萃推出"中国出版纪录小康文库"，以期用全方位、立体化丛书形式，展现新时代中国脱贫攻坚、全面小康的奋斗历程，彰显伟大时代的中国精神、中国价值和中国力量。

"中国出版纪录小康文库"所收书籍包括学术、文学、艺术等不同类别图书，既有学术探讨，又有文学表达，还有实践总结，并以传统出版兼融媒体的方式进行传播。

商务印书馆出版的《习近平扶贫故事》一书，真切地讲述了习近平同志始终把人民放在最高位置、关心困难群众生产生活、指引困难群众脱贫致富的感人故事，展现了习近平同志高度重视扶贫开发、锲而不舍推进脱贫攻坚的领袖风范，使人深切感受到他的思想力量、人格力量和语言力量。为此，特将《习近平扶贫故事》列入"中国出版纪录小康文库"，作为特别致敬图书单元，隆重推出。

"中国出版纪录小康文库"由中国出版集团策划并组织实施。遴选书目以集团所属的各出版单位已出版的书籍为主要基础。其中有一部分图书系经过作者修订增补的。所有书目由"中国出版纪录小康文库"编辑委员会审定，文库书籍装帧形态由文库编辑委员会确定，统一文库标识，统一开本与装帧风格，统一印制材料和标准，旨在确保这项重大出版工程能高质量圆满完成。

中国出版集团向来以出版代表中国出版业水平的精品图书为己任，我们希望这套文库能将反映我集团出版的全面建成小康社会伟大历程的精品图书尽收其中，展现中华大地实现全面小康的新面貌、新气象，以满足时代和社会的需求，不负广大读者的期待。

"中国出版纪录小康文库"编辑委员会

生命的战场：
中国减贫英烈口述史　　　　　　　　吴应谱

　　吴应谱，男，1990年出生。中共党员，江西省修水县大椿乡人，2015年考取公务员，生前为修水县政府办公室派驻复原乡雅洋村第一书记。在担任雅洋村第一书记不到一年的时间里，走遍了全村14个自然村，写满8本工作日志，对62户263名贫困户的情况摸得很透。雅洋村的药材基地、光伏电站、扶贫车间和专业合作社里，都有他的身影。2018年12月16日，28岁的吴应谱与23岁的妻子樊贞子利用周末时间前往大椿乡船舱村贫困户家帮助销售养殖的土鸡，在扶贫途中，两人遭遇车祸不幸身亡，献出了年轻的生命。

- 采访组: 张 晗 刘 晴
- 采访时间: 2020 年 12 月 28 日
- 采访形式: 线上音视频采访
- 采访对象:

1. 王诗勇（雅洋村村支部书记，与吴应谱同志为同事关系）
2. 古和平（雅洋村贫困户，吴应谱同志生前的帮扶对象）
3. 古和林（雅洋村贫困户，吴应谱同志生前的帮扶对象）
4. 叶宁宁（九江市修水县武装部长，雅洋村的驻村干部，与吴应谱
        同志为同事关系）

　　知道要去扶贫，吴应谱是修水县人民政府第一个报名参加的。去的还是距离县城最偏远的深度贫困村修水县复原乡雅洋村。

　　修水县是个典型的山区县，山水交融、生态优美。门前万重山，抬脚行路难。连绵不绝的大山，像拦路虎，一度阻断了人们摆脱贫困、迈向小康的步伐。

　　2014 年底，全县贫困发生率为 11.9%，全县有贫困村 133 个，其中深度贫困村 21 个。

　　2017 年底，修水县调整了深度贫困村的帮扶单位，要求把政治素质最强的干部派下去担任第一书记。吴应谱第一个递交了申请书，还特意到县政府办主任齐军的办公室聊了很长时间。"吴应谱说，他是党员，从小在农村生活，而且有过基层工作经历，到政府办以后一直对口联系分管农口的副县长，情况熟悉……"齐军回忆道。

　　"去扶贫之前，爸爸问他，怎么要去这么远的地方啊？他对爸爸说，我不光是吴家的儿子，也是党的干部啊！您保重身体，明年还要帮我带孩子呢！"吴应谱的二姐回忆说。

　　他给父亲做思想工作时说："爸爸，复原乡很远，扶贫工作会很忙，以后可能很少时间陪您。我是国家干部，国家需要我去哪我就去哪，我要对那里的乡亲们负责，您要理解我。"

　　吴应谱把年迈的父母托付给姐姐、姐夫照顾，自己则以村为家，全身心投入到扶贫工作中。担任修水县雅洋村第一书记不到一年，他走遍全村 14 个自然村，写满 8 本工作日志，对 263 名贫困户的情况摸得很透。村里各项工程项目，他总是亲力亲为、全程参与。

　　吴应谱有 5 个姐姐，他是家中最小的孩子，父亲 45 岁才生了他。出事之后，70 多岁的老父亲受不了打击，病倒在床，母亲因为思念儿子整夜整夜合不了眼；樊贞子的母亲一直无法走出悲痛；樊友炳（樊贞子父亲）在处理完女儿女婿的丧事后，主动问游承自还有多少鸡没卖，他想帮女儿完成心愿，他还成立了仁爱助学基金，这位坚强的父亲用自己的方式思念着女儿。

　　"应谱说要去复原乡扶贫，我们不想让他去。我说，仔，去跟领导说说，父母年纪大，身体不好，你不去了。可我仔说，妈妈，我是你的仔，也是单位的人、党的人呀……"吴妈妈哀哀地哭着。对比两年前和儿子、儿媳的合影，老人消瘦、苍老了很多。

吴应谱和樊贞子的婚房是一套简朴的三室两厅，婚房装修全是吴应谱的大姐夫一手操办的。可是，这对新婚夫妻在这里共度的时光只有7天！

吴应谱的三姐说，为了不让父母伤心，家里一度把弟弟、弟媳妇的婚纱照都藏了起来。可是母亲到处翻找照片，她要看着他们，就好像他们还在身边。

衣柜里有好几件未拆封的衬衫，那是樊贞子买给吴应谱的，吴应谱还没来得及穿；门边的衣架上挂着吴应谱生前爱穿的几件衣服，其中有一件熨烫得笔挺的西装，西装左胸中间位置端端正正地别着一枚党徽。

"马迢哦，你回来哦，你哪里去了哦……"

从吴应谱去世那天起，70多岁的父亲眼里失了神，终日沉默不语，唯一开口说的话，就是反复喊着小儿子吴应谱的乳名，喃喃自问他究竟在何处。

老父亲当过兵，做过人民教师，也经历过人生起落，是个性格开朗、为人好客的通透人。在人生的古稀之年，他怎么也无法接受吴应谱的死。他把自己彻底封闭起来，不同任何人交谈。几乎每个深夜，他都会起身推开家门，在外长时间地徘徊。

家人害怕他出事，隔三岔五地在漆黑的夜里寻他。三年里，家里人带他去做心理咨询，去看医院的精神科，也确诊不了任何确切的病种。

"应当是受了打击导致的。"

医生这么说，所有人都束手无策。因为在这个家里，每个人都无法黏合起自己那颗破碎的心。

吴应谱的母亲成日以泪洗面，身体每况愈下。原来和美的夫妻相谈甚欢，时常在村头的家中招待村里的朋友们，但现在房子空无一人，夫妇俩几乎再无交集。凡是有探望他们的人来，一提起吴应谱，两人的情绪就滑落至崩溃边缘。

吴应谱是家里最小的孩子，是独子。他出生时，父母四十多岁，五个姐姐轮流把他抱在怀里，亲了又亲。吴家吃饭的嘴巴多，家庭经济状况吃紧，照顾吴应谱的重任就落在了比他大二十多岁的大姐和大姐夫头上。

大姐夫李杨军那时做些小生意，虽然算不上富裕，但也还是能够负担吴应谱成长过程中的一切开支。

李杨军夫妇视其如己出。吴应谱上初中时校长对他的评语、工作后领的第一份薪水、和樊贞子喜结良缘的那一天，都印刻在李杨军的脑海里。

想到这些，他忍不住抹了抹眼角的泪水。他为"儿子"取得的成绩骄傲，为他将来的工作、生活操心。"辈分上，我是他姐夫。实际上，长兄如父，他就是我的小孩啊。"

吴应谱去世的消息传来，李杨军当场吐了一口鲜血，晕厥过去。醒来以后，得知自己被诊断出心脏病，他根本来不及有什么情绪，就立刻投入到了照顾吴应谱父母中。

"这个家里，没有我就真的塌了，我不能再倒下。"

吴应谱死后，家里就只剩下他一个中年男人，吴应谱的其他姐姐们多离异，收入微薄，还有一个家庭远在香港，照护老人有心无力。李杨军只能停下在他乡的生意，回乡做些建造房屋的苦活。

有好心人过继给吴家一个两岁大的孩子。这个孩子并不能够挽回什么，但却给了吴应谱父母一种微小的慰藉。正当两位老人从伤痛的缝隙中获得一丝喘息机会的时候，吴应谱的母亲又因高血压和中风住进了医院。

李杨军觉得压力倍增，他刚刚做完心脏手术，还在恢复期，而此刻他依然必须担负起经济重担。他不知道往后的日子会如何走下去，但他记忆中的孩子吴应谱依然如此鲜活，像一个典型的、诚实的中学生那样。想到这里，他仿佛又坚强了一些。

雅洋村的干部们都不敢相信，他们平时跟吴应谱一起下基层，一半的工作时间都一起待在老百姓家里。王诗勇表示，在吴应谱来之前，"我们都没有听说过驻村第一书记这个词"，村里的干部最多是高中学历，很少有大学生。吴应谱是第一位过来帮扶的第一书记，改变了村"两委"的办公态度和方式，引进无纸化办公，调整坐班制度，带来了崭新的思维。

"他是真正的队友，真的感情很深。这么年轻（就出了事），谁都接受不了。"王诗勇说。

村干部们接到通知后马上赶往县城，很多贫困户也都动身去见他最后一面。2018 年 12 月 18 日 13 时，樊贞子、吴应谱追悼会在县殡仪馆举行，千余人送别。"最后进公墓的时候，我得尽量安排叫老百姓少来，因为来的人实在太多太多了。"王诗勇回忆。

吴应谱的遗物里，有一本妻子手写的纪念册：2017 年 10 月 29 日，第一次正式见面。2018 年 2 月 10 日，第一次牵手。3 月 10 日，第一次叫"老婆"。3 月 17 日，一起过生日。4 月 4 日，一起去南京。6 月 1 日，领证啦。8 月 30 日至 9 月 4 日，普吉岛婚纱照。2018 年 11 月 7 日，我要嫁给你啦。

纪念册上，樊贞子写下"未完待续"，但两人的故事却戛然而止。

· 采访对象：王诗勇（雅洋村村支部书记，与吴应谱同志为同事关系）

雅洋村是深度贫困村，2015 年贫困发生率达 18%。

白色墙壁早已泛黄，一张矮床、一张油漆斑驳的老旧办公桌、一把木头椅子、一个几根铁棍焊接起来的简易衣架，床头的墙上贴着一张《复原乡政区图》，这个简陋的房间是吴应谱在雅洋的宿舍。

对吴应谱的到来，雅洋村支部书记王诗勇起初有点失望。"雅洋贫困程度深，脱贫难度大，我盼着县里能派个年纪大一点、经验丰富一点的第一书记。没想到派了个'90 后'。我那时候觉得，这样的'秀才'在机关耍耍笔头能行，村里的工作不一定'吃得烂'。"

然而，才一个星期，这个"秀才"就让王诗勇刮目相看："他骑着电动车，在村里这家进那家出的，狗见了他都不叫唤，冲着他直摇尾巴，像是个土生土长的雅洋仔哩。"

后来，王诗勇发现了吴应谱的秘密：他在随身携带的笔记本上画了一张地图，全村 60 户贫困户的情况在上面标得一清二楚，姓什么叫什么、贫困原因、贫困程度、家庭成员、亟须解决的问题，甚至家庭成员的性格、左右邻居是谁，都记录了下来。"对贫困户了解有多透，帮扶就能有多准，这是吴书记常说的话。"王诗勇对这个"90 后"生出几分敬意。

到雅洋后，吴应谱经常加班加点，父亲每次给他打电话，他总是一句话："好忙，在加班。"

采访组：吴应谱在工作上担任什么职务？

王诗勇：简单来讲就是什么事情都管吧。五级书记抓扶贫嘛。扶贫工作是重中之重，包括在村里面的大小事务都是我们村委共同协商去完成的。

其实第一书记的工作是融入村党委的工作中的，五级书记抓扶贫，村里还是扶贫的第一线，他是协助村支部抓扶贫工作的。

采访组：您能用三个词来概括他的工作态度吗？

王诗勇：讲到吴书记的话，用三个词来形容，第一个应该是认真负责，第二个是任劳任怨，还有他的工作呢，精益求精。

采访组：能具体说说吗？

王诗勇：首先说认真负责的话，我记得有一次，一个很小的数据，一个贫困户所得的大概是 5000 块钱，我们就说大概是 5000 块，他说 5020 块，他甚至会精确到一个小数点；他对户上的政策落实抓得也是相当认真的。任劳任怨的话，因为扶贫工作确实是太繁重了，这个工作谁来做都会有一些情绪，为什么呢？因为三天一检查之类的，这个工作我们不说枯燥无味吧，但是确实是做得有点烦。但是他从来没有怨言，他总说能给乡亲做工作，这个也是他的荣幸，也是他锻炼的一个机会，从来没有情绪化。至于精益求精，他做什么事情都要力求做到完美，对，完美主义者，比如说有些贫困户签个字，可能不很正规，他就说不行，必须要按照标准。因为要做档案和材料，一定要做到标准，资料首先是页面干净整洁，签字比较规范化，领导看着舒服，整理起来也方便。这就是精益求精，我是这样认为的。

采访组：他在您眼中是个什么样的人？

王诗勇：吴书记在我眼里，首先是相当年轻，然后就是活泼，包括打游戏什么的跟他聊，他没有一个不知道的。我还和他开玩笑，说我们俩有代沟了，因为他比我小十来岁吧，比较活泼开朗，爱开玩笑，平时和他讲什么网络名词，我们都讲不过他，知识比较渊博。因为他是个正儿八经的大学生，在知识涵养这块我们真的就比不上他，各方面也是我们可望而不可即的，这是我印象比较深刻的。

采访组：当时他是如何接触到扶贫工作的？

王诗勇：他应该是元月一号到这里，来这里上班第 1 天呢他就开始片访。他刚开始工作的时候，就做了一个线路图，今天走了多少户人家，他会自己简单标注一下，如第 5 排房子是谁的，是哪家贫困户的。我就问他，我说你做这个干吗？他说人太多了，怕搞不清楚，下次过去如果贫困户姓王，叫他老蒋他就可能不高兴了。这个也是他比较严谨的一个体现。你问的怎么接触的这个扶贫工作，他是一来就接触了，并且是深入到这个工作当中去了，他上手很快。

采访组：他做了扶贫工作之后，得到了什么样的评价？

王诗勇：他来了之后我一看，这么年轻？三十岁不到啊，能不能吃苦啊？我心里都有点想法啊，自从他做了工作以后，我才发现这年轻人确实有过人之处。为什么呢？首先他改变了我们的办公方式，第一是坐班制，其次是周例会。每周一开一次例会，首先会汇报一下上个礼拜都做了哪些工作，总结一下做得好的地方和做得不好的地方，再来就是布置本周的工作。我们觉得这个例会还是很有必要开的，可以把每一件事分到每一个人身上，落实每一件事，分工明确了，老百姓办事就方便了。

我觉得他比我期望中的还好很多，他改变了我们对扶贫的看法乃至贫困户的看法，他让贫困户对政策的接受能力更高了，让贫困户对国家更信任、更感恩了。他很有耐心，会不厌其烦持续地走访，会做一些令人感动的事情。他的扶贫方式和我们 2018 年之前的扶贫方式是不一样的，2018年之前，我们做扶贫工作的时候第一个是站位不高，吴书记来了之后就立马把我们扶贫工作人员的站位给提高了。还有他改变了扶贫的方式，特别是扶助的方式，激发了贫困户的脱贫动力。

他确实是花了心思的。要评价他的话，村党委这边对他的评价首先是比我们想象得要好，他确实做了一些他认为该做的事情，包括贫困户对他的评价就是年轻人确实不错，老百姓讲的这句话对他来说是最高的评价，因为我们所做的事情都要得到群众的认可，他真正得到了群众的认可。

采访组：他来了之后都做了些什么事呢？

王诗勇：他推动完成我们村组公路硬化 8.6 公里，改造提升 2.6 公里主干道并铺设沥青路面，完善"百吨千人"农村饮水工程，完成农村电网改造和 232 栋房屋坡顶改造，建成 103 亩桑蚕基地，配齐垃圾处理设施，完善保洁队伍，等等，这些都是他牵头完成的一些工作。当时建桑蚕基地的时候，吴书记是想到雅洋村山多地少，农户多养蜂或种植药材，却没能产生好的经济效益。吴书记就向上级部门申请开辟上百亩地，改药材种植为桑蚕养殖。吴应谱主动上门去跟村民沟通，为了打消村民的顾虑，还带领着村民到隔壁的乡镇去学习。现在村里大变样，都是有他一份功劳在的。

采访组：您有没有亲眼见过他在扶贫中的状态？

王诗勇：比如说我们有时候下班打篮球什么的，有时候有老百姓过来找他办事，他就立马去做接待工作；他会去规划村里的发展，规划贫困户脱贫的道路，提倡"两业脱贫"。我们不说工作忙，但是五天上班，四天加班是有的，几乎是每天加班，十点以前下班算早的。

采访组：您是否听他聊过自己的工作？

王诗勇：我们刚来的时候，其实是想立马扭转这个贫困的状态，平时就是跑项目、跑产业，他就是好像觉得这个改变的速度太慢了，他就有这个想法，我就跟他说，兄弟啊，你做得已经非常完美了。为什么呢？其实他已经给村里改变很多了，包括村里的状况和我们的工作方式，他总说要快点，很急，总想着把事情快点办好。我也知道，他是想给地方做些事情，因为他也是在县里的单位立了军令状来的。他做事对自己要求高，对别人要求也高。

采访组：有没有哪一次让您觉得自己重新认识了他？

王诗勇：我们村里有个贫困户古和平，吴书记想让他把老房子拆了，因为这个房子是危房。但是呢，我首先就是考虑到我们村里的风气，这个工作其实是不好做的，吴书记去了五趟以上，最后把这个工作做成了。他回来和我讲，"王书记啊，老古那里的工作我们做成了，他愿意拆掉老房子，做新房了。"当时老古其实有很多顾虑，第一个是手上没钱，第二个是他对政策不信任、不了解，他不知道政策有这么大力度，怕政策忽悠他。吴书记第一个是和他讲政策，做了个担保；第二个是找了建筑材料，包括施工队伍，还有就是拆迁队也给找好了。

我觉得这件事是改变了我对工作方式的一个看法。有些东西你不能放弃，做不到只是因为没有做到位，吴书记能做好就是因为他付出了比别人更多的努力，加上他的方式方法比别人好。他首先是打感情牌，比较深入行动。他知道群众的一个期望，包括他在担心什么，还有期望什么，比如一开始我们也不知道，老古不愿意做是他担心钱的问题，吴书记抓住了这个问题，事情就比较好解决了。我后面和吴书记说，你太牛了，老古的工作都做成了，确实是震撼到我了。因为我们在村里做事的，不说是老手吧，也是经常和群众打交道的，都没他做得好。他从另外一个角度去切入这个问题，这个方式方法比我的更好，也比我更用心。

采访组：您有见过或者听过他在工作中发火吗？

王诗勇：有有有，肯定有。做工作的时候，把材料往地下一摔，就开始骂人了，我也不理他，就走了，在旁边房间等一下，他过了两分钟就自己捡起来了。这也算是一个自我解压吧。我们做工作的时候，有时候他和我开玩笑，有时候我和他开玩笑，因为做扶贫工作嘛，有时候真的很烦的，不管有多大的气量，绝对会有一个发火的状态，做群众工作就是这样，有些人不说无理取闹，但是会踩着政策走，有些人会提一些很过分的要求。可能领导上午说要这个材料，下午又说不要了，当然发过火之后还是要继续好好工作，但是情绪的发泄肯定是有的。

采访组：那您有见过他流泪吗？

王诗勇：可能是男人比较好强吧，反正我是没见过他流泪，或者在被窝里面，别人看不到吧。

采访组：那您见过他开怀大笑吗？

王诗勇：有的，他那人比较开朗，开怀大笑的次数也比较多，平常开个玩笑什么的，就是我们在这村里办公其实不会很拘谨的，非常放松，不像单位上，上下级关系很明显。我们平时相互吩咐做事，有时候我忙，让他去做，有时候他忙，也会让我去做，没有很明显的上下级的距离，其实大家都是同事，谁都讲得上话，氛围比较融洽，开怀大笑的次数也很多，一点小事也可以聊半天，有苦也有乐吧。

采访组：当您第一时间听说他牺牲，当时是什么情况？

王诗勇：县里打电话给我，乡里应该是我最早知道消息的，我正好在村里做事，县领导打电话，一开始也没有说他牺牲，领导只说他开车，车翻了，开到水里去了。领导说得蛮严重的，出了这么大事，我就立马开车往县城跑。在路上的时候，车刚启动五分钟，领导又打电话过来，说你们别去出事的地方了，直接去殡仪馆吧。这个事情很严重了。怎么说呢？首先应该是不相信吧，他是星期五走的，星期六出的事。

他家有五个姐姐，他是他爸妈的老来子，是家里最小的孩子，也是他家里的唯一的希望，可以从他的名字看出来对吧，吴应谱嘛，他是他爸妈的希望。我到事故发生现场的时候，我一个大男人其实很少流泪的，但是我看到他姐姐回来的那一瞬间，眼泪一下子掉下来了，我觉得真的是难以接受，我在那里待了三天，那三天真的是很沉重的三天。首先，我们的感情很深。第二，一个这么好的干部，突然出这么大的事，只觉得苍天无眼。包括我们村里面好多贫困户都打电话来说要吊唁一下，当时考虑到要吊唁的人太多了，说要开个追悼会。

采访组：您印象中自己和他之间发生的一件事儿，让您印象最深刻的，是什么？

王诗勇：最难忘的还是拆老古房子的那件事吧，其实这件事是被村里放弃的，当时吴书记要去做这个工作的时候，我就觉得这个是不太可能完成的。因为老古当时其实没什么感恩之心，是谁去了骂谁的，记得有个领导评价这户人家说，这户人家不是相对贫困，是绝对贫困。但是吴书记还是把这件事做成了。

后来开例会的时候我就反思了，这件事可能说不是很难，没有我们想象的那么难，确实是我们工作做得不到位。我不是说吴书记工作经验多足，是他用心在做，真的是用心在扶贫，这件事也改变了我对事情的处理方式和对一个事情的看法。作为一个村里的支部书记，我一开始不太相信他能够做成这个工作，但是做成之后，对我的感触还是很深的。

前段时间我去老古家里玩，他讲了句话，他说，他自己做房子，吴书记操的心比他自己操的心还要多。我们不说第一书记，我觉得这是对一个扶贫干部最高的评价。当贫困户有难的时候，吴书记上门告诉贫困户国家有政策，专门用来帮助你这类人的，还有就是联系施工队，帮忙买建筑材料。老古之前对国家政策真的不信任，是吴书记把老古从一个村里最不感恩政策的人变成了一个最懂得感恩政策的人，他现在对政策非常感恩了，现在他的孙子在读高中，这个事如果是早五年的话，根本不可能发生的。如果早五年，老古的孙子可能连初中都毕不了业，因为在农村，特别是贫困家庭，很多人觉得读书是没用的，这件事确实是多亏了吴书记。这件事会改变贫困户对党委政府、对帮扶人的看法，会让这个社会充满正能量。我们每个月有一个贫困户感恩会，现在老古会站起来说之前我怎么样，现在我变成了什么样，他会对我们的扶贫政策和政府感恩。其实以前领导来了我们都不敢带到他家去，他会提一些无理的要求。现在不同了，他自己说，我也没有讲好话，我是把我自己经历过的事情原原本本讲给领导听。

吴书记的伟大不是因为他的牺牲才伟大，他应该是平凡中的伟大，真的是难得。他改变了我们对工作的看法，他提出的坐班制让我们工作效率提高了，让老百姓找我们办事更方便了。

采访组：如果您还有最后一个机会和他讲一句话，你会说什么？

王诗勇：我代表我们村 540 个老百姓对他说一声：谢谢你。

·采访对象：古和平（雅洋村贫困户，吴应谱同志生前的帮扶对象）

古和平，中年丧妻，家有 80 多岁的老母亲，因为家里穷，儿媳妇跑了，40 多岁的儿子带着十几岁的孙子，一家四代四口人住在一栋危旧土坯房里。村里已将他的房子列入危房改造，要拆了重建，可他就是不同意。

吴应谱刚来，王诗勇就跟他打"预防针"，古和平几乎对村里所有工作都不配合，最好别去惹他。吴应谱笑笑说，总书记说了，脱贫路上一个都不能少，不"惹"他怎么帮他脱贫？

吴应谱一有空就到古和平家跟他聊天、帮他干活。尽管古和平总是脸不好看、话不好听，可吴应谱却很有耐心。

村里有保洁员的公益性岗位，好说歹说古和平答应了做保洁，可是转天就找到吴应谱说不干了，理由是没有扫帚。毕竟是血气方刚的年龄，吴应谱这次是真生气了，他大声说："耕田还要自己买两把锄头呢，你怎么连个扫帚都不肯买。"可是，等缓了缓气，平复了心情，吴应谱还是到集市买了两把扫帚给他送了去。2018 年春天的一个晚上，外面下着瓢泼大雨，古和平家响起了"砰砰砰"的敲门声。这么晚了，这么大的雨，会是谁呢？古和平打开门一看，吴应谱全身湿漉漉地站在门外。"吴书记，这么大的雨，你怎么来了？""你家房子太危险，我不放心你们，就过来看看。"一进门吴应谱上上下下仔细查看了一遍，还特意到古和平母亲的房间叮嘱老人家，要千万注意安全。

慢慢地，古和平的心被焐热了。他什么话都愿意跟吴书记说了：不是不想建新房，可是政策上说，补助款要等新房验收后才发放，万一我房子建起来，补助不发给我，怎么办？吴应谱说："政策规定的事怎么会不兑现呢？我给你写保证！"古和平还有一个担心：儿子出去打工了，盖一栋房又是泥工又是木工，家里没有人操得了这个心。吴应谱说："有我呢。"

"建这房子，吴书记操的心比我多。"古和平一想起这事，心里就难受。2018 年，古和平家脱贫了，一家人在新房大门上贴了一副大红对联：

"喜居宝地感谢党恩惠民意，福照家门共度佳节迎春风。"

吴应谱走了两年多了，古和平还清楚地记得他的电话号码，总感觉打个电话过去，吴书记就会出现在眼前。

古和平曾是有名的"犟老头"，常和乡村干部"不对付"。但吴应谱硬着头皮往他家跑，有时就睡在他家，两人常常聊到很晚。

本来古和平不相信眼前这个突然冒出来的小伙子。

他太年轻了，二十多岁，戴着眼镜，斯斯文文，显得青涩且没有一点经验的样子。听说这个名叫吴应谱的年轻人刚刚被上面派下来，担任村里的扶贫第一书记，古和平想，他肯定没有什么工作激情，这样一个吃国家饭的人哪能那么积极解决自家的贫困问题呢？

更何况他们素昧平生，这个小伙子凭什么要帮自己？

2016 年，古和平出了意外，身体垮了，原本能做些修房子的辛苦活也只好戛然而止，再加上他原本视力欠佳，钱越赚越少了。

"六哥！"得知古和平在家里排行老六，吴应谱就总是笑眯眯地这样喊他。第一次拜访吃了古和平的冷脸，他也不当回事，"变本加厉"、隔三岔五地来找古和平，像亲戚一样对他嘘寒问暖。

"一点没有干部的架势，还和你称兄道弟。"

一来二去，古和平多少有点被打动。这个年轻人总是对他说"有什么问题尽管跟我提"，问他"你有没有饭吃""有没有菜吃""有什么地方是需要用钱的"。

但古和平也不提什么要求，糟糕的经济状况让他觉得生活似乎没有办法实现实质性的改变。他家徒四壁，因为没有钱翻新，一直住在危险的土坯房里。有一天晚上，村里下暴雨，土坯房因为排水沟建造问题岌岌可危，古和平只得打电话给吴应谱，这个年轻人和村干部一起在夜里冒着大雨骑车赶来查看情况，告诉他"不要害怕，一定想办法处理"。

可是当吴应谱第一次向他提出重建房子的主意时，古和平却一口拒绝了。

理由是无奈的——家里没有经济来源，生存都够呛，何谈修房子。

"没有钱你也不要害怕，公家会帮助你的，政府是有补贴的。"吴应谱一趟一趟地来给古和平做思想工作，总算得到了这个贫困户的信任。

　　吴应谱也是农村出身，家里虽然算不上贫困户，但也并不富裕。他很了解贫穷之人在生活改变之初，总要有人愿意拉他们一把。那时，古和平连买建筑材料的钱也拿不出来，所以除了口头说服，吴应谱心甘情愿拿出自己的钱帮他垫付，说等到政府补贴下发，再还不迟。

　　除此以外，吴应谱还帮古和平找了一份公路保洁的工作，每天在固定区域内，打扫清洁马路。

　　起初古和平不乐意做这样一份工作，觉得是个操心事，如果做不好心里过意不去。扭捏之间，吴应谱软硬兼施，一方面把生活成本问题摆在古和平面前，另一方面假装"威胁"他，如果不去工作就再也拿不到政府补贴。

　　古和平心里很清楚，这份工作赚来的钱是他自己的，也不上交给任何人，吴应谱这么说、这么做都是为了自己好。一开始他还以"没有扫帚"的借口随口回绝，没承想吴应谱二话不说马上掏钱给他买了扫帚。他就再也没有推辞的余地了。

　　到 2018 年 12 月 16 日为止，公路保洁这份工作，古和平已经做了半年，每月多了一千多元，算下来一年就能够增加一万多元收入。

　　那日，他和往常一样，在自己负责的区域内做保洁，停下掏出手机看时，发现朋友圈有人发布了一场车祸的现场照片。

　　"我看见他了，吴书记遇难了。"

　　古和平不敢相信，这样一个尽心尽力的年轻人，从今往后竟然要从这个村子里、从这个世界上消失了。

　　采访组：您第一次见到吴书记是什么时候？您对他的最初印象是什么？

　　古和平：吴书记是 2018 年元旦的时候第一次到我家里的，我第一次见到他就觉得他很年轻，我不认为他是个稳重的干部或者说是会认真工作的干部。

　　吴书记是我的帮扶干部，因为我之前住的房子是很破的土坯房，是危房，刚好国家有好政策，他就来做我的思想工作，要我建新房，那段时间，他天天来做我的工作，有时冒着狂风暴雨来。他不像是个干部，没什么架子，就像是个普通人，后来我慢慢地就了解他了，我觉得他是个真正的好干部，是很关心我的领导。

采访组：他多久到您家一次呢？

古和平：没有固定的时间，但是他就是三五天来一次，来得很频。当时他给我做工作的时候，我就觉得建房不是一件容易事，至少要花几万块钱，我就不想建，就和村里的干部说我年纪大了不想再折腾了。但是我以前那房子是危房，是土坯房，吴书记怕太危险了，有一次晚上下着大雨就过来看我，怕有什么事。后来吴书记和我说，国家有很好的政策，可以帮我申请危房改造，他知道我的顾虑，没有建筑队，他就给我请，没有材料，他就给我联系。他比我的亲戚对我关心还多，建房这件事，我自己都没有他上心。

采访组：您能不能形容一下他的为人？

古和平：第一个就是特别关心我们，什么事都是为了我们着想，就像我刚才说的，我自己建房，我自己都没有他上心，跑了好多趟，上上下下地都给我打理好了；后来他还给我介绍了一个保洁员的工作，一开始我是不想做这个工作的，因为我年纪大了，这个工作肯定不是做一两天就行的，但是吴书记就和我说，我孩子都不在身边，我得自己靠自己，做保洁员一个月也有一千多块的收入，基本生活能保障了，他真的很热心；还有就是工作很稳重，很认真，每次来都给我讲一些对我有用的国家政策；还有就是亲和，我第一次见到他就觉得他很亲和，没有一点当官的架子，经常问我吃得怎么样，有没有少什么东西，见到谁都是叫叔叔、伯伯，经常笑脸迎人。

采访组：他曾批评过您吗？

古和平：我不愿意建房，怕没钱，一开始我也没说怕没钱，就说是年纪大了不想折腾了。后来吴书记跑了好几次我才和他说了是钱的问题，他就批评我，说国家有那么好的政策，就是为了帮助像我这样的人。但是后面我就反应过来了，他虽然是批评我，但是也是为了我好，是为了帮助我，我年纪大了，想的事情没有那么周全，是吴书记给我指引了一条明路。我现在住进了又舒服又安全的新房，都是多亏了吴书记。

采访组：周围的人是怎么评价他的？

古和平：在我周围没有人对他不满，都说他好，没有人说他不周到的。

采访组：他来了之后为村里做了什么事？

古和平：他在我们村搞了新农村建设，还在我家对面搞了一个蚕桑场，还有一个光伏电站，都是吴书记一手操办起来的，他为我们村做了很多事，我们现在村里有这么大这么好的变化，都是多亏了吴书记。

采访组：请和我们说说您记忆中和他发生过的印象比较深刻的事。

古和平：第一件最忘不掉的事就是他帮我建了新房子，就算我不想建，他也没有放弃我，给我做了很多思想工作，帮我忙上忙下的，也没有什么怨言；第二个就是帮我找了保洁员的工作，我也说过我一开始不想去干这个工作，又麻烦，怕做不长。但是是吴书记劝我，去了一个月也能拿到一千多块钱的工资。我觉得没有他当时的工作就没有现在我们的村庄和个人。

采访组：在平时您与他的接触中，他有做过什么事，让您怨过他的吗？

古和平：感恩都来不及，为什么还要怨他？他为我做了很多事情，我还怨他的话，不就成了忘恩负义了吗？

采访组：当您第一时间知道他牺牲的消息时是什么情况？

古和平：当时我正在做保洁，就是吴书记给我牵头的，我正在路上清理垃圾，听说吴书记牺牲了，我当时就不敢相信，证实了之后感觉非常悲痛。我当时就打电话给村支部书记说要去吊唁他，还是不敢相信，那么好、那么年轻的一个干部怎么就走掉了。

采访组：如果有机会和吴书记说句话，您会说什么？

古和平："感谢你，吴书记！"如果这么好的人还能在世上，能和我经常一起聊天、说说笑笑，该有多好啊！

采访组补记

"要是没有他们，我们家不知道还得在破房子里住多久！"从电视上看到我国脱贫攻坚战取得了全面胜利，修水县雅洋村村民古和平追念起他的吴书记："我原先住的房子又破又旧，一天夜里突降暴雨，吴书记深夜12点跑到家里查看，生怕出事故，发现没有安全隐患后离开，后来他帮着申请了危房改造资金，又帮着拆危房盖新房。"

"吴书记是真心待我们，比我们的亲人还更胜亲人。"雅洋村贫困户古和平时常会跟人念叨。

此前，古和平家里没有经济收入，一家人也住在危房之中。吴应谱心急如焚："万一哪天，房子不小心倒塌了，那可怎么得了？"从那之后，吴应谱常抽出时间去古和平家里瞧一瞧。

现在，古和平一家已搬进新房子，自己种菜了，也被安排了清洁工岗位，雅洋村59户贫困家庭都住上了新房，村容村貌已得到了巨大改善。

• 采访对象：古和林（雅洋村贫困户，吴应谱同志生前的帮扶对象）

采访组：您对他的最初印象是什么？

古和林：他第一次来我家里，我就觉得他很年轻，有礼貌。问我们这些老人家冷不冷，嘘寒问暖，不像是第一次见面，没有什么架子，不像政府的官员，感觉很亲和，虽然年轻，但是做什么事情感觉都很稳重。

采访组：他大概多久来您家里一趟？

古和林：他经常来的，村办事处就在我家旁边，他去上班的时候就会时不时到我家来找我，问我的生活情况啊，有没有少了什么，哪里不满意什么的。

采访组：您去过他的办公室吗？能简单描述一下吗？

古和林：去过的，我每次去他都在工作。他工作量很大，很辛苦的，要做的事情很多，每天都是晚上十一二点才下班。他办公室里那些制度材料、贫困户的资料全都上墙了，桌子上和柜子里的资料都塞得满满的了。

采访组：您能概括一下他的为人吗？

古和林：对我们老百姓来讲，不管他是不是扶贫干部，他在我眼里都是很温暖、很温和的一个人。我们这里在搞新农村建设，他自己都会下去劳动。

采访组：周围的人是怎么评价他的呢？

古和林：周围的人都说，吴应谱书记是个好干部，好年轻人。

采访组：他来了之后都做了什么事？

古和林：他来了之后就是搞了新农村建设，让我们村有了天翻地覆的变化。他给我拆了老牛棚，建了个新牛棚。

采访组：您有怨恨过他吗？

古和林：没有，怎么可能会怨恨呢？

采访组：关于他的扶贫工作您了解多少？

古和林：知道一点点，但不是很清楚。

采访组：他做过什么让您感动的事情吗？

古和林：他来我家的时候，都给我带各种生活必需品，像被子这些，都是送到我家里来。当时要翻新牛棚的时候，因为我顾虑到家里有六七头牛，就不同意，吴书记在我家住了两三天，一直在做我的工作，帮我另外找地方放牛，自己来帮我搭牛棚，这个牛棚他帮我做了三四天。

采访组：您第一次知道他牺牲的消息时是什么情况？

古和林：我非常悲痛，不敢相信，因为吴书记是我的一对一帮扶干部。

采访组：您和他发生的印象深刻的事情是什么？

古和林：吴书记曾在我家住过几晚，我觉得他像我亲人一样。

采访组：如果有最后一次机会和他说句话，您会对他说什么？

古和林：谢谢你啊，吴书记。

·采访对象：叶宁宁（九江市修水县武装部长，雅洋村的驻村干部，与吴应谱同志为同事关系）

在雅洋村驻村的复原乡党委委员、修水县武装部长叶宁宁还记得第一次见到吴应谱的样子。

2017 年 12 月，这位主动请缨前来的年轻人让大家眼前一亮。他戴着眼镜，显得文质彬彬，细聊下来，又会发现他非常实在。

采访组：您能概括一下吴应谱的工作态度吗？

叶宁宁：首先是他的担当，他是一名年轻干部，但是他义不容辞地选择了扎根扶贫的第一线，他下来工作的这一年中，我们也可以看到他对工作的那一份担当精神，他很有责任心；第二个是很有耐心，做扶贫工作，有时候要帮贫困户收集材料，材料肯定不只要一份，比较麻烦，而且有些情况下可能一次性还不能够过关，材料还有返工，我们自己都会觉得很烦琐，但是他从来不会不耐烦。

除了工作之外，生活中他在我心中是一个很上进、很开朗的"90 后"。他的笑脸很好看，看谁都是微笑的表情，让人看着很舒服。虽然他比较年轻，但是他真的很上进。

采访组：他当时是如何接触到扶贫工作的？

叶宁宁：他是我们县政府办的干部，当时雅洋村因为贫困发生率比较高，被评定为深度贫困村。按照县里的制度，被评定为深度贫困村的话，需要从上面派工作组下来的。当时政府办就派工作组下来，这个第一书记是从政府办的干部中经过选拔，选出来的，但是先得大家自愿报名，然后才择优选取，经过一系列考核，领导觉得吴书记是比较适合做这个工作的。

采访组：他做这个工作的时候，得到了什么评价？

叶宁宁：首先一个听到最多的是随和，和别人交谈相处的时候没有一点架子，他自己也是从农村出来的，和农民交流是很熟悉的，没有一点陌生感。老百姓都觉得吴书记不是亲人胜似亲人。

采访组：您有没有亲眼见过他在扶贫工作中的状态？

叶宁宁：看到过，我们接触还是比较多的。他在扶贫工作中让我印象最深的就是他对工作的记录。谁家里的事情，规划要做的事情他都会写下来，因为他觉得好记性不如烂笔头，还有就是村里户数比较多，他怕搞混了。今天做了什么，明天计划要做什么，每家每户的情况，他都清清楚楚、仔仔细细地记录下来。

然后就是他在工作中的任劳任怨，不管是谁来找他帮忙，他都会尽力帮别人做好，不管是不是工作时间，他都会马上帮忙。

采访组：他扶贫工作时的状态和平时的状态有什么区别吗？

叶宁宁：这个我了解不深。他来这里的时候就是干扶贫的，所以我不太清楚他平时是什么状态，他之前当过老师，当过政府办工作人员，但是我认识他的时候，他已经是干扶贫了。

采访组：您是否经常听他聊到他的扶贫工作呢？

叶宁宁：会聊一下自己的想法。比如说他来了这里之后，熟悉了这里整个村的情况之后，会和我们聊该怎么发展，包括贫困户家里的情况、扶贫工作的发展规划之类的。

采访组：您有没有什么印象深刻的事情，改变了您对他的想法？

叶宁宁：帮扶的一家贫困户古和平，他的房子是全村最破的，也是危房。包括我和其他干部都给他做过很多工作，想让他做新房子，可是都没有成功，但是有一天，古和平和我说，他愿意做新房了。我就觉得很不容易，因为我们都觉得这户人家犟骨头，但是吴书记就把这件事情做通了。

采访组：您有没有觉得他有特殊的能力？

叶宁宁：我觉得是他循循善诱的沟通技能吧，他和每个人都能聊得来，这点让我觉得很佩服。

采访组：如果说把他的扶贫工作划分为几个部分，您觉得可以怎么划分呢？

叶宁宁：大概可以分为三个阶段。第一阶段是初步熟悉阶段，他刚下来我们这边也是个扶贫线上的新兵，有一些扶贫方面的知识和业务，在这个阶段他也在慢慢熟悉，熟悉我们村里的一些情况，贫困户有哪些，非贫困户家里是什么情况，这个阶段吴书记在努力进入第一书记的角色；第二个阶段是规划的阶段，他对整个村，对所有的贫困户有个基本的了解之后，就开始规划，为这些贫困户制订一些脱贫的计划，帮助他们脱贫，有一些现在在村里可以看到的东西就是在这个阶段规划起来的，比如说桑蚕基地，比如说光伏发电站这些，推动了我们村的产业转型；第三个是实施阶段，其实他走的那一个月时间，正好是我们脱贫攻坚最难的时候，也是我们准备要发展蚕桑产业、成立合作社的时候，这个时候我们经历了一个带动贫困户、蚕桑基地整地还有栽桑树苗这几个阶段，短短一年之内，我们雅洋村就经历了一个转型阶段。但是很遗憾，吴书记把基础打好了，却没有见到桑树苗栽下去的时候，也没能看到这件事完成，所以这个阶段他是没有完成的，需要我们帮他去完成。

采访组：您印象中和吴应谱之间发生的最深刻的一件事是什么？

叶宁宁：有一次他骑摩托车带我上户，然后我突然有急事要回去，我就和他说我要自己骑车回去，我之前不会骑，是他在后面扶着我教我骑的车，我要走的时候，他特别不放心，目送我走。我刚刚好回到乡政府的时候，他电话就打过来了，问我安全到了没有，我就觉得他太贴心了。

采访组：如果您对他的一生下一个定义，应该怎么描述呢？

叶宁宁：我觉得就是大家的希望吧。首先是他的家庭情况，他父母对他的期望我想可以从他的名字"吴应谱"这三个字里看出来，他是父母的老来子，他前面有好几个姐姐，他是家里最小的孩子，是家里的希望；然后他之前当过老师，我觉得他是学生的希望；还有他来到我们雅洋村以后，我们对他也是抱有很大的希望的，因为之前从来没有说一个县里的干部，天天吃住在我们村里，和村干部一样，跟老百姓一起干活，是我们雅洋村的希望。他在雅洋村确实是做了很多的事情，最突出的我觉得就是带动了雅洋村的产业转型，从小桑苗到桑树到养蚕，到最后百姓得到了收益，这是吴书记给我们村民带来了一个希望。我觉得虽然吴书记很年轻，但是他确实是给大家带来了很大的希望。

采访组：当您第一次听到他牺牲的消息，您是一个什么样的反应？

叶宁宁：当时刚好在搞新农村建设，我们在新农村建设点，我接到了电话，说吴应谱书记出车祸了，我第一反应就是不可能啊，因为昨天吴书记还在和我说话呢，怎么可能。后来那边说人已经不在了，我就更不相信，后来我回到乡政府求证，当天晚上就赶到殡仪馆。真的不敢相信，头一天还在通电话，怎么就牺牲了，觉得心里一片空白。

采访组：如果最后还有一个机会，让您和吴书记说一句话，您会说什么？

叶宁宁：因为他生前可能把我当领导，但是他是称呼我为姐的，而且平时他也很照顾我，很多事都是他自己担着的，从来不让我多一点辛苦。如果真的有这个机会，和他说最后一句话的话，我会和他说，"应谱，既然你叫我一声姐，那就把我当战友，我们一起并肩作战吧，我也可以为你分担的。"

采访组补记

打开吴应谱向樊贞子现场求婚的视频，他情真意切地说："你在大椿上班，我在复原驻村，确实是两地相隔，但是从今往后，我会努力抽出更多的时间来陪你。"

　　然而，她在西北角，他在西南角。相隔 126 公里山路，开车最少 3 个半小时，途中又多是山路，见面成为奢侈。同事打趣说，他们在同一个县，谈了一场"异地恋"。

　　结婚不到两个月，两人靠电话和微信联系。作为第一书记的吴应谱，时常指导樊贞子开展扶贫工作。吴应谱的二姐回忆，"出事那天中午在家里吃的那顿饭，是他们两口子结婚后第一次回家。饭桌上，弟弟还在教弟媳算贫困户的收入"。

　　"知道要去扶贫，吴应谱是县政府办第一个报名参加的。去的还是距离县城最远的乡镇之———复原乡，离樊贞子工作的乡镇也很远。"修水县政府办主任齐军说。

　　吴应谱的家乡正是樊贞子工作的大椿乡，二人也因此结缘。县政府办对口帮扶 5 个贫困村，并向其中 4 个村派出了脱产的扶贫工作队，吴应谱被任命为雅洋村第一书记。

　　"吴应谱为了筹办婚事，费了很多心思。"齐军说，他家里兄弟姐妹多，父母身体不好，生活困难。为了装修婚房，他至今还欠着不少债务。

　　到快结婚时，正值乡里各项工作都在快速推进，作为第一书记，吴应谱压力很大。"他 5 号休的婚假，8 号就回来上班了。"齐军说。

　　吴应谱担任雅洋村第一书记不到一年时间里，走遍了全村 14 个自然村组，写满 8 本工作日志，对 62 户 263 名贫困户的情况摸得很透。雅洋村的药材基地、光伏电站、扶贫车间和专业合作社里，都有他的身影。

　　复原乡雅洋村与大椿乡相隔近 130 公里，是修水县 21 个深度贫困村之一，基础和产业都十分薄弱。在担任第一书记后，吴应谱以雅洋村为家，在一年不到的时间里，通过逐户的走访，对全村贫困对象的情况了如指掌、如数家珍。贫困户都清楚他的喜好，知道他喜欢喝修水家乡茶，但是不喜欢萝卜，每次他上户走访，大家都会根据他的喜好泡茶。贫困户万耀水说："他就是把这当家了，我们也当他是亲人，渴了喝杯茶，冷了便坐下来烤烤火。"

　　作为第一书记，他始终把自己当成雅洋村的一分子，为改变雅洋村村容村貌不断努力。村里各项工程项目，从资金项目争取、规划设计、施工建设到质量监督、验收结算，他总是亲力亲为，全程参与。在他的努力推动下，完成了 25 户以上自然村组级公路硬化 8.6 公里；改造提升了 2.6 公里主干道并铺设沥青路面；完善了"百吨千人"农饮工程，解决了全村饮水安全；完成了村里生产生活用电以及农村电网改造工程；10 个新农村建设点户上项目已全面完成；232 栋房屋坡顶改造全部完成；建立了 103 亩蚕桑基地；配齐了垃圾处理设施，完善了保洁队伍，健全了日常运行制度，极大地改善了全村的生产生活环境。贫困户古和平说："吴应谱书记来了之后，我们村变化很大，环境改善了，道路宽敞了，休闲场所也有了。"2018 年底，雅洋村退出贫困村之列，53 户 241 人贫困人口实现稳定脱贫。

吴应谱一直在思考如何因地制宜发展产业，据王诗勇回忆，"吴书记带着我们到周边蚕桑产业比较成熟的乡镇走了两天，到十多户人家去问，你这里一亩桑树一年用多少水，多少肥料？要投入多少人？可以养多少蚕、卖多少钱？"

雅洋村的桑蚕项目申请获批后，吴应谱马上投入平整土地的准备之中。2019 年的元月，雅洋村开始栽桑。

"桑苗栽下去的那一刻，很遗憾，他没看到。"叶宁宁感叹，那大概是吴应谱离开后的第 20 天。

叶宁宁向南都记者介绍，村里一年养了 6 批蚕，增收大概有 30 万元。

"应谱的事迹对我影响很大。他年纪轻轻跑到这么偏远艰苦的地方，家里都照顾不到，还坚持深入基层，与群众打成一片。他牺牲后我主动要求过来接替，从他的电脑里可以发现，他之前的工作做得很扎实。我当时就想，一定要把手头的工作做实，把应谱未来得及完成的事业完成好。"修水县政府办公室驻雅洋村第一书记查杨帆说。

查杨帆说，应谱虽然年轻，却是真正有信仰的人，作为接棒应谱的人，他自己也在基层淬炼中找到了人生的价值。"这一两年我们拆除 200 多栋土坯房改建了新房，兴建了雅洋新村易地扶贫搬迁安置点，投资 120 多万元对人行道、路灯进行了整体提升，村庄面貌焕然一新。在外打工的村民春节返乡后都特别震惊，直呼村里发生的变化天翻地覆，党和政府做了很大的事。"

　　查杨帆说，应谱生前规划的百亩桑苗，去年他们扩建了 1 倍，配套了近 4000 平方米的蚕桑大棚，仅一年时间已为蚕农创收 25 万元。"蚕农卖茧的笑容，看到之后很幸福。"

　　"我多想亲口跟应谱说一声，雅洋村已经脱贫了。"修水县政府办公室分管扶贫工作的正科级督查专员涂三宝说。经过扶贫工作组努力，特别是在吴应谱担任驻村第一书记时打下的坚实基础下，目前雅洋村已经脱贫。

　　阳光和煦，微风徐徐，站在 103 亩的桑蚕养殖基地，桑芽嫩绿，放眼望去，满眼碧绿。

　　"这个桑蚕养殖项目就是吴应谱当时极力推进的，为了这个项目，吴应谱不知往返了多少趟。"涂三宝介绍。桑蚕养殖基地项目已初见成效，全村共有 22 户贫困户从中受益脱贫，其中有 13 户贫困户直接参与了生产经营，另外 9 户贫困户签订了固定用工协议。

　　在雅洋村，"吴书记"的事迹仍在口口传颂。村民都会主动提及吴书记，对他称赞不已，同时也深感惋惜。过去，针对村里的贫困户，吴应谱因人施策，给他们制订详细的"脱贫计划"。现在扶贫工作队进行回访，问起脱贫情况时，贫困户们总是说他们会按照吴书记的计划去做。

　　"吴书记说了，我们要想脱贫致富，就必须继续养殖好蜜蜂，他已经帮我们找好了销售的渠道，我今年准备……"

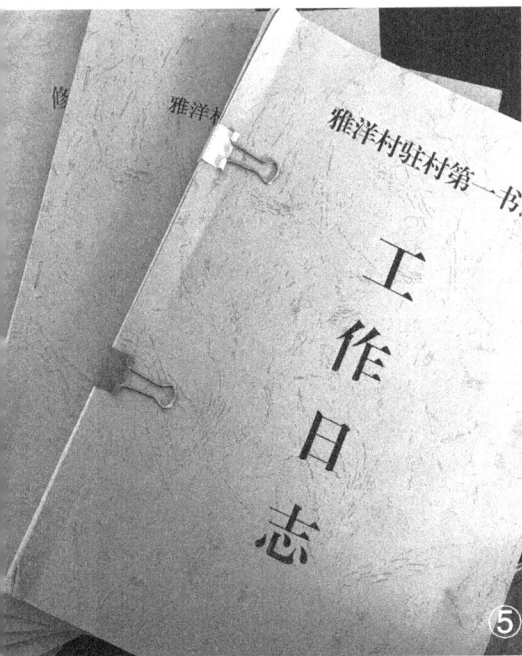

①搬家中途休息

②基地准备就绪，预备栽桑

③上户

④工作

⑤工作日志

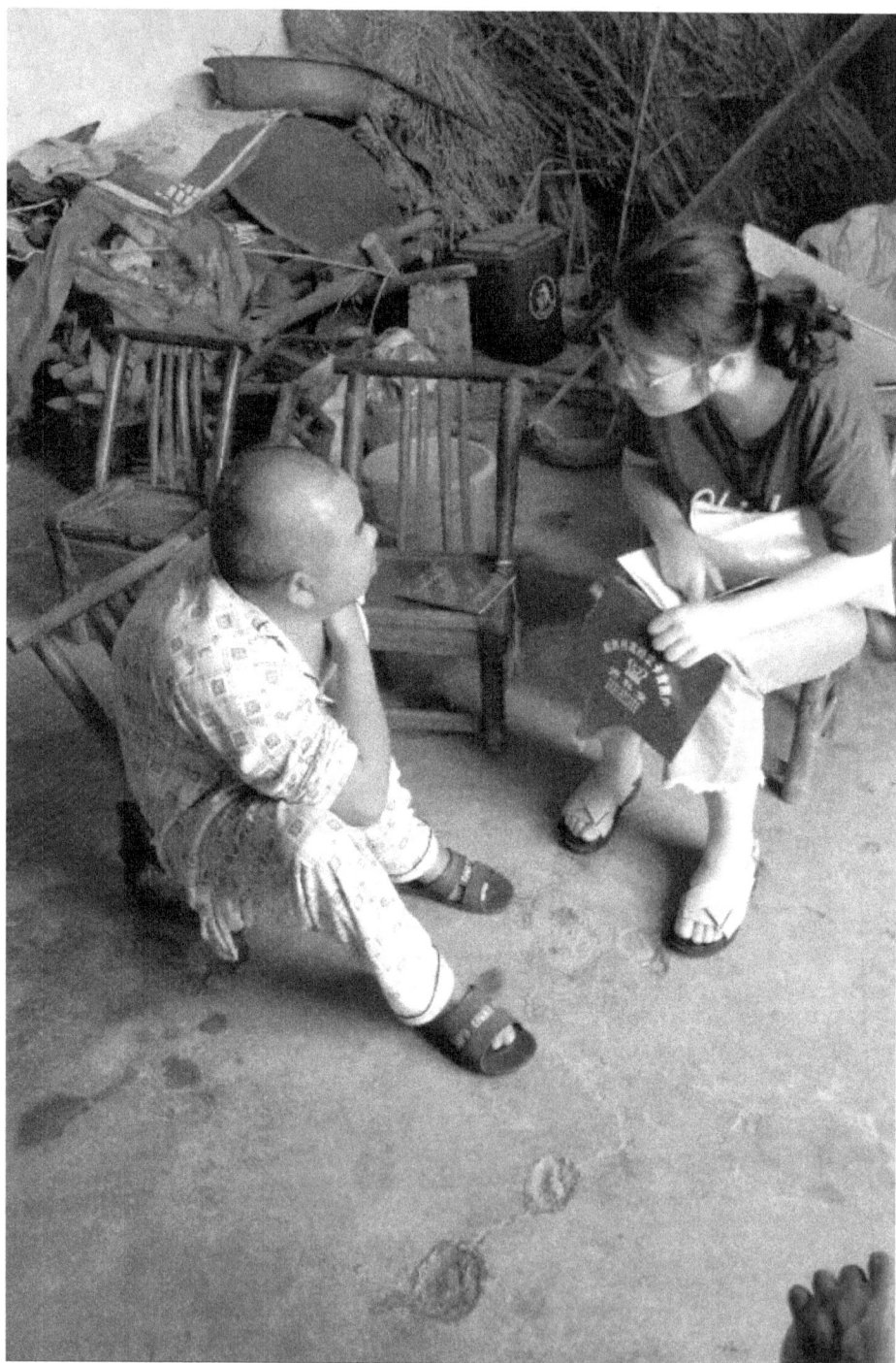

生命的战场：
中国减贫英烈口述史　　　　　　　　　　　　　　　樊贞子

　　樊贞子，女，1995年出生，江西省修水县大桥镇人。2017年，樊贞子从新余学院毕业后，通过考试，进入大椿乡政府工作。在扶贫攻坚路上，她把贫困户当亲人，真心实意帮扶困难群众，深受贫困户好评。2018年12月16日，新婚第40天，樊贞子前往距离县城近3小时车程的船舱村入户调研。担心山路险峻，在复原乡雅洋村担任第一书记的丈夫吴应谱与妻子同行。二人完成工作后，返回县城。途经溪口镇易家湾路段时，坠河遇难。

　　樊贞子、吴应谱把对贫困户的关心写进血液里，在扶贫路上用生命书写无悔青春。他们的生命虽然短暂，但是他们所发出的耀眼光芒，必将照亮修水的脱贫攻坚路。

• 采访组：张　晗　潘小丽　刘　晴
• 采访时间：2020 年 12 月 28 日
• 采访形式：线上音视频采访
• 采访对象：

1. 晏少兵（江西省九江市修水县大椿乡党委书记，与樊贞子同志为同事关系）

2. 徐　汉（江西省九江市修水县大椿乡支部书记，与樊贞子同志为同事关系）

3. 游承自（江西省九江市修水县大椿乡贫困户，樊贞子生前的帮扶对象）

4. 程　玲（江西省九江市大椿乡政府干部，大椿乡帮扶干部，与樊贞子同志为同事关系）

5. 吴乐末（原职务为大椿乡计划生育服务所医生，2016 年并到乡党政办公室，与樊贞子同志为同事关系）

6. 刘三峰（大椿乡党委副书记，与樊贞子同志为同事关系）

2021 年 2 月 25 日上午，全国脱贫攻坚总结表彰大会在北京人民大会堂隆重举行，1981 名同志被授予"全国脱贫攻坚先进个人"称号，来自江西省修水县的"90 后"吴应谱和樊贞子，是其中唯一一对牺牲的夫妇。

当天，南京审计大学金审学院学生樊正魁代姐姐樊贞子和姐夫吴应谱，领取了"全国脱贫攻坚先进个人"荣誉证书。"表彰大会上，我一直把姐姐、姐夫的照片放在桌上，没想到竟以这种形式陪他们走进人民大会堂。"大会结束时，樊正魁随参会者缓缓来到大会堂门口，手持吴应谱、樊贞子的婚纱照合影留念，泪眼婆娑告慰至亲："姐姐、姐夫，脱贫攻坚战胜利了！"

"看到姐姐、姐夫的照片，总感觉他们还未离开。可一想到他们再也回不到我们身边，我的心就隐隐作痛。我的贞子姐姐才 23 岁，她的人生才刚刚开始。依旧记得他们结婚时我背着姐姐她开心笑的样子。两年多过去了，如今他们热爱的脱贫事业取得了全面胜利，大椿乡和雅洋村村民们日子越过越好了，这是对姐姐、姐夫最好的告慰。"

2017 年，樊贞子大学毕业，在公务员考试中获得了修水县面试笔试第一名。她提出要去扶贫之时，父亲樊友炳是反对的，但拗不过她——从乡村走到县城费尽艰辛，为何要逆向而行？

樊正魁对姐姐的选择却并不意外。在他的印象里，姐姐樊贞子性格直爽，内心细腻而善良。数年前，他们的奶奶曾经出过一个轻微的交通事故，"当时撞到奶奶的摩托车司机吓得哭了，我姐还去安慰司机。"樊正魁向南都记者表示，姐姐也没跟家里人说，自己在不多的收入里掏出 600 块资助困难家庭的孩子们上学。

转眼间一年过去，2018 年 12 月 14 日，樊贞子最后一条微博转发回答了一个提问："2018 年要结束了，你过得怎么样？"

她写道，还不错，既换了一个新的居住环境，也完成从少女到人妻的角色转变。工作岗位的几次改变也慢慢适应了，一切都会越来越好的。

"有付出就会有回报的，始终坚持做自己认为对的事情。无论如何，永葆一颗赤子心，不要丢弃善良、纯真、真诚。"

樊正魁后来到大椿乡收拾姐姐的物品，才看到她生前住的地方。新盖的楼房基础设施还不完善，部分栏杆没安上，有些地面水泥和砂石还没有铺平。旁边的山上散落着坟墓，一到晚上伸手不见五指。

樊正魁很惊讶，从前那么怕黑的姐姐怎么敢住。

樊贞子离世后两年，父亲樊友炳有时回家会发现，妻子的眼眶还红着。樊正魁向南都记者表示，这次之所以是他到北京代为领奖，是因为父母怕自己在会场情绪过于激动，压抑不住。

2020 年 4 月 26 日，修水县实现脱贫摘帽，全县 133 个贫困村整村退出贫困系列，23211 户 88549 人建档立卡贫困群众全部脱贫。

2021 年 2 月 25 日，手捧姐姐和姐夫的照片，心情激动又沉重的樊正魁代表两个家庭，走进人民大会堂。

"我把照片放在人民大会堂的桌上，感觉是在陪着他们领奖。"快要本科毕业的樊正魁向南都记者表示，他希望有朝一日接过姐姐的接力棒，不是为了宏大的词汇，而是想替她完成未竟的梦想。

修水县山路蜿蜒曲折，对于扶贫工作而言，开车这种交通方式显得高效太多了。家境优渥的樊贞子向做生意的父亲老樊（樊贞子对父亲的称呼）要了一辆小汽车。起初老樊说什么都有些不放心女儿独自在山路上开车，拒绝再三，最终还是拗不过女儿，答应下来。

印象中，类似的情形在樊贞子的扶贫过程中不断重演。

老樊无法拒绝女儿的每一个要求，就算有再多的理由，只要樊贞子的出发点是为了助人，他这个父亲总会满足。

当初樊贞子坚持要考公务员，励志去山区扶贫，老樊心里一万个不乐意。哪个父亲愿意让女儿吃苦？

"让她考个教师证回县城工作，何必要去找那个罪吃呢。但她就是不同意。"

"你要是不支持她，她就说你不够朋友，还说这不是你老樊的个性了。"老樊觉得女儿樊贞子很特别，她大大咧咧，和父亲称兄道弟，没有女儿家的小心思。但在父亲的眼里，即便女儿再有个性，也仍然是他心中的小姑娘。还没买车之前，樊贞子打电话给老樊，想让他到大椿乡陪自己值班。扶贫办公室夜里黑灯瞎火，旁边还有一片墓地，樊贞子心里有些害怕。老樊二话不说驱车前去陪女儿值了几个晚上的班。

"是我们自己的女儿，怎么可能不支持她呢？"

除此以外，樊贞子还问老樊要了两笔钱，一笔五万元，一笔七万元，她不像一些别的女孩儿一样，要钱买名牌包包或者漂亮衣服，而是全部用来捐助贫困人口。她对父亲说，就当作提前把未来给她的一部分钱花在有意义的地方，还说："我又没有乱花。"

老樊拿她没办法，他早就清楚女儿助人的心思是延续了自己的做事方式。樊贞子刚工作不久，她就把自己领到的第一份薪水全数捐给了需要教育资助的孩子，像极了过去的自己，成立了大桥镇仁义助学基金，专门帮助家庭困难的孩子读得起书。

也许是樊贞子从来没有想过、看过，这个世界上还会有人的生活与她截然不同，过得如此贫穷，温饱都成问题。工作期间，樊贞子回家后总会和老樊聊起扶贫那些事，把家里的零食和水果全部打包带到贫困县里，发给孩子们。

"我们支持她，有这种心是件好事。"

大椿乡政府保洁员蒋秀琴的丈夫去世了，她一个人拖着3个孩子，日子过得非常艰难。樊贞子刚到大椿乡就听说了蒋大姐家的事，对她的3个孩子特别上心，时不时给他们买点零食、文具和衣服。上班第一个月发工资，她拿出800元钱塞到蒋秀琴手里，一定要她收下。

过去，樊贞子从不问家里多要钱。工作以后，反而经常偷偷地向爸爸寻求支持。"有一回，她从我这里要走了5万元，后来才知道，她捐给了一个助学基金。她工作以后，我一次给她卡上打了10万元，到她走时，卡上连带她的工资总共只剩3万多元。她自己是不怎么花钱的，这些钱大部分拿去帮助贫困户了。"

樊友炳理解女儿，更心疼女儿。

樊贞子怀孕后，樊友炳两口子想找乡里领导给女儿换个轻松点的岗位。樊贞子知道了，很严肃地对父母说："现在正是脱贫攻坚的关键时刻，我心里放不下大杨村和船舱村的贫困户，可千万不要让你们女儿在关键时刻掉链子。"最担心妻子的，当然是身为丈夫的吴应谱，但他从没有想过让樊贞子换岗位，只是在生活上对她更加关心和呵护。

两年多来，樊友炳总是情不自禁地想女儿女婿，仔细地想他们的每一句话。他越想，越为这两个年轻人骄傲；越想，心里就越痛。

但老樊太后悔了，他总觉得，如果没答应女儿买那辆车，也许不会发生这样的悲剧。在他驱车前往事发地点，看见女儿躺在岸边时，两眼一黑，晕了过去，直到晚上才苏醒过来。

从女儿牺牲到现在，他都不能理解，为什么这么好的人会出意外。

2018 年 12 月 16 日，周日，下午两点左右，一辆农村客运班车缓缓地行驶在蜿蜒崎岖的乡道上，路的一边是葱郁的大山，另一边是清澈的河流。

"不好，出事了！"

突然，靠窗的一位乘客发现河里倒翻着一辆白色小汽车，车身被淹没，只有四个轮子半露在水面上。

班车赶紧靠边停了下来，车上的乘客全部拥到了路边。呼救、报警、拿工具、下水救人。闻讯赶来参与救援的人越来越多。

有几个水性好的，脱掉衣服跳入冰冷的河水，用绳子绑住车子。岸边的石滩上，交警、乘客、村民，十几个壮汉喊着口号、拽着绳子把车子往岸上拉。这时，车子的后备厢弹了开来，里面掉出 3 只已经溺死的鸡，一同散落的还有几本扶贫资料。

奇迹并没有出现。

"天哪，这不是吴应谱和他的爱人樊贞子吗？"人群中有认识他们的，顿时哭了出来。

这天，是他们新婚的第四十天。

而就在一周前，樊贞子幸福地跟妈妈说，自己怀孕了。

一对年轻的生命就这样永远定格在扶贫路上，定格在了 28 岁、23 岁。

悲伤如潮水，也如绵绵的修河。

他们遇难的消息传来后，70 多岁的贫困户游承自眼前一阵发黑，险些瘫倒在地。他是樊贞子在大椿乡船舱村的帮扶对象。

"'孙女''孙女婿'今天上午才来过我家，说又有人要买鸡。他们用纸箱装了 3 只，给了我 600 块钱……水都没喝一口，就走了。"

"樊贞子总是喊我爷爷。两个这么好的孩子，怎么说没就没了。"老人心如刀割，沧桑的脸上满是泪水。

樊贞子的娘家在县城一个普通的住宅小区，顶层，没有电梯。家中的装修和陈设朴素得让我们有些吃惊。樊友炳从商多年，家中经济条件是优渥的，但是，这个家完全没有奢华的感觉。

樊贞子婚前住的房间，樊友炳和妻子原样保留着。飘窗改成的书桌上摆放着樊贞子各个年龄段的照片和一个塑料质地、代表着主人属相的粉色小猪。家里还藏着厚厚一摞《人民日报》，樊友炳说，那是贞子自费订的，他一直不舍得丢。

因为父母生意忙，樊贞子从小就在寄宿制学校读书。没能陪伴在她身边，樊友炳夫妇一直十分内疚。"贞子大学毕业后，我希望她能当老师，不要去基层当公务员，那样太辛苦了，一个刚刚参加工作的女孩子，怎么能担得起扶贫这样艰苦的工作啊！"

出事那天，樊贞子给樊友炳打来电话，说有朋友要买游爷爷家的鸡，她和应谱要去取，"我卖不完的你包销哈，45元一斤。"樊友炳说："不是35元吗？""哎呀，让游爷爷多赚一点嘛。"

这是女儿对父亲说的最后一句话。

· 采访对象：晏少兵（江西省九江市修水县大椿乡党委书记，与
　　　　　　 樊贞子同志为同事关系）

　　2018 年 6 月，乡里召开干部大会，讨论选派干部到最远最难的大杨村
去驻村。短暂的沉默后，会议室的中后排，樊贞子高高地举起了手："书记，
我去！"

　　"扶贫对贞子的改变太大了。"樊友炳说。

　　工作前，樊贞子对贫困没有太深刻的认识。工作后，每次回家都会跟
家里人谈扶贫：村里连条水泥路都没有，贫困户还住在几十年前建的土坯
房里，年人均收入只有几千块钱……这些都深深地触动着善良的樊贞子。
"真没想到还有人过得这么苦，我一定要尽我的能力帮助他们！"

　　和丈夫吴应谱一样，樊贞子也主动请缨，前往修水县最远、最深、最
困难的深度贫困村大杨村去驻村。她在扶贫日记中写道："今天乡里接到
了下乡扶贫的任务，我主动报名了，我想去改变老乡们的贫困面貌。"

　　"樊贞子工作态度特别好，不管给她安排多重的工作任务，让她驻多
远的村，帮扶多远的贫困户，她都坚决服从安排；工作特别能吃苦，不分
白天晚上，周末都坚持上班，经常步行山路下村入户，脚受伤了也带伤工
作，就连婚假也只休了三天。"晏少兵回忆说。

　　修水县 16 个尚未脱贫的贫困村，有 3 个在大椿乡。没有扶贫干部的
担当奉献，脱贫任务就不可能完成。除了在船舱村挂点 4 户贫困户，樊贞
子还是大杨村的驻村干部，同时兼任乡镇妇联专职副主席、组织委员、统
战委员，还担任乡镇的报账员和协税员。这样的工作节奏，并非樊贞子一
人独有，而是乡镇干部的常态。

　　在樊贞子工作过的船舱村，共有帮扶干部 27 名，其中乡政府干部 6 名，
村干部 5 名，县财政局帮扶干部 16 名。第一书记石黄华驻村 3 年，年均
在村里、在路上的时间近 300 天，穿着和说话方式已经和村民打成一片。

　　晏少兵对樊贞子始终深感愧疚，"如果我安排她坐办公室，也是可以的，

毕竟她是刚走出学校才一年的小女生。然而，我们都知道，坐在办公室里是脱不了贫的。"

　　采访组：樊贞子在工作上担任什么职务？

　　晏少兵：她担任的职务比较多，有组织委员、驻村干部、扶贫帮扶干部等。

　　采访组：请您用三个词概括一下她对工作的态度。

　　晏少兵：积极，认真，负责。积极是因为她刚参加工作，也年轻，很有激情，分内分外的事情都抢着干；认真是因为她能把每一件事都做好做细；负责是因为给她安排的每一项工作任务都能够较高标准去完成。她是一个刚刚大学毕业走出来的新公务员，她负责的第一个村她要进行一个排查，我们担心她工作不够细致，又刚参加工作，做群众工作又不是很熟悉，结果在各个村的村汇报会上，她把每一个村的情况都摸得很细，而且提出了很多建议和方案。比如教育扶贫，村里父母在外面打工的，她提出派工作组去父母所在的地区学校，把孩子的教育问题解决落实了，为我们村教育扶贫做出很大贡献。自己有经验了，在全县推广了，就是我们其中还有两个孩子，通过电话沟通，已经没有读书了，在外务工，我们还成功劝返学校。这个义务教育阶段全县都得以推广。

　　采访组：她在您的眼中是一个什么样的人呢？

　　晏少兵：樊贞子是1995年的，参加工作时只有22岁，她的性格乐观开朗，热爱工作，生活上还乐于助人，大大咧咧的。她的家庭条件在我们修水县是相对比较富裕的，可能她在乡镇工作，突然见到这么多的贫困家庭，对她触动很大，所以她的工资基本上都用在了扶贫上。她刚参加工作的时候，家里给了她一张10万元的银行卡，加上她的工资也有十六七万，她逝世之后去查余额只剩下3万块钱，后来我们去打听，她捐了一个教育基金3万，有一个不是她的帮扶对象的贫困户的丈夫去世了，她捐了1600块钱，还有她的帮扶对象，她每个月至少探望一次，从来没有空手过。

采访组：周围人对她的评价是什么样的？

晏少兵：更多的是同事的评价，还有老百姓的评价，说这个女孩子人好，乡党委也评价过她，说她是最放心的驻村干部、最用心的帮扶干部。

采访组：她当时是怎样接触到扶贫工作的？

晏少兵：她是2017年考到乡村的公务员，扶贫工作是我们这边乡镇的主要工作，每一名干部都要参与到扶贫工作之中，每一名干部都有帮扶任务，我们每一名干部对接四户贫困户。

采访组：您见过她工作的状态吗？

晏少兵：第一个就是所有扶贫干部，从时间上讲，是没有星期六、星期天的，加班也是常态，这是一个；第二个，扶贫工作也比较苦，我们这边都是山区，到最远的村都有一个小时，到最远的户两个小时都有可能，对于樊贞子来讲，我觉得她不仅把扶贫工作当成了一项任务，还当作自己必须完成的一项使命，她是投入了真感情的。

采访组：她和您私下聊过工作吗？

晏少兵：她在工作中遇到的一些问题，包括她自己的一些想法和感受，都会跟我说。开始去上户的时候，她不知道怎么和贫困户沟通，因为她年龄小，村里的年轻人都在外务工，剩下的就是一些五六十岁的老人，她不知道怎么接触，作为一个小女孩子，虽然是干部身份，但是有的贫困户可能会笑她。

采访组：那您当时是给了她什么建议，或者最后怎么解决的呢？

晏少兵：正常的要求是每个月上户一次，她最多的是每个月去四五次，最后打动了她所帮扶的贫困户。她第一次上户时贫困户问的问题，第二次去的时候，都会给答案，贫困户对她就信任了，在贫困户眼中，她就不是一个小女孩了。

采访组：那在她工作过程中，您觉得她有什么特别的能力吗？

晏少兵：我觉得她有女孩子的细心，有男孩子的胆魄，她胆子比较大。这个车祸，我分析的时候，跟她这个性格还是有关系的，她买车不到两个月，拿驾照不到半年，新婚刚 40 天，怀孕不到两个月，新房子刚好一个月。

采访组：那她女孩子的心细体现在哪个方面？

晏少兵：比如招商引资的时候，把老板送上车的时候，她一定会给每个人一瓶矿泉水。

再比如下村入户的时候，每一次一定会给贫困户捎上最需要的东西。其中有户人家叫游承自，是个老人家，比如给他牛奶、水果、电饭煲等，这些都是自己掏钱，然后带过去。

采访组：听到她牺牲的时候，当时是一个什么样的情况？

晏少兵：当时听到她出事的消息，第一反应是不敢相信是真的，立马就往现场赶。我作为单位的领导，总有一些自责感，觉得我没有照顾好她的安全。

采访组：您和她有发生过一些让您印象深刻的事吗？

晏少兵：2017 年的腊月 28 日。她来我办公室，因为马上要放春节假了，她说初一到初六要排班的话，您就安排我除夕和初一吧，毕竟我是新来的。她工作非常主动，工作积极性很高。

采访组：如果最后有机会和她说一句话，您会说什么呢？

晏少兵：她帮扶的贫困户脱贫了，她所驻的村脱贫了，我们大椿乡，我们修水县，我们全中国都脱贫了。

采访组补记

樊贞子的家庭条件不错，是家中的"千金宝贝"。"出事后我才知道，樊贞子的爸爸曾经劝女儿不要到乡下来。她刚刚怀孕那阵，正好是扶贫工作最忙的时候，家人又劝她换个工作。"晏少兵说，"她一直坚持工作，说关键时刻不能掉链子。"

· **采访对象：徐汉（江西省九江市修水县大椿乡支部书记，与樊贞子
   同志为同事关系）**

采访组：您和被采访人是什么关系？

徐汉：樊贞子是我们村的驻村干部，在我们这里有帮扶任务，也是我
们村的一个帮扶干部。

采访组：请您用三个词概括一下她对这个工作的态度。

徐汉：第一个是认真，第二个是负责，第三个是有感情。

采访组：为什么说是有感情？

徐汉：这是她帮扶的贫困户对她的一个评价，她和贫困户平时通过上
户走访等建立了深厚的感情。

采访组：那负责是体现在哪些方面呢？

徐汉：因为她是乡里派到我们村的驻村干部，对我们村的大小事，都
是会参与的，都很细致负责，在工作当中的一些细节问题她都很注意。她
给我印象深刻的一件事，就是她帮扶的几个贫困户都是住得比较偏远的，
其中有一户，2018年的时候那上面还没有通水泥路，车子上不去的，有一
次我跟她一起去走访，我们走了将近一个小时，但是她没有任何怨言，到
了之后还是非常高兴，非常热情，和贫困户之间的一些沟通啊，落实一些
政策等都没有任何的厌倦心理。

采访组：她在您眼中是一个什么样的人？

徐汉：在工作方面是非常认真负责，然后在同事之间，她也是一个非
常容易接近的人，性格也非常开朗，和男孩子一样的性格，就算是比较陌
生的时候，也没有那种距离感。

采访组：您和她第一次见面时什么情况还记得吗？

徐汉：我也是2018年才来到村上工作的，她被派到村上工作，我们换届选举的时候，是第一次接触。觉得她很开朗，大大咧咧的性格。

采访组：当时您知道她是个小女生，您心里是怎么想的？

徐汉：实话说没有过多的想法，就是在想，一个小女孩，到我们这么偏远的地方来驻村，感觉挺不容易的。因为我们这里山路弯弯曲曲的，路也很窄，所驻村在大椿乡是我们那最偏远的一个村，她被派到我们村驻村，当时感觉也就是非常难得吧。

采访组：能具体说一下她帮扶的对象以及情况吗？

徐汉：我们了解和接触最多的就是游承自吧，我们有时候也跟她一起上户走访，我们和游承自的一些沟通中也了解到一些。第一个，她对这些贫困户非常有礼貌，非常可亲，她去游承自家，都是叫他游爷爷，游承自老人家也跟我们讲过，感觉就像是自己的亲孙女一样。她平时去的时候也会带一些贫困户所需要的东西，比如说水果、日常用品。在一些政策落实上，她也是非常的细心，比如说去了解贫困户的健康状况、产业发展状况，帮助争取一些项目，这些方面都做得非常细。

采访组：您觉得她扶贫时的状态和平时状态有什么区别吗？

徐汉：扶贫工作更细心吧，因为我也不太了解她做别的工作的情况。

采访组：那她工作是什么样一个状态呢？

徐汉：她工作的时候，是一种很热情、很有激情的状态，村里的事是非常烦琐的，不管大小事，她都和我们一起仔细地分析，然后一起去想办法。要上户做工作的，她会上户，需要加班的，她也会毫不犹豫地加班。

采访组：你们在扶贫过程中有遇到什么样的困难吗？是怎么解决的？

徐汉：没有特别大的难题吧，就像我刚才说的，他在上户的时候遇到了一些小问题，或者村里的工作，我们会一起来商量，有什么事情需要解决的，我们也会同样一起去想办法解决。

采访组：在扶贫过程中，您发现她有什么特别的能力吗？

徐汉：她是那种阳光开朗的人，即使第一次见到，也没有距离感，贫困户也对她是这种感觉，她和贫困户之间也不单纯是帮扶干部和被帮扶人的关系了，可能更像是亲情的那种感情吧。

采访组：您认为她的扶贫工作可以分为哪几个阶段？

徐汉：一开始对这个扶贫工作比较陌生，然后慢慢地向同事和领导学习，包括上户走访工作，慢慢地就熟悉了，然后做了一段扶贫工作之后，对这个工作更了解，大概就这样。

采访组：在您与她共事时，有见过她情绪波动比较大的时候吗？

徐汉：我们见到的她经常保持微笑，发火的话是没有的，流泪的话，可能她一个人流过泪吧，但是我们都是没有见过的，平时就是笑眯眯的。

采访组：你们平时私下聊过工作吗？

徐汉：工作的话，一般是我们一起讨论的，很少私下聊。我们私下聊天的时候，很少说到工作，她觉得工作是她分内的事情，没有什么要和别人倾诉的。

采访组：当您第一时间听到她牺牲的消息是什么情况呢？

徐汉：那天下午我们是到乡里办事，然后发现办公室只有一个人，我当时就问那个人怎么回事，怎么没有人，他说可能是樊贞子出事了。然后就给我看一个小视频，是樊贞子翻车的视频。我第一反应是不敢相信，她上午还在村里走访，我们还在聊天。后来证实了之后，我们直接开车去事故现场，遗体已经被打捞上来，我心里真的很难过，我们平时接触也比较多，她还是个小女孩。

采访组：可以说一下您和她之间发生过的一件让您印象深刻的事情吗？

徐汉：有一次去上户走访，我们去山坡上的一户人家，走了将近一个小时的山路，她没有一点怨言，我们是山里长大的，又是男性，算不了什么，但是她还是一个小女孩，走这么远的山路，到贫困户家里之后还是激情满满。

采访组：如果有机会和她说一句话，您会说什么？

徐汉：我们一起共事，一起朝目标奋斗，虽然你没有走完，但是我们帮你完成了。

采访组补记

"应谱、贞子夫妇是扶贫战线上辛勤付出的代表，雅洋村、船舱村的变化也只是全国脱贫攻坚取得全面胜利的一个缩影。"徐汉表示："脱贫摘帽不是终点，而是新生活、新奋斗的起点。应谱、贞子夫妇的精神，将激励着我们不断前进、接续奋斗。"

· 采访对象：游承自（江西省九江市修水县大椿乡贫困户，樊贞子生前的帮扶对象）

　　贫困户游承自到现在为止都不能原谅自己，他始终认为，樊贞子和吴应谱的遗憾是他自己造成的——和这对夫妇同车的，还有自己养的三只土鸡，要不是樊贞子帮他卖鸡，肯定不会出事。

　　游承自是大椿乡船舱村的村民，樊贞子生前的重点帮扶对象。几年前，他的老伴常年瘫痪在床，儿子儿媳妇在外务工，3个孙辈正值学龄。和许多贫困户一样，他家中除了土坯房外，一无所有。

　　初次拜访时，樊贞子就热情唤他"游爷爷"。考虑到游承自年岁已大，精力有限，樊贞子仔细帮他制订了养鸡增收的计划。

　　游承自一开始并不同意这个计划，他认为喂鸡收入太低，收到回报的时间又长。因为养鸡总要从小鸡崽喂大，经过1年的时间，还可能面临成活率不高的风险。

　　但樊贞子很耐心，她把政府补贴政策告诉了游承自，还拍着胸脯包揽销路。

　　"到时候我会帮你卖，实在卖不出去我就自己承包。"

　　游承自这才决定试一试。

　　鸡长成了以后，樊贞子马上发信息给老樊，让父亲一定找朋友买下土鸡，40元一斤，比市场价高。

　　"你的朋友都是大老板，所以收贵一点。（他们买了鸡）好像帮助了我一样。"

　　老樊四处为女儿张罗鸡的事，最终都解决了销路。

　　渐渐地，游承自打开了心扉，待这个整天叫他爷爷的小姑娘像亲孙女一样。

　　2018年12月16日，游承自照例把家里养的鸡给樊贞子售卖，没想到却听说出了车祸。他拉着樊贞子同事的手，声泪俱下，要求无论如何也要把他带去殡仪馆看樊贞子最后一面。

路上，游承自的手不停地抖。直到到达殡仪馆灵堂后，这位年近80岁的老人再也控制不住自己，"扑通"一声跪在樊贞子的遗像前放声大哭。

"是我的错，如果你们不帮我卖鸡，就不会发生这样的事。"

游承自对这两个年轻人的父母有深深的愧疚，即便对方从未认为他有错。逢年过节，他总打电话给帮扶干部，让他们抽空打电话探望樊贞子的父母，问问他们身体好吗。巧合的是，老樊也会打电话给帮扶干部，询问游承自的鸡销路如何，如果还没卖掉，就要求一力承包。

游承自总会想起樊贞子。

有一年冬天，下雪，帮扶干部给游承自买了一件棉袄，让他试穿，穿到一半他突然掉起了眼泪。村干部问他怎么了，游承自说贞子过去也给他买了一件衣服，就在衣柜里。村干部问这么新的衣服，为什么不穿？他回答说就因为舍不得。

"这是她留给我的念想。"

看到"全国脱贫攻坚先进个人"的名单，现年77岁的游承自老人禁不住泪流满面。"要是樊贞子还在就好了，看到今天这光景，她该有多高兴！"游承自说。

"第一次见面，她说，'游爷爷，以后我来帮扶您，希望您满意'！后来，她一直管我叫爷爷，每次来都提着水果、蔬菜，总问我穿得暖不暖和。想到我年迈不能负重，她帮着确定了养鸡增收计划，还帮着四处找销路。"游承自回忆说。

游承自说：这个小姑娘，是个什么样的小姑娘呢，与我亲人一样，与我自己的孙女一样，一进村喊我也不喊名字，也不叫老游，就叫爷爷、爷爷，感觉自己带在身边的孙女一样。

从此，不管是酷暑还是严寒，樊贞子每个月都会来家里探望。儿女常年在外务工，游承自便把亲情寄托在贞子身上，爷孙俩总有谈不完的话。

转眼3年过去，游承自愈发苍老，他忘记了很多事情，却清楚地记得樊贞子牺牲的日子。有一天，游承自梦到贞子喊爷爷，老人答应着从睡梦中醒来，醒来后已泪流满面。

"我想孙女了，她是不是也想我了？"

采访组：您第一次见到樊贞子的时候是什么情况？

游承自：我第一次见到贞子是在 2017 年 10 月，第一次见到贞子就觉得这个女孩子笑眯眯的，年纪小，看起来很善良，离开的时候还嘱咐我多穿衣服。

采访组：樊贞子大概多久来您家一次？

游承自：一个月来一次是经常的，有时候会一个月两次，来得很勤。

采访组：来您家的时候都做些什么呢？

游承自：询问我在生活上有没有什么困难、身体的状况，还会讲解一些国家政策，帮我申请一些政策上的补助。

采访组：遇到困难的话，樊贞子是怎样给您解决的？

游承自：贞子会帮助我解决，她告诉我，方法总比困难多，说党委政府会帮助我解决，让我树立信心。

采访组：请形容一下樊贞子的为人。

游承自：会被我永远记住的人，只要我还活着，我就一定不会忘记她。

采访组：她做过什么让您感动的事情？

游承自：首先是我的儿子都在外面务工，贞子会经常给我打电话，给我心灵上的慰藉，关心我的身体状况；另外就是帮我卖鸡，把这件事当作她自己的事情一样，特别努力地帮助我。

采访组：请您来评价一下樊贞子的扶贫工作。

游承自：在我心里，她的扶贫工作非常到位，没有任何缺点，我对她只有感激。

采访组：您第一时间听到她牺牲的消息的时候，是什么情况？

游承自：当时听到樊贞子去世的消息，第一反应就是不相信，然后就拿出自己的手机，给第一书记石书记打电话，问这件事情是不是真的，证实过后眼泪一下就流下来了，因为樊贞子出事那天上午还在我家，怎么人一下子就没了，就是不敢相信。

采访组：您有和她之间发生过印象比较深刻的事吗？

游承自：第一件就是危房改造，我家原先住的是那种土坯房，后来贞子来帮扶我以后，就帮我申请危房改造政策，现在我家已经住上了非常好的房子了，我家六口人都住上安全舒适的房子了；第二件就是樊贞子出事当天上午还来我家上户，她来我家上户的主要目的是为了帮我销售土鸡。因为我的年纪大了，不能种田，贞子就鼓励我让我养鸡，但是因为所在的地方比较偏远，土鸡卖不出去，贞子就在朋友圈帮我卖，当天有人向贞子预定了三只鸡，她就来我家拿鸡，在回城的路上就出事了。

采访组：如果有最后一个机会和樊贞子说一句话，您会说什么？

游承自：希望贞子能继续帮扶我。

采访组补记

"……不吃饲料，纯土鸡，35元/斤，一只四五斤左右，深山土鸡，味道鲜美，可送货上门……"这是樊贞子生前发在"朋友圈"的最后一条信息。

大山深处、白墙灰瓦，游承自的屋前开阔平坦、室内干净整洁。"贞子，爷爷的土鸡全部卖出去了，一年多前我住进了120平方米的新房。"游承自声音颤抖地说。

工作中，遇到不懂的，樊贞子总爱向"吴先生"求教，一个电话过去，
"吴先生"总能帮她找到办法。受了委屈她也喜欢向"吴先生"倾诉，爱
人的安慰，总能让她充满力量。

樊贞子的同事兼闺蜜程玲见证了这两个"工作狂"的爱情：他们难得
在一起，在一起的时候不是你陪我加班，就是我陪你加班。每次陪应谱加
班的时候，贞子都会偷偷把他工作的样子拍下来。"吴先生认真工作的样
子好帅"，她把偷拍的照片贴在他们的爱情纪念册上，旁边写着："陪你
加班的每一个夜晚，看着你认真的模样，越发爱你……"2018 年 7 月，大
椿乡的脱贫攻坚摸底排查工作全面展开。

樊贞子负责按照"一户一档"要求，整理大洋和船舱两个村几百户贫
困户的资料。这时距离她预定拍婚纱照的日子已经很近了，程玲劝她找领
导说说，匀一点工作给其他同事做。可樊贞子说这两个村的情况她最熟悉，
在乡里电脑操作也属她最厉害。

那些天，程玲看她天天埋头在电脑前，饭都顾不上吃。有时夜深了，
程玲还能听到隔壁樊贞子房间传来的键盘声。"不要命了？"程玲发一条
微信过去，那边回过来一条语音："没事，权当减肥，工作做完了就去拍
美美的婚纱照。"

采访组：请您先做个自我介绍。

程玲：我叫程玲，是樊贞子生前的同事，也是大椿乡政府的干部，我
和樊贞子一起在船舱结对帮扶，我们都是船舱的干部。另外我和樊贞子不
但是工作上的同事，还是工作中的好朋友，还有就是她应该是我工作的引
路人，因为当时她从上一个岗位调走，我去接任她的工作。

采访组：如果请您用三个词来形容她对工作的态度，您会怎么形容？

程玲：首先是细心和耐心的前辈。因为我是 2018 年来乡政府工作，她是 2017 年，我什么都不懂，是她把我引入工作的正轨；另外她在工作上是不辞辛苦的，有时候我们上户，我就会抱怨太累了，但是她会和我说，没关系，慢慢来；第三个就是乐天派，她对待工作从来不抱怨，对待工作就是觉得是分内的事情，一定要做好。

采访组：她在私下是个什么样的人呢？

程玲：私下里就是个八卦小能手，我们女孩子在一起的话会经常聊一些工作上的事情和生活中的琐事，另外她特别善良，谁有困难她都会第一时间伸出援手，我们上户的时候，她记得我有低血糖，我低血糖犯了的时候，她就会从包里拿出一些糖果。

采访组：您知道她是怎么接触到扶贫工作的吗？

程玲：因为我们都是乡镇干部，扶贫工作是我们乡里的主要工作，只要我们走上工作岗位，每个干部义不容辞都要接起脱贫攻坚的任务。

采访组：她做扶贫工作之后，周围人是怎么评价她的？

程玲：政府对她有高度的评价，我们书记说她是最让人放心的驻村干部、最用心的帮扶干部。书记号召我们向贞子学习，把她作为我们的榜样。

采访组：那私下里周围人怎么评价她的？

程玲：私下里村里的干部对她评价也是挺高的，觉得她做工作非常耐心和细致，我和她经常上户，她的几个扶贫对象我也都接触过，那些扶贫对象对她的印象也都特别好，贞子与帮扶对象之间建立了比较深厚的感情。总的来说，贞子和她的工作得到了乡党委政府、我们同事和她的帮扶对象的非常高的评价。

采访组：她扶贫的状态和她平时工作的状态有什么区别吗？

程玲：平时的工作对她来说是本职工作，但是对待扶贫工作，她是明显投入了真心的。我第一次和她下村帮扶印象就很深刻，她看到一位老人，瞬间就转变了她的精神状态，就像一个小姑娘一样跑过去了，我就问其他干部那位老人家是谁，其他干部说那是贞子的帮扶对象。她当时特别亲切，不像是干部和帮扶对象，倒像是亲人之间的沟通，没有什么障碍和距离。

采访组：她私下和您聊过扶贫工作吗？

程玲：经常聊到，同事之间聊得蛮多的，大家遇到什么难题也会交流，一起想办法，有什么不懂的，大家也会一起探索，去请教更有经验的领导。

采访组：她在工作中有什么特别的能力吗？

程玲：这也是我应该向她学习的一点，她能够和帮扶对象迅速建立联系；还有就是她平时遇到什么不懂的事情，不会藏着掖着，直接去请教别人，这是我认为非常好的能力。

采访组：你们在扶贫期间有没有遇到过什么困难？

程玲：小问题都是可以解决的，比如说，现在在推进新农村建设，正在进行"厕所革命"，希望每家每户都用上安全干净的冲水马桶，但有一些户头不愿意配合工作，不愿意改厕，觉得原先的厕所挺好的，或者说，就是没有改革的这种倾向。我们就多方位地做工作，带这些户头去参观一下，参观后自然就觉得很好，觉得很有必要进行这项工作，小问题是比较多的，但是我们最终都完美地解决了。

采访组：那有没有发生过什么事，让您对她的印象改变了呢？

程玲：有一次，书记要派一个干部到最深度的贫困村，然后其他的男孩子和我都没有报名。这个时候有一个声音说，书记我去，然后我一看，是樊贞子。她是主动报名去的，这一次我就觉得重新认识了她。

采访组：您是她工作上的同事也是她私下里的朋友，那您见过她情绪波动很大的情况吗？

程玲：有一次上班途中，她骑了一辆小的电动车，她为了避让另外一辆车就把自己的脚给摔伤了，当时伤得还挺严重的，套了一个一次性的鞋套。我记得当时我在她旁边，她的妈妈打电话催促她，希望她向书记请假，腿伤了，应该请假休养，要不然留下什么后遗症就不好了。我第一次看到贞子不耐烦，她说现在工作这么繁重，怎么好意思请假呢？那是我第一次看到她发火的样子。她其实是一个特别喜欢笑的人，同事之间给她取了个绰号叫小太阳，觉得她照亮了自己，也照亮了别人，她总能把那种开朗乐观开心的气氛传给大家，就像个开心果一样。

采访组：您当时听说了她牺牲的消息，您当时是什么样的情况？

程玲：当时我准备和她一起去县城的，后来因为有一点事，让她先去修水，我听说这个消息是有一个我们的同事打电话给我，说贞子出了事故，然后我的第一反应就是不可能啊，我说我十一点多的时候还跟她开玩笑。然后第一时间和另一个同事开车去了事故现场。当时我看见她躺在那里，从水里刚捞出来，头发都还是湿答答的，只觉得非常难受，不敢相信。

采访组：请说一下你们之间发生的最让您记忆深刻的三件事。

程玲：第一件事就是她知道我有低血糖，下村入户有的时候要走路，走着走着就觉得特别的饿，会晕，然后她就会提前在包里准备好一些小零食，等到我们饿的时候像变戏法一样，从包里掏出一些小零食来跟我们分享，我觉得被人关心就是一件很开心的事情；有一次做材料的时候，打印机突然坏了，然后材料又特别急着要用，当时我有一点小感冒，她看到我头痛，就提前让我去休息，她一个人在那里等，然后第二天，我想陪她一起，她说，你赶紧走，我一个人能行的，然后我就去睡觉了。第二天的时候我才知道，她三点多才把打印机修好，自己又一个人把材料全部打印完成，第二天五点多才去休息，然后八点又准时来上班了。这些都是生活中特别细小的事情，小细节体现她这个人的善良。

采访组：如果让您给她的一生下一个定义，您会怎么描述？

程玲：原先县里要求我去做过一次演讲，我当时写的题目头叫作"最美的芳华"。我觉得她是最美的人，绽放了最美的光芒，虽然她的一生很短，但是各种色彩都有了，我们都为她自豪。

采访组：您想和她说点什么？

程玲：我就想告诉她，她生前最挂念的游爷爷已经住进了宽敞的大房子了，她帮扶的几个贫困户也都高质量地脱贫了，我们走完了她未走完的路，希望她安息。

• 采访对象：吴乐未（原职务为大椿乡计划生育服务所医生，2016 年并到乡党政办公室，与樊贞子同志为同事关系）

采访组：在您眼中，樊贞子同志是个什么样的人呢？

吴乐未：我俩是以姐妹相称，我姓吴，她就叫我吴姐，她在我眼里是一个很有爱心又单纯的小女孩。

她年龄小，1995 年的，别看她年龄小，但她特别懂事，特别大方。对贫困户更没得话说了，每次不会空着手上户，她对工作的热情非常高，态度也特别好。她的个子高，力气也大，然后在我眼里啊，她是肯吃苦的，我们党政办是什么都要做的，杂事也比较多，但是重活都是她干的，比如开会搬矿泉水，她总是说："吴姐，我来吧。"

采访组：那您觉得她对工作是什么样的态度？

吴乐未：她能吃苦，很积极，再苦再累的工作都愿意服从安排。

第一，我刚才也说了，办公室的杂事都是她干的，开会搬矿泉水，我们要从一楼搬到三楼的会议室，她都可以提起来。有一次她骑摩托车摔跤了，然后缝了几针，脚肿得鞋子都穿不了，她都不愿意休假，一天假都不愿意休，还是坚持着上班。

第二，她在各方面也比较大方，她年纪小，但是懂得很多人情世故，买给贫困户的东西每次都是自己掏钱，比如说买水果和日常用品这些的。

采访组：她做了扶贫工作之后，都得到了周围的人什么评价呢？

吴乐未：她做这个扶贫工作以后，大家对她的评价非常高，她的工作地点都是最远的，经常加班到两三点，但是她从来都没有怨言。

采访组：那您有没有和樊贞子经历过什么让您印象深刻的事情呢？

吴乐未：她和她的爱人是我牵的线，说起来我都想流泪了。我清楚地记得是 2017 年 10 月 29 号，星期天的晚上，我把他们约在一起见面，当天晚上见面之前她就跟我说穿哪件衣服，穿哪双鞋子搭配，精心打扮了很久。他们见面时一点都不像陌生人，没有一点尴尬，什么都聊得来。2017 年的 10 月 29 号才认识，2018 年的 11 月 7 号就办了酒席。

采访组：她来了之后都做了什么呢？有没有给村里或者单位做出什么改变？

吴乐未：她当时去大洋村驻村，驻村的资料全是她整理的，加班加点做完，那时候刚好是她的婚期，她都没顾得上请假，把资料都整理好了才请了婚假的。我们书记总是说，这个小女孩前途无量。

采访组：您有没有亲眼见过她扶贫工作的状态？是什么样的？

吴乐未：下村的时候我是没见过的，因为我年纪也大了，不方便下村。但是她加班我是见过的。扶贫工作要写材料、整理材料，真的很辛苦，那些材料特别多，她一个人从村里搬回乡镇加班时用。

采访组：你们是否在私下聊过工作呢？

吴乐未：我们领导要她做什么她就做什么，她怀孕之后我就和她说，别驻那么远的村了，她和我说，这个不好说。后来她还是和之前一样工作，和怀孕之前没有区别。

采访组：您觉得她对工作是一个什么看法呢？

吴乐未：对工作从来没有怨言，对工作是非常认真的，生怕做不好工作，如果她有一点点做不好，她就会写在日记上，今天哪里出了一点点问题她都会写下来，哪里要改进，下次一定要注意。有一次通知开会，当时电话没打通，她就觉得是她的责任，急得哭了。

采访组：当您第一时间听到她牺牲的消息是什么情况？

吴乐未：我听到她出事的时候，是一个村干部告诉我的，我说不可能吧，她那时候刚从我们乡镇出去。然后我就赶紧叫我们食堂的师傅骑着摩托车带我到出事的地去。还是不敢相信，觉得很难过，这么年轻的小女孩，这么好的干部，觉得非常惋惜、痛心。

·采访对象: 刘三峰（大椿乡党委副书记，与樊贞子同志为同事关系）

采访组: 樊贞子生前主要负责哪些工作？

刘三峰: 贞子2017年考上公务员之后，首先是分在党政办公室负责收发文件、处理内务方面的一些工作。在2018年之后她来到了我们乡的扶贫工作站，在扶贫工作站里工作了不到三个月吧，然后去了船舱村，结对帮扶贫困户。

采访组: 您能用三个词来形容一下她的工作态度吗？

刘三峰: 首先是敬业，第二是工作非常用心，第三是非常细心。

采访组: 能具体说说吗？

刘三峰: 首先说敬业，她考上公务员之后，本来按照正常的程序是10月才上班的，但是她提前一个多月就到我们单位来上班，上班之后她非常认真，尽快地投入到工作当中去。记得有一次打印机坏了，我们第二天要开会，要打印一些资料，她半夜把打印机修好了。

其次，她工作上也非常用心。特别是到扶贫工作站之后，因为她刚接触扶贫工作站的一些业务，我和她讲工作的时候，她都用笔记得清清楚楚，她非常用心地想尽快熟悉工作，投入到工作中去。

还有就是工作上非常细心，比如说她到帮扶的贫困户家，每次都不空手，就是为了增进和贫困户的感情，还有帮贫困户游承自销售土鸡等。

采访组: 在您眼中，在工作之外的樊贞子是个什么样的人呢？

刘三峰: 工作之外的贞子呢，她是一个非常活泼开朗、热情、有礼貌、有爱心的女孩子。

采访组：她是怎么接触到扶贫工作的？

刘三峰：从2018年6月的时候分工做了调整，她由党政办调到了我们扶贫工作站，做这个扶贫专干。除了做扶贫专干之外，她还做大椿乡的驻村干部，在船舱村有帮扶任务的。

采访组：她做了扶贫工作之后，都得到了周围人什么评价呢？

刘三峰：第一个，她所帮扶的对象，对她帮扶的工作非常满意，每个人都交口称赞啊；第二个，所帮扶对象所在村的村支书或者第一书记，对她的评价也非常高，作为一个毕业工作不到两年的年轻的小姑娘啊，帮扶工作能做得这么细致很难得，这个评价是相当高的。她至少每个月都会到户上去走访。帮扶对象如果有事外出不在户上，她也会通过打电话了解帮扶对象的情况。

她帮扶的贫困户游承自的儿子在外地务工，游承自之前跟着儿子出去住了两个月，贞子就常常打电话去关心游承自，问他的身体情况，问他什么时候回来，甚至贞子还会把她跟她老公吴应谱订婚和结婚的日期和游承自说。贞子纯粹是把她所帮扶的对象，当作自己的亲人一样。

同时，我们平时开会的时候也都说起过，我们的帮扶工作要跟樊贞子一样，把樊贞子作为我们的榜样。

采访组：您印象中有和她一起经历过的印象比较深刻的事情吗？

刘三峰：她刚分到我们扶贫工作站的时候呢，我手把手地教她一些工作。她来的时候，我们正在搞深山的移民工作，涉及这些移民资格的审查，我教她应该注意什么问题，她都拿本子有条有理地把这些东西记下来了，然后我交代她这些工作一个星期要完成，她三天就完成了。

采访组：她来了之后都做了什么呢？有没有给村里或者单位做出什么改变？

刘三峰：她来了单位之后，第一个就是做办公室的工作，这个增加了办公室的力量，第二个就是我们扶贫工作站的工作了，她的到来加强了我们扶贫工作站的力量。

从生活的影响力来说，自从贞子来了我们单位之后，我们单位显得更活泼，更有生机，这样的一种感觉。

采访组：您有没有亲眼见过她在扶贫工作中的状态？

刘三峰：当然见到过了，她在扶贫工作时的状态非常投入，她工作就是那么投入，那么细心，那么用心的，她的照片里面也体现了一些到户上帮扶走访的情况，说明她是在用心做这个扶贫工作的。

采访组：那有没有发生过什么事情让您对她改变了一些看法的？

刘三峰：她刚到这里的时候，因为她家里经济条件比较好，我认为她可能是一个温室里面培养出来的花朵，到乡下来工作可能会因为娇生惯养，会不适应。但是当她来了之后，从我第一眼看到她的时候，她给我的感觉是相当有礼貌，后来通过后续的工作，比如说到大洋村做扶贫工作、做档案工作等，我就觉得这个小姑娘确实不错。特别是自己私下资助我们乡里的一个保洁阿姨的小孩，我觉得这个姑娘是非常有爱心的。

采访组：您见过她工作中情绪波动比较大的情况吗？比如发火或者大哭大笑之类的。

刘三峰：这个还真没有看到过，她一向还是比较沉得住气的，或者说在工作中，虽然说碰到一些小困难，她还是能够坚持的。

采访组：当您第一时间听到她牺牲的消息是什么情况？

刘三峰：我第一次听到这个消息的时候，是我们中学的一个老师电话告诉我的。我当时是跟乡长在大洋村，当然，首先第一反应就是不相信啊，但是那个老师说好像听说是你们乡里的人，叫贞子的，但是不知道人有没有事。所以，我当时就赶快打电话给樊贞子的老公吴应谱，我还不知道，吴应谱那天也来了，但是电话一直没有接，后来才意识到这个事情严重了。我和乡长就立马去现场，确实是贞子的车子，出事的地方正好是水压得最深的地方吧，如果向前两米或者是向后两米，可能他们两个人就只会受点伤，不会出现生命危险。

采访组：如果还有机会和樊贞子说句话，您会说什么？

刘三峰：我会说既然选择了当干部，就应该无怨无悔吧。

采访组补记

樊贞子家庭条件不错，好友曾调侃她，为什么放着"千金宝贝"不做，偏偏来乡镇当一个受累的公务员。她也曾想过一种"稍微轻松安逸，不用思考太多的生活"，但终究觉得自己应该"努力成长，长成一棵参天大树"。

"走访了很多村民，其中一些是贫困户，他们无一不跟我诉说以前的日子有多苦，是党和政府一直以来对他们不抛弃、不放弃，鼓励他们重拾信心……我既然选择了，就应该勇往直前，承担起一名基层公职人员的使命——为人民服务。"这是樊贞子在入党申请书中郑重写下的文字。这个富裕家庭走出的女孩儿，在看到贫困户的生活境况后，改变了自己的人生选择。

"我一度劝你不要去搞扶贫，可你说不支持你的事业，我就不够朋友。你说，我能拗得过你吗？爸爸希望，我们来世还做父女，还做知心的好朋友……"女儿牺牲后，父亲樊友炳深刻感受到女儿的责任，他拿出积蓄成立爱心基金，资助家境困难的孩子完成学业，他多想当着女儿的面再问她一次："爸爸够朋友吧？"

在县城务工租住的大椿乡建档立卡对象蒋秀琴，也因樊贞子的突然离去而落泪。去年8月，蒋秀琴在乡里做保洁员，了解到她一人带着3个孩子上学，生活十分困难，樊贞子从上班第一个月的工资里拿出800元资助孩子上学，第二学期开学前，又送来了1000元。

助学帮困，热心的樊贞子工作才一年，却得到了大家的信赖。在她卧室的书桌上还留着她刚整理的工作任务。"2018 成为更好的自己，加油！""今天加班到 9 点，充实的一天。""细心！今天参会人员名单发生小差错，还是不够细心。"日历本上，标注的是这位"95 后"女孩对自己的严格。

①

船舱村党支部"诵读红色家书,传承

②

③

①樊贞子和贫困户在冬日晒着暖阳

②樊贞子参加主题党日活动

③樊贞子为前往大椿乡调研人员讲解大椿茶叶

④樊贞子给贫困户游承自送补助款

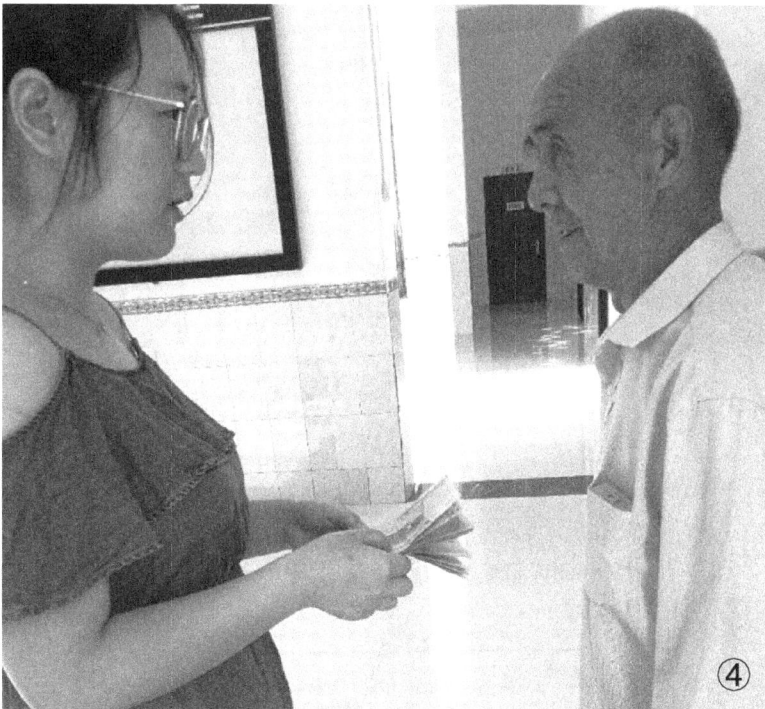

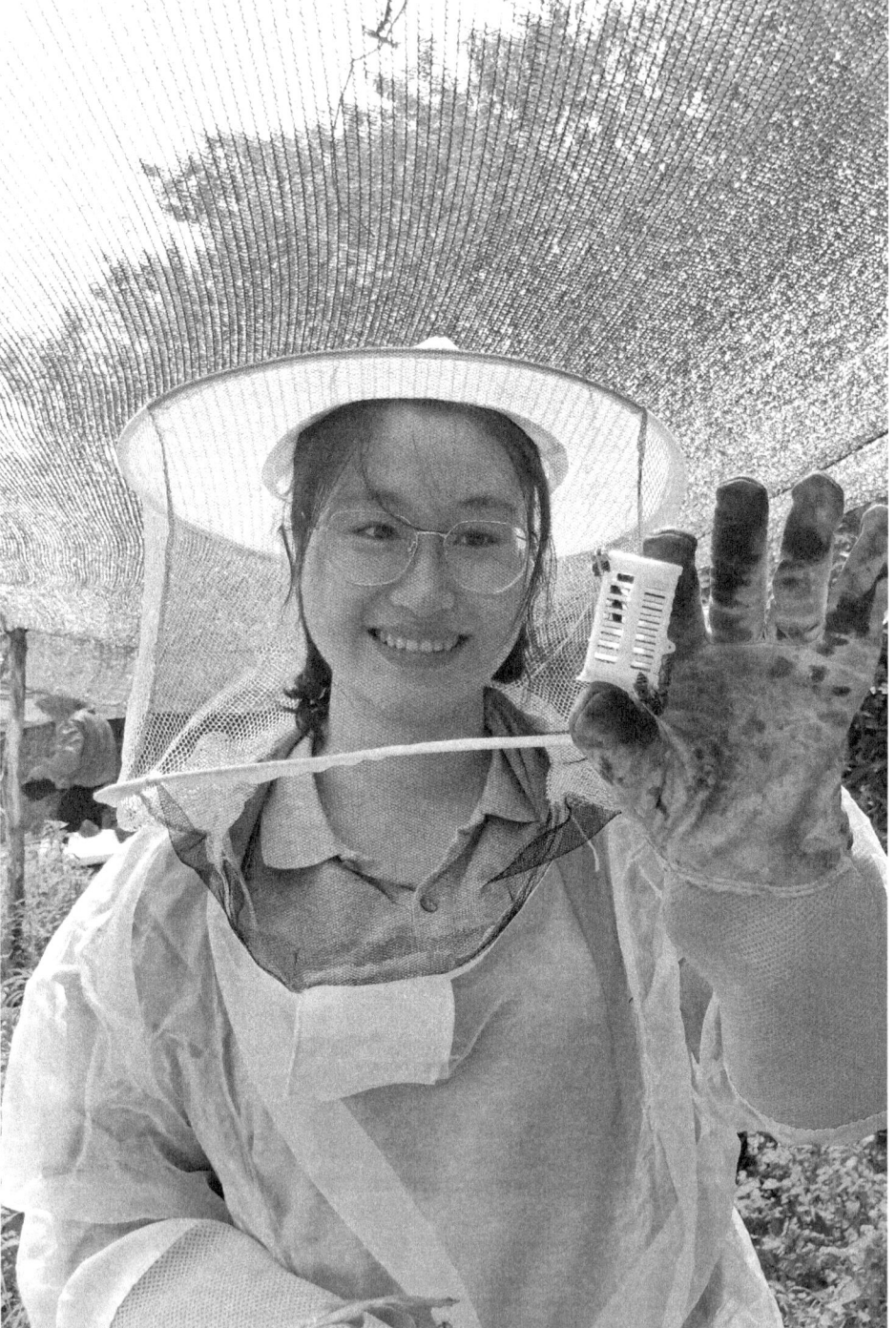

生命的战场：
中国减贫英烈口述史

黄文秀

　　黄文秀，女，1989 年出生，中共党员。2016 年从北京师范大学研究生毕业。2018 年到广西壮族自治区百色市乐业县新化镇百坭村担任驻村第一书记。2019 年 6 月 17 日，黄文秀从百色返回乐业途中遭遇山洪因公殉职，她 30 岁的年轻生命永远定格在扶贫路上。

　　习近平总书记对黄文秀同志的先进事迹作出重要批示："黄文秀同志研究生毕业后，放弃大城市的工作机会，毅然回到家乡，在脱贫攻坚第一线倾情投入、奉献自我，用美好青春诠释了共产党人的初心使命，谱写了新时代的青春之歌。广大党员干部和青年同志要以黄文秀同志为榜样，不忘初心、牢记使命，勇于担当、甘于奉献，在新时代的长征路上做出新的更大贡献。"

- 采访组：郭　音　莫良伟
- 采访时间：2020 年 12 月 4 日
- 采访形式：线上音频采访
- 采访对象：

1. 黄忠杰（百色市田阳村巴别乡德爱村村民，黄文秀父亲）

2. 蒋丹丹（百色市宣传部工作人员，黄文秀先前同事、好友）

3. 黄茂兵（百色市扶贫办主任，曾担任乐业县委副书记）

4. 周昌战（百色市乐业县新化镇百坭村支书）

5. 梁祥东（百色市乐业县新化镇百坭村扶贫专干信息员）

6. 廖家荣（百色市乐业县新化镇百坭村村干部，脱贫贫困户）

7. 黄福学（百色市乐业县新化镇百坭村支部党员，百坭村电商服务站站长）

8. 黄世勇（百色市乐业县新化镇百坭村村民，百坭村脱贫贫困户）

9. 黄美线（百色市乐业县新化镇百坭村村民，百坭村脱贫贫困户）

10. 席道怀（凌云县公安局交警大队副大队长）

11. 黄文娟（黄文秀姐姐）

• 采访对象: 黄忠杰 (百色市田阳村巴别乡德爱村村民，黄文秀父亲)

采访组: 您能说一说您记忆里她让您印象最深刻的几件事吗?

黄忠杰: 文秀哥哥姐姐去了学校之后，她刚学会走路，哥哥姐姐写完作业后，她就拿着哥哥姐姐的作业在门口照着写。当时我就觉得这孩子将来读书厉害，以后家里会缺钱让她读书。那时候读书贵啊，负担大，但是我还是让她跟哥哥姐姐去了。小学的时候，她的成绩在绢纺厂子弟小学排名前五，初中的时候，她都是第一名。

当时年代不好，我读不了书，我就希望我的三个小孩能够学到知识，为国家奉献一些。她也懂得我们家的苦，我们是从大山里出来的，一切从零开始，他们三个小孩曾经是跟妈妈捡稻穗充饥的。他们知道自己要努力，种粮食要够吃，读书也要读出来。他们明白读书改变命运，理解爸爸为什么把她从大山里带出来。她从来都是天蒙蒙亮就起来，吃了点玉米粥就去学校。因为可以读书，就算苦一点，她也很高兴，也能坚持下去。

她小时候，因为我们家是从大山里出来，所以我们承包了荒地，种植甘蔗、放牛。一次文秀妈妈一时疏忽，让牛糟蹋了甘蔗幼苗，我就骂妈妈，要赶走她，妈妈也没敢顶嘴，把衣服装在尼龙袋里要回老家。文秀就出来，抓着妈妈的大腿说: "妈妈要听话啊! 妈妈要听话啊! "小孩这样说，我也没再说什么了，她妈妈也就留下来了。

她上初中的时候，我种了木薯，她回来就帮我挖木薯、做木薯干。有一次我们去挖木薯回来，帮家里犁地的牛死了。我打算拉出去将这头牛卖了。她说: "爸爸，它帮我们种木薯、帮我们犁地，我们不能卖它。"我就听她的话没有卖。

做什么事情，她都跟我商量，我做得不好，该怎样做，她也指点给我。一直到读书、谈恋爱，一点一滴她都没有不跟我商量的。她去上大学，读书花费大，又远，她却不怎么跟我提要钱。她去做家教会跟我说，然后说这学期要这点钱就得了。

2008 年她考上了长治学院，我就让她安心读。她学费一万三，我给她一万四带过去。她坐火车，这里放一点，那里也放一点，担心丢了。

当天晚上，我开大摩托车去送她，十一点就到火车站了。她当时流泪了，她说想要为家里面，为国家作贡献。要给爸爸看清我是怎样的人，不让爸爸担忧，不给爸爸丢脸。

她读到大二的时候，就跟我说她读的是政治思想教育。我就说政治思想要过硬，这个专业要求高，需要入党才行。我其实是想，你都不入党，这个专业就学不到位。然后她就申请了入党，那时候她 22 岁。

入党之后，她就说爸爸我读完大学也没有多大希望，需要读研究生。我说我不反对你，你读什么都好，我现在就是剩下你一个了，只需要供你这个。借钱都给你读，直到读到不读了，不让你读书为难，你自己努力去读研究生。

毕业了，她准备去北京考的时候，她就说，爸爸我想去又怕考不上，又给你们带来一定的难题，就怕家里面埋怨我。我就说，要多少钱哪，一千两千我借都可以给你借，如果不去你怎么知道考上考不上？事先，我不埋怨。我意思就是说，你记住了，我不怕出这一点钱。行不行，我也不骂你。

我就寄了 1000 块钱给她。

去了之后，她就说"爸爸，看来我是有希望了"，我就高兴得不得了。

采访组：她是怎么接触到扶贫工作的？

黄忠杰：她和我商量，以后毕业怎么办。本来她说去这去那，她说在城市里面钱也高。我说，爸爸不希望你去做那些来钱多多的那种人，国家培养你，你入了党，你要做一个清白的人，你要让老百姓知道我们国家是怎样的性质，共产党是怎样的性质，大家住得好、吃得好，我们才一起好。光一个人好，也不成。你是入了党的，就要为党工作，工作也要干干净净的。

我就说，你别想那么多，我就希望你回来到我身边工作。我不希望你当大官什么的。当公务员很好，要为老百姓工作，做事像挂羊头卖狗肉这样我就不喜欢了，就是背叛了。一定要从艰苦想起，从大家想起。

她主动报名第一书记的时候，我就觉得她需要到农村去锻炼成才，不管到哪个地方，越苦的地方越好。

采访组：她跟您聊过她的工作吗？关于她的扶贫工作您了解多少？

黄忠杰：她跟我说过，刚开始时百坭那边的人也看不起她。觉得她年轻，从北京出来的，肩不能挑，手不能提，只是像惯例一样下乡来，懒得招呼她。而且她去了之后，她需要进行思想工作，有些村民闹着要低保户，说为什么我家评不上低保户啊，所以对她的意见很大。

但她坚持努力去做思想工作，做采访，有些低保户就关门不让她进去。她很耐心，第一次不开门，就去第二次，这么一来二去就愿意跟她谈了。什么重活、苦活，她帮得上就尽量去帮，老百姓才相信认可她。

她走后，没有人不流泪，包括小孩。她去百坭村一年多的时间，帮扶了八十八家贫困户。她去时沙糖橘一年才收获五万斤，她帮修路啊，培养致富带头人，第二年收获五六十万斤，不知道翻了多少番。老百姓就说，文秀书记不来，我们就没有这么大的收获。

她在乐业县当驻村第一书记后跟我联系少了，因为她去那里我就知道她是最艰苦的，这种艰苦又是用脑力又是用体力。

她把每家每户当自己家一样，为他们好，村里面的桥梁啊，路不通啊，一点一滴水啊，她都帮百坭处理好。现在到百坭去，人家都评论她有价值。

她作为第一书记写的《从"新手"到"熟路"》那篇文章，我看了也流泪。

她说自己的工作，能让人民群众深切感受共产党的好，对我也是大大的鼓舞。在这工作中，跟人合得来，跟老师合得来，人民群众知道她为党工作做得好，也对她感谢，爱跟她接近。

采访组：她扶贫前后，性格或者为人处世发生了什么变化？

黄忠杰：在她去乐业的时候，我就觉得我们也是农村的，就不担忧多少。她写了《从"新手"到"熟路"》以后，我知道她画了联络图，那时候我就彻底放心了。

采访组：您能回忆当时关于文秀牺牲的事吗？

黄忠杰：那天她回到家里面送药给我，因为我刚刚出院，吃饭不得，她带来蜜蜂酱给我，因为吃了蜜蜂酱我就爱吃饭。还带了一包治肝肿瘤的药来。

离开时她跟我说："我不去不得，因为每天都要开会，任务也比较多，有塌方有洪水，田苗挨冲毁了。"我说晚上了，下着暴雨，你要注意安全一点。

她说没有什么的，明天早上我要开会了，今天晚上一定要赶到乐业去，不去不行。因为我选择了这样的任务，就一定要做到底，但说起来好像对不起你，爸爸你吃药一定会好的，我有时间再回来看你。

然后她就走了。

·采访对象: 蒋丹丹（百色市宣传部工作人员，黄文秀先前同事、好友）

采访组：在您印象中是她一个什么样的人？

蒋丹丹：我觉得她是一个非常积极非常乐观的一个人，很开朗，感觉像个小太阳。在和她交往当中，我就觉得她在不同的层次、不同的年龄段都有好多朋友的。她是个很喜欢交际、很喜欢交朋友的这么一个人。

采访组：她有什么爱好吗？

蒋丹丹：她比较多才多艺的，我就知道她会弹古筝，然后学了钢琴。当时我见她弹古筝，我倒是还蛮感兴趣的，就问她是去哪里学的，她就说在大学的时候有时间就跟着老师学。我就觉得她可能比较热爱生活，然后在陶冶自己情操方面，她也还是挺能折腾的。

她当时还有蛮多想法的，特别是对美食这一块，她原来刚刚来时还在我们部里工作，相对来说还有点时间，她就跟我说要去各县收集各县的美食，做成我们百色的一个美食的微信公众号，专门推荐我们家乡的这些美食。

采访组：您得知她要去当第一书记，当时是什么反应？

蒋丹丹：我挺吃惊的，她是主动要求去做第一书记。我自己本身也是从基层上来的，特别是在村里面工作，去到乡镇可能都还相对好一些，但是到村里面不是一般人能够待得下的。年轻人少，还有脱贫攻坚工作，压力很大，还有一个就是村里面的条件，从水、电、路包括住宿各方面条件都不是很好。

她刚开始去那里的时候，一个是热水问题，屋子里连窗帘都没有，防盗窗也没有。她回来跟部里面反映情况，部里面也很支持她的工作，马上帮她解决了这个问题。

采访组：您是否听她聊过自己的工作？

蒋丹丹：她刚刚去的时候，跟我们聊得比较多，大部分也都是比较委屈的。百坭那边说的是当地话，她就不太行。因为到村里面你用普通话跟群众沟通，群众有时候也不太愿意跟你去说话的。

还有，当时她一个女孩子到百坭那边，有几次去入户的时候，村民老远看到她就把门关起来，不让她进家。后面她跟之前的老支书也请教了一些工作方法，因为在基层特别是在村里面，你跟群众做工作，就要融入群众，要跟他们打成一片。结果，她很快就学会了当地话，让我印象最深刻的就是有时候我们去逛街，她一接到村里面电话，就用当地话来跟村里面干部来沟通，我觉得这真的是很不错的。

她通常自己开着车，跑前跑后，而且村里面的路真是很不好走。有一次她星期六从百坭回来，我们本来约说十二点在百色找个地方吃饭，我们就一直等她等到两点半她才到。因为她在半路回来之后出车祸了，而且不是第一次了，那条路太危险了。这还是从凌云到百色的这段路，在村里面的路就更难走了。

我就记得她说她去做工作，有一户户主不让她进家，然后户主在门口说得很难听，就相当于指着她鼻子说你不给我钱又不给我什么之类的。而且那一户的儿子就拿手机在旁边偷拍她。她就觉得很委屈，讲的时候她眼睛都有点红了。

还有一次她们跟村干部去入户，也是晚上了，要回到村部。结果那天下暴雨，塌方了，路被堵上了，她们的车就过不去，她还是跟村干部冒着雨赶回村部的。感觉就是几个大男人中她那么一个柔弱的小姑娘，淋得像个落汤鸡一样。

采访组：她去当了第一书记之后，性格或者为人处世发生了什么变化？

蒋丹丹：在为人处世方面，我觉得她可能会更通达一些，不像以前想说什么就说什么。她可能会更加融入自己，作为一个普通干部这么一个角色。

我也想说她真的是有所成长了，就拿同年的我来跟她比的话，我就觉得自己还没有她那么成熟。

在乐业的时候，我印象比较深刻，跟她去买路灯。按照我的想象，在我们这个年纪不会去考虑这么多问题，然而她就考虑得很周到，各个环节要去问些什么内容，她都考虑得很周到。

比如说路灯价格、型号，路灯要有多高，它光照的范围是有多大，等等，她都考虑到了。她当时因为走了几家，可能是价格比较贵，于是她就跟已经装了灯的那些村里的第一书记交流，想找到物美价廉一点的。

我第一次在村里看到她的时候，她跟以往反差比较大。一个是穿着，她去到村里面之后，基本上都是运动衣运动鞋，然后背个双肩包，扎个马尾，就是整个人已经不再是过那种精致小女人的生活，是那种大大咧咧的，完全变了一个人。外形上，个人打扮上也没有那么注重了。而且她胖了，根本就没有时间运动，也没有时间去关注自己，一心只跑到工作上面去了。

采访组：周围人对她有什么样的评价？

蒋丹丹：领导是非常肯定她的，一个是她的工作能力很强，肯学习、肯干，很努力。像新闻报道这一块，我们有个秦副部长对她还是蛮看重的，有一些报道都会带着她去。

采访组：当您听到她牺牲时，当时是什么情况，亲人是什么反应？

蒋丹丹：当时她出事的时候我是在外面学习培训，旁边一位同学看了新闻，然后和我说，你们百色是不是有个第一书记出事了？我当时还不知道是她，后来在单位里面同事就跟我说，文秀出事了，暂时还没找到。但是当时都没敢往坏处想，想着可能就是在哪里暂时避一下雨或者怎么样。

直到过了一天，我越来越绝望……

我确切地得到消息，是在 6 月 18 号中午。当时是我们一起玩的那 4 个小伙伴中的其中一个在微信上告诉我。然后通过各个渠道也打听，最后确认了。

采访组：如果说让您用一个词去概括一下她这短暂的 30 年，您会怎么形容?

蒋丹丹：她是个阳光灿烂的人。

采访组：如果您还有最后一次机会和她再说一句话，您会说什么?

蒋丹丹：我觉得我应该要跟她说，文秀你真棒。因为我好像从来没有夸过她。以前都只是说你好漂亮，没有很正面地跟她说文秀你真的太棒了。

• 采访对象：黄茂兵（百色市扶贫办主任，曾担任乐业县委副书记）

采访组：您跟黄文秀是什么样的工作关系？

黄茂兵：文秀同志在乐业县百坭村担任第一书记期间，我担任中共乐业县委副书记，她是 2018 年到位，她在乐业工作期间，我有大半的时间是跟她一起共同工作的。

我经常到她所在的百坭村去检查各项扶贫工作落实的情况，而文秀对工作也比较认真，会通过各种场合向我们汇报工作，并且检查组下村检查工作，在跟检查组一起开展工作时，她也多次参与我们的工作，所以实际上我们接触得也比较多。

采访组：她在工作中担任什么职位？

黄茂兵：她是乐业县百坭村驻村第一书记。整个乐业县有 88 个贫困村，我们都派有第一书记。第一书记有的是从自治区层面派的，有的从市里面派的，有的是从县里面派的。她是从市委宣传部下派的第一书记，原来是市里面一个新闻宣传科的科长。

采访组：您第一次见到黄文秀是什么时候？您对她的第一印象如何？这个印象有没有改变。

黄茂兵：当时她到任不久，我们下去检查工作就直接见到了。我就听这个小姑娘自我介绍说："我是第一书记，是市委宣传部派过来的。"但我们对一个文文静静的小姑娘来到村里面，到底能不能带领老百姓开展脱贫攻坚工作，是持怀疑态度的。

当时第一次见到她，我们作为县委领导，从这个角度，更多的也是一个鼓励。首先问她生活上有什么困难，结果她人就很乐观，她说没有困难，请您放心，态度是很坚决的。

另外一个问到村里面的情况，她作为刚到任时间不长的第一书记，却很熟悉，整个村的情况了解得很清楚。张三怎么样，李四怎么样，村里面的主要困难是怎么样，也讲得头头是道。我听了她的汇报，觉得她这个人还是对工作比较认真，对村里面的情况调查得也比较到位。

熟悉了之后，让我印象最深刻的就是这个小姑娘永远保持一种很乐观的状态，笑容从来不断，没有提到生活中的困难。

采访组：当时她是如何接触到扶贫工作的？

黄茂兵：刚开始说是服从组织安排，但是随着后来对她的了解，看得出其实她到基层来的愿望是很强烈的。她刚毕业不久到了老家，就挂职乡镇党委副书记，然后挂职刚结束以后，马上主动申请到我们贫困村当第一书记，所以从她的做法来看，实际上她对到基层工作是十分迫切的，可以说是主动申请到基层来工作的。

采访组：她驻村扶贫的百坭村大致是什么情况？

黄茂兵：乐业县是一个石漠化特别严重的地方，老百姓缺水缺地，并且交通也一直不是很方便，直到今年才通了高速路，可以说是整个百色市交通最不方便、最偏远的县区之一了。

百坭村离乡镇政府也还是有一段距离的，乡镇政府距离我们县城还有大约40分钟的二级路，从乡镇到百坭村，也还得有个十几公里的泥巴路，当时是泥巴路。

首先一个是村民外出务工比较多，村里面留下来的除了部分青少年之外，更多的是老人和留守儿童。作为一个边远山区，群众受教育的程度还不是很高，很多老百姓的学历还停留在小学，甚至有的是半文盲的状态，这还是比较普遍的。

采访组：如果给她的扶贫工作划分几个阶段，您觉得可以分成哪几个阶段？

黄茂兵：对她的话，我是分三步来看，第一阶段，我就觉得这个小姑娘是很文静、很秀气的。大学刚毕业不久，下到村里面去，我觉得她对待第一线，总体感觉还不是很受信任，老百姓的想法也是这样，一个大学生来到这里，能不能带领老百姓脱贫致富，脱贫摘帽，并且奔向致富的生活。说实话，我的感受和老百姓的感受是一样的。

第二个阶段，随着时间的推进，正式工作开展起来以后，我对她有了新的看法，觉得这个同志不可小看。确确实实在很短时间内就能够跟老百姓融成一片，获得老百姓的信任。并且很短时间内就把困扰整个村最大的问题——战略的问题，能够解决好、统筹好，我对她是刮目相看的。这个村实际上整个脱贫攻坚任务还是很重的。年度的脱贫任务到底能不能完成，我们也是忐忑不安的。但是到年底一看，从产业方面，从基础设施的建设方面，从老百姓的认可度满意度方面，都取得了很大的变化，取得了明显的成效。所以要说一个第一书记，整个工作的水平怎么样，我觉得这几点能够说明文秀确确实实是扎实肯干，群众认可，对工作充满热情、充满感情的这么一个同志。通过这样的努力付出之后，村里获得了显著的变化，获得了显著的成绩，这个是不可多得的，应该说在那么多个村里面，她也是排在前列的。

第三阶段，在我第一次入户的时候，这个姑娘让我刮目相看。觉得她确实是对村里面的情况很熟，她到村里面去，见小孩也抱一下，见老人也主动拉着老人的手，准备离开哪一户的时候，主人家一定很亲切地要留她吃一次晚饭。在一言一行下，在老百姓与她的互动当中，我就感觉这个同志这么短时间内能融入老百姓当中，确确实实是难能可贵的。

通过这一点一滴，我对这位同志逐步了解，逐步认识，觉得她确实是一个很难得的，真正把老百姓当作自己亲人来看待的，真真正正地把老百姓的事情当作自己工作当中必须要解决的事情来做来办的。

采访组：她向您汇报工作的时候哪一次给您留下比较深刻的印象？

黄茂兵：有一次我跟她入村。按照我们广西这边的分类，一个村可能多的有二三十个屯，少的也有七八个屯，一个屯就是一个地方，每个地方都不同。我跟她入户的时候，去了两个屯，在每个屯，张三家是什么情况，李四家是什么情况，然后哪个山头是谁家，她都介绍得很溜。我就问："来以后你下了几个村，一下子就把情况摸得那么透那么清楚？"

后来她的同事就说她有个秘密的法宝。我说："你是老同志了，这个肯定是情况比较清楚，但是她小姑娘摸得同样那么清楚，我就觉得奇怪。"

我问到有什么秘密法宝。这时候我们就看到她的手绘地图，我们在她先进事迹的报告上也看到了手绘地图。张三家李四家，这个山头是谁的山头，靠边是谁的？山上是谁？东南西北是谁？在笔记本上都写得一清二楚。然后这一户的情况是怎么样，笔记本里面也另外有记录，能够做到这一步，很多第一书记是做不到的。

采访组：我们都知道扶贫推广工作是很难的一个事情，农民不太愿意配合，您了解她做工作的难度吗？

黄茂兵：在农村做工作，实际上我总体感觉，因为老百姓都很实在，哪些工作对他们有帮助，或者有利益，自然会拥护。看不到希望，没有利益的他们肯定不会拥护。

文秀同志作为一个毕业不久的大学生，到农村以后，能够打开这样的工作局面，我想她真真正正把自己当作农村人，当作村里面的村里人，当作老百姓的身边人，真正地能够蹲下自己的身子来跟老百姓讲农村的话、聊农村的事、办农村的事情，才会有这样的效果。

难度我可以说是深有体会。我是在农村在乡镇的单位当过乡镇党委书记、乡镇长的，我觉得没有哪一项工作是容易办的，真的。只有老百姓真真正正认可你、信服你、相信你，才会跟着你走。否则你怎么样强迫他、怎么样逼迫他，老百姓也不理你。

文秀同志进到村里，见到小孩都主动去抱一下，并且小孩抱在怀里时不哭，见到老人家的话，就会去扶一下，见到叔叔过来，很亲切地打招呼，有了这种主动融入的态度，主动去把自己当作村里面的人的这种态度，她才逐步获得老百姓的认可。

我比较认同她工作的方式方法。万事开头难。你种沙糖橘，卖不掉钱，那谁跟你种啊？她首先把第一户困难户作为突破口，来抓好这户的销售，让老板进来把它销好。第一年见效以后，第二年老百姓马上就一拥而上了，把原来不管的这些都管好，当然后面还有技术进来培训。我觉得她大概做不到重点盯住每一个大户，她是重点盯住一个困难户，来打个突破口，这样的做法在我们农村工作里面也是很普遍的。老百姓见不到效益，见不到利益，是不会信服你的，也不会相信你。所以她能够做到这一步，我觉得是因为她从小就是在农村长大，她很理解农村的老百姓们的想法。她主动融入农村，获得老百姓信任，才会达到这样的效果。

采访组：她平时生活中是怎么样的一个状态？

黄茂兵：有一次下村时间也晚了，她挽留我们在这里吃晚饭。后来我想天也晚了，就在她做饭的地方跟她吃了一餐饭。

这次跟她去吃饭，看她办公的地方，看她住的地方，是否达到要求，我问了一下生活上还有什么困难，她说："都没有。现在组织上安排得都很好了，没有热水就给我安了热水器，包括厕所等等之类的都给我配套好了，我都很满意。"

尽管生活很简朴，但是穷人的孩子早当家，她家里面实际上也贫困，所以一到一个新的地方，她独立能力就很强，包括她自己煮饭，煮的饭确实也很好。那天我吃了她煮的饭菜，虽然很简单，但是很可口。她给我的感觉就是一个独立性很强、生活自理能力很强的女孩子。

我在一个视频上见到一些民间音乐爱好者跟她在一起。她是市委宣传部来的同志，有些采风团到村里面去考察，要挖掘一些民族特色文化的时候，她也有这样的接待。我看到她跟这帮采风团的同志们在农户家里，引吭高歌，很快乐。她这种以苦为乐的状态，我就觉得女孩子在那么艰苦的环境下，特别是在当时工作那么紧张的情况下，能够以苦为乐自我调节，那是一种多么乐观的心态。

·采访对象：周昌战（百色市乐业县新化镇百坭村支书）

采访组：您跟她的分工是怎么样的？

周昌战：我跟文秀是搭档，我跟她搭档一年三个月。她是第一书记，我是村支书，第一书记和村支书的工作是相互的，我们的工作也就是说相当于我们在基层通常说的内业与外业相结合吧，我们主要是跟来访的群众打交道，去了解群众的一些需求，帮助群众解决实际困难。

采访组：您第一次见她是什么时候？您对她的第一印象是怎么样的？

周昌战：她是一个硕士毕业生，又是从北京师范大学回来的，她这些知识理念肯定是最新的，从市直机关下来，就感觉文秀书记的到来肯定会帮助补足我们百坭村的短板，会有一个很好的提升。

采访组：文秀来了之后做了些什么事，让您印象比较深刻？

周昌战：首先她来到以后跟我们沟通，甚至可以说教我们指导我们。她说我们村干部是群众选出来的，是群众信任了我们才选我们，既然群众把我们选出来了，能当村干部就应该找准自己的定位，怎么去为人民服务。

当时我们这边也没有执行什么村干部职业化，只是说有事时我们就来村委，没有事的时候我们都在家里做自己的农活。文秀说这不行的。现在按照时代的需要，既然群众把我们选出来，我们的工作不能只是为了完成任务而去开展工作。我们工作的主要目标是更好地服务群众，提高群众的满意度。

当时也感觉在理论上说得还挺行，但是在实际中能不能行，要看到实际行动。后来她工作了一段时间以后，给我感觉还可以。

为什么说还可以？她来到我们村入户，向群众了解一些实际困难，了解到实际问题的时候，她不只是口头上说说而已，也不是听听而已，她把它记录下来，记在工作和驻村日记里面，她不但写，还想办法去为我们争取去帮助我们解决。

因为她所写的这些内容，也就是我们村实实在在存在的一些困难，是之前一直困扰我们的没有办法没有能力去解决的困难。她来了，不是我们去说，而是她自己主动深入群众当中去了解，记录下来，让我看到了。我想，作为一个年轻的第一书记，她能把问题写出来，去努力为我们争取去帮我们解决，这改变了我对她的看法。

职业化是县里面出台的政策文件。在文秀来了以后，她对我们村干部说，不管职业化不职业化，就算没有职业化，我们要做的工作不能说只是完成任务似的去开展工作，要根据群众对我们村干部的满意度而去开展工作。

（文秀要求）最起码我们村村委会要有一个人在这里值班，要让群众第一时间能够找得到我们村干部。我们村干部有 6 个人，每个村干部都分布在不同的屯。一是到每个屯去跟群众接触沟通交流，二是要到镇里面县里面去报材料、送资料、参加会议，我记得在那个时候她说了值班的事，不管怎样，村部村委会办公楼的地点要有一个人值班，值班的人要能够让群众第一时间找到。

比如说进村下屯去处理一件纠纷，或者需要我们去办相关的事情，落实一些惠民政策，我就到群众中去开展，大家就把这个时间协调好，其他几位同志去开展，村部会留下一个人。

文秀还解决了一个问题。我们村分布在山上的群众出行，还有包装商品运出去、卖出去，学生上学返回家，这都是一个道路交通的问题。也就是我们农产品能不能运出去，能不能变成钱，让群众能不能有收入，这都是一直困扰着我们、制约着我们村里面发展，关乎群众收入的问题。

修路的方方面面，她都记在了笔记里面。当时她在走访的时候与群众沟通，群众也反映这一块。之前也有反映，但是我们没有像文秀那样，把它记录下来，没有切实地去做，修路应该去找什么部门，怎么汇报，怎么去争取？

我们之前向政府汇报，是口头上汇报，但没有真正地那么认真的，什么事情就找相关的部门。比如说，我们管理产业技术该找什么部门，道路快要修了需要找什么部门，水利要修找什么部门，所以她就很快把它记录下来。入户的时候，群众需要什么和需要解决什么，她都把它记录下来，去找办法解决。

文秀还帮我们采购了路灯，她是用驻村第一书记的扶贫经费来帮我们解决的。她手里有一笔扶贫经费，一年是 5 万块钱。她用扶贫经费帮我们装了 17 盏路灯。她去找质量好的，又实惠的，来帮助我们安装路灯。

当时百布屯这一块，群众的需求比较高，所以她也跟大家讨论先在哪个屯实施。后来我们三个人就说，把这个项目落实在百布屯。因为村部就在百布屯，也是群众过往比较多的，来往比较频繁的。

文秀更是自学了我们这边的方言。因为我们村大部分是壮族，有些年龄大了，做不了工作。一些老人就连当地汉族跟壮族沟通的桂林话说起来都有困难。文秀来到我们村以后，她要跟群众直接沟通，就要学习我们的方言。我们村里面汉族或壮族群众跟工作人员沟通，那就是用桂林话。如果入户的时候，老人在家，像我们一起走村入户问询状况的时候，看到屋里有老人，她第一句要跟老人问好，用的就是当地的方言。

文秀没有固定的学习对象，在日常工作中，她跟哪一个村干部入户的时候，碰到老人怎么打招呼，她就会跟这个村干部学习，问了她马上就现学现用。

采访组：您能不能用 2~3 个词跟我们概括一下，她在工作的时候是一个怎么样的状态？

周昌战：她做事很认真负责，很有担当。

在去走访群众，了解群众的贫困情况的时候。刚开始她白天去，但是每次去偶尔可能碰到一个群众在家，大部分时间是找不到群众的，群众白天都在地里干活。

后来她总结出经验了。她说，我们要尊重群众的作息，白天尽量不打扰群众，晚上群众收工回来到休息之前这段时间去跟群众沟通，去了解群众需要什么帮助。怎样去帮助他们规划脱贫，怎样去规划以后，怎样让群众真正认可帮扶干部或者工作人员，按照我们帮他们规划的去做去增加收入。

大晚上的，她一个女孩子经常载着我们几个大男人出去走访。她既是第一书记，也是我们的司机，用的是文秀自己的私车，她把自己的车开到村里面开展工作。还有她从来不跟我说什么车没油了啊，车子被刮坏了。所以我就觉得她真的舍得，很愿意付出。

采访组：您觉得她这个人在工作中有没有什么特别的能力？

周昌战：最大的就是她善于总结。刚开始她来的时候，群众并不认可。后来经过一段时间磨炼以后，她善于总结，她把自己工作上遇到的这些困难问题一一解决纠正。

刚开始时她一进门就问群众，你家有好多肉，你收入那么高可以脱贫了。这样群众就说，你来并不是了解我的困难，你来是了解我的收入。给群众的感觉是，我都不需要扶持了，我该享受的政策就不用享受了，会给人这种想法、这种念头。于是就说我现在忙，我要下地干活或者我要去哪里，就不愿意跟我们的工作人员交流沟通。

跟群众沟通，入户的时候，不是说拿着个本子一进户就说你有什么收入，你有什么好的家庭条件，是不能这样说的。后来她总结了，真正要让群众接受的，是要首先了解群众的困难。他需要什么帮助，他存在什么困难，存在什么问题，帮他解决后，他才会认可你。

采访组：您觉得文秀的性格是怎样的？

周昌战：她比我们大男人都还慷慨都还大方。因为我们的工作很多时候都到饭点了，有一些工作还没完善。文秀就会跟我说："支书，你叫几个村干部，大家留在这一起吃饭。"是她自己出钱买的菜。她也会邀请村干部在驻村的食堂吃饭。她经常这样做。

当时给我们的印象就是文秀书记肯定家庭条件很好，是干部子女或者是高干子弟之类的。

文秀从来不把困难的那一面体现给我们。在办公的时候，大家居住在不同的屯，每个人都回自己家去，这样工作的时候就比较被动，耽误工作开展，所以她就让我们一起在村部吃饭。

她到镇里面开会领到工作任务后，就第一时间打电话过来，说："支书，叫几个村干部一起在村部等一下。你们只要把饭做好就行了，菜我自己带过来。"她让我们这些大男人都觉得比不上她，没有她那么大方，把工作做得那么认真。

采访组：文秀在做第一书记时的整个扶贫历程，如果给她划分几个阶段，您会怎么划分？

周昌战：第一阶段是她刚开始来的时候，肯定是说去走访，去了解、发现问题。

第二阶段是她很快把它记录下来，然后回到村部，分析这个事情，每个人都怎么去解决，去真正地落实下去。

比如像我们村里面，她肯定要注重产业。村里跟城市周边不一样，其他企业比较多，可以引导群众怎么去发展。在我们村里面最主要的方向是发展产业，从村的层面，她去帮我们怎么去谋划，她有一套。从户的这个层面，她也有办法去帮助我们规划。

最主要的是她作为驻村第一书记，她还带领着村党委驻村队员，还有我们村的那些帮扶干部，去规划。像很多地方很多事情要动员群众，鼓励群众去发展去谋划产业，才能争取政策扶持、政策支持。

采访组：当时文秀出事的时候，那个时候您是怎么听说的？这个事是谁告诉您的？

周昌战：当时是村主任们给我打了很多次电话，当天我这村里面通信是中断的，我也没有给他们打电话，我就下去了，去看灾情。后来在中午的时候，通信恢复了以后，我看到我手机上有很多来电提醒，我回了电话才知道。当时也没有说文秀遇难了，只是说在回来的路上，暂时没有音讯，找不着了。我听到这种消息的时候，当时就觉得文秀应该是在某个安全的地方暂时躲避山洪暴雨。

后来通过上级的消息，还有我们的手机里面的微信消息，确认文秀遇难了，在 6 月 18 日下午。

也有一些关心我们百坭村的领导，还有包括北师大的老师打电话给我，在我们村里面建设的一些施工方的单位领导都很着急问我，是不是我们的文秀书记真出事了。

·采访对象：梁祥东（百色市乐业县新化镇百坭村扶贫专干信息员）

采访组：您跟文秀书记之间是个什么样的工作关系？

梁祥东：我是百布屯的，之前村部是在我们百布屯，她也经常聚到我那里。她知道我有三个小孩，现在两个大的上初中，小的还在五年级。她说你生了三个小孩，再过几年她们就开始上高中，然后要上大学了，你要做一些产业，以后咱们孩子上学的时候要用钱的，后面她就给我介绍让我种沙糖橘。

现在我种了有20多亩。以前我是不敢种不想种的，文秀书记来了以后，我跟她交流，她说你种，如果缺什么技术，她可以叫技术员到村里面培训。如果种得出来，她可以通过电商平台帮我销出去，所以我就有信心了。

采访组：您印象中她是怎么样的？

梁祥东：见面的时候她总是带着微笑。在生活中她见到老人都过去搀扶，她尊老爱幼。日常工作中她也是非常的认真，做事也是很实干的。

采访组：您第一次见到她的时候是在一个什么场合？

梁祥东：我们刚好跟支书一起去镇里面领一点材料，镇里面的工作人员把她介绍给大家。那天应该是她到镇里面报到吧。当时她背着一个背包，也是满脸笑容，那包里面应该装的是笔记本电脑。也是经过这里面的工作人员介绍，我们才知道这位小姑娘就是我们村的第一书记。

当时见她也是大学毕业出来，觉得肯定有助于我们，所以也是挺期待的。

采访组：您对她的最初印象怎么样？这个印象后来有没有改变？

梁祥东：她来到我们村以后，她的言行，她不是按照什么高才生那样高调的做派，她回来是入乡随俗的，就像普通的干部一样，来到我们村走村入户，跟群众交流，平易近人。

她是从学校里面出来，又是一个女孩子，刚开始怕她受不了这份苦。因为在村里面住的条件也比较简陋。她要走村入户，我们这边不是硬化路，都是泥泞路，坑坑洼洼的。我村有 11 个自然屯，间距也是蛮远的，要全部转下来，光走就要走两天。她刚来的时候，我们也认为她在这里可能待不下去。

采访组：您能跟我们说一说她让您印象最深的几件事吗？

梁祥东：她来到我们村驻村以后，因为每个人的情况不熟悉，她就找到各村干部，跟他们在一起把那个图画出来。哪个屯有多少户，哪个户在哪里，路怎么走，搞得很清楚。

村部在我们屯里，她有时间就到处走，碰到年轻人就问他们有什么发展，想做什么事，生活中有什么困难，看到小孩她就问学习情况怎么样了。

她来到我们村以后，还组织我们村的 7 个小朋友出去到南宁那边参加夏令营，我家小孩是其中一个，回来后小孩就有很大的变化。主要是外面的世界很发达，我们也跟孩子说外面这么好，你看家里面那么偏僻，想要去外面就要读书多一点。小孩子回来，认识到这一点是非常好的。我希望孩子能够考得上大学，像文秀书记那样，在外面读完书就回来服务我们当地。

我也是村里面的一个扶贫村干。我有机会跟她一起入村过，那天是下大暴雨，回来的时候因为下雨，天也黑了，遇到道路塌方，我们去之前也没有预备雨伞，那天晚上她淋得一身透。

我们拿手机照明照路，后来手机也淋雨了，也照不多久，又没电了，我们基本上都是摸黑走回来的，淋着雨走了半个钟头以上才回到村部。我们是各自回家，然后她就一个人住在村部里面。因为下大暴雨，村部又没有电。一个小女孩自己住在村部里面，她肯定也是非常害怕的，但她就是这么过来了。

她还跟我们学方言。刚开始走村入户的时候她就经常叫我，要不然就叫其他村干部带她入户，因为她不熟悉那里的情况，不熟悉路。所以她的方言大多数是跟我们学的，入户她听到有些老人不会说普通话，就跟她说我们本地的壮话，非常不方便。我主要教她去哪里用我们本地话怎么说。然后我到哪个屯到哪一户，用壮话怎么打招呼，她都学得很快。

采访组：您能用三个词概括一下她对工作的态度吗？

梁祥东：她工作很努力，很认真，做事担当实干。比如说群众有什么困难，她就具体去了解，然后上报镇里面争取政策，解决问题。

采访组：您觉得她这个人在工作中有没有什么特别的能力？

梁祥东：她很善于观察。比如说她到哪个贫困户家里面，她就开水龙头看有没有水用。2018年她还帮我们村争取了三个蓄水池指标。她知道我们哪个屯没有蓄水池或者已经烂了、坏了，她就往镇里面上报，然后帮我们争取项目来做。

一般到一户人家里面，她先打招呼，把关系和氛围搞得很融洽，这样她才方便跟贫困户交流，跟大家交流完了以后回去总结。主要是总结存在的问题，去帮她们解决，脱离贫困。

她还比较细心，有时候村部里面大米不够用了，或者是油物少了，有些村干他们从家里面拿来，她就记得把这个算点钱付给他们，她说你们村干也没什么大的收入。

采访组：您见过她开怀大笑吗？

梁祥东：就是那一次我们去入户，然后回来遇到大暴雨那一次，回到村里面，文秀还特意地给我们几个照相，几个人满身是泥水，后来一见相片，经常笑，觉得很有趣。

采访组：给她扶贫工作划分几个阶段，您会怎么分？

梁祥东：刚开始她也是不太熟悉，到后面她慢慢地熟悉了，后面做事方法也更好了，一两个月就把村里面的基本情况摸清了。

摸排情况的过程当中，她最关注的就是每个家庭有没有产业支撑，因为有产业才有比较稳固的收入。全村的贫困户她都是很上心地一个一个去看。

采访组：大概这一年您眼里看到的咱们村子里实实在在的变化，您能跟我们讲讲吗？

梁祥东：她带动我们种沙糖橘和油茶，她鼓励群众去种，因为我们村土地比较多，她说有了资源我们要充分利用，把该种的地方种上经济作物，哪个地方该种什么她也有规划。比如说在公路旁边，我们就种油茶，因为种油茶需要打孔、修剪。如果离公路比较远的，她就动员我们种"三木"（杜仲、厚朴、黄檗），不需要常去看护。

采访组：她来工作的这一年当中，解决过的最难的一件事是什么？

梁祥东：村里有一户有两个70多岁80岁的老人，还有两个小孩上大学，她知道这个情况以后，她就去帮弄的"雨露计划"，然后申请助学贷款。

采访组：您最后一次见她是什么时候？

梁祥东：最后一次见她也是6月14号。我们村有几个地方水渠毁断了，她也是争取了一些资金来修缮水渠。那天，我们几个跟她一起去看水渠断的地方，然后回来帮她计算要用多少钱。

那天她看了水渠以后，应该是下午四五点钟了，才回到村里面，然后再让几个村干部帮她估算经费，算好了就交给她，然后她就回百色了。她说家里面老爸住院不舒服，让她回去看看。那天是星期五，然后她就回去了，这也是我们最后一次见面。

采访组：当您听说她牺牲时，当时是什么情况？您是什么反应？

梁祥东：当时我是一直不相信，认为不可能有这种事情发生。但是事实是这样，也没办法，也是很无奈地只能去接受。怎么这种事情会发生在她身上呢？我们一直不相信。

采访组：如果说您还有一次机会跟她再说一句话，会跟她说什么？

梁祥东：跟她说，谢谢！谢谢文秀书记！

- **采访对象：廖家荣（百色市乐业县新化镇百坭村村干部，脱贫贫困户）**

采访组：您家里面条件不太好，是什么原因？

廖家荣：2015 年的时候，感觉做工比较累，呼吸这方面比较困难，所以我就去检查，检查结果是得了冠心病，这个病治了将近一年。而且家里有三个小孩，两个女孩，一个男孩，最小的 9 岁。

采访组：您第一次见她还有印象吗？

廖家荣：我们屯在老支书那里有一个小卖部，一般她到我们屯会下车跟老支书打个招呼，买一瓶水，然后她才上车离开。有一次我去买东西，正好碰见她。支书介绍说她是我们村里面的第一书记。

第一印象就是我觉得她这么年轻，来我们村里面做第一书记。心里想为什么那么年轻的第一书记来到我们村里面，心里面都没有什么感觉。

她声音很大很洪亮，爱笑，很爽朗开朗。她个子 1 米 55 这样，身体比较胖一点的一个小女孩。

隔着五六十米应该已经能听到她的声音，有时候我们在家里面，她路过上面或者在上面的话，一听到有这个声音我们就知道她又到我们屯里面来了。

采访组：她来了以后做了哪些事让你印象比较深？

廖家荣：有一次跟她接触的时候，是在老支书家。当时我就是路过。她在老支书家里面干活，我过去跟她打招呼。当时是中午十一二点左右，她在老支书家帮老支书煮饭之类的。我感觉她是经常做饭的人。她说，老支书你坐下来，我帮你弄，帮你煮饭。然后她一边跟他谈话一边做事，说着老支书之前对我们村里面做了什么贡献之类的话。

那天我们几个人在老支书那里一起吃饭，菜没有多少，也就四菜一汤。

那天老支书杀了一只鸡，然后我们两个人就配合把这个菜弄好。鸡是她自己弄的，一个年轻人这么勤快，她做得这么好，也算是很好的了。她是很有礼貌的，我们一起吃饭时，她都是把鸡腿什么的夹给老支书吃。她还跟老支书说，我第一次来到你家，我弄的菜和你胃口不一样，你要多原谅。

• 采访对象：黄福学（百色市乐业县新化镇百坭村支部党员，百坭村电商服务站站长）

采访组：您跟黄文秀是什么工作关系？

黄福学：我是一个党员，我们平时也有开一些党员大会什么的，我们一起聊过天，还有我本身做的电商，她也是非常关心，也亲自到我家里来做一些指导，讨论我们怎样把农产品上行这块做得更好。

电商是文秀书记当时非常关心的一个事。她知道县里面有个项目叫作电商进农村工程。她也是非常关心这个事，我也非常愿意做这件事情，我俩就不谋而合，想把这件事情做起来。她希望我们能够把我们村里面的农产品好好地卖出去，不要再让它烂在果地里。

采访组：您第一次见到黄文秀是什么时候？

黄福学：我们来参加党员大会，在我们重温入党誓词时见到的。当时见到这么一个小女孩，我们也是抱着很怀疑的态度，对她能不能胜任第一书记的工作，很不信任。

采访组：您对她最初的印象是怎样的？后来这个印象有没有改变？

黄福学：从她走访入户到贫困户家里，我们就发现她的一言一行都是入乡随俗。她比较有亲和力，大家都非常认可，反正她做事情大家都觉得有一定的道理，就很服她那种。

本来她是一个女孩子，也不会喝酒，但她到我家来或者到别的贫困户的家当中，她想坐下来跟你谈，或者说跟你吃一次便饭，她也会跟你酌一杯小酒慢慢地跟你聊天，她也不会喝多，就是跟你慢慢喝慢慢聊。

采访组：黄文秀有什么事是让您印象比较深刻的？

黄福学：主要就是聊电商的推进，因为农产品上行是非常重要的一件事。

她真心跟我说，你做电商必须得走到咱们村里面所有的果园，必须把这个底摸好。把哪个季节有什么果，有多少产量，你必须把它摸清楚。然后什么季节什么时候可以上什么农产品，你得把它摸得清清楚楚的。

还有她开会也是特别亲切，但说话铿锵有力。到我们家也是差不多，大家像兄妹那样去聊天，她不会给你任何的压力，她永远都是面带着微笑跟你去谈一些事。

有一次她到我们屯，有个老人家在院里掰玉米粒，她就过去跟那老人家谈。本来她说的话跟那老人家说的话可能也有点不相通，但是她还在很努力地跟那个老人家谈，谈笑风生的那种。

她特别喜欢老人。我们百坭村的党员也有一部分是六七十岁的老党员，她也会叫他们过来参加一些活动。只要看到老人，她就会上去扶一把。走楼梯或是哪个地方不好走，她肯定会去扶的。

她根本不像一个第一书记。她那个职位可以不做这件事情，但是我觉得她每一件小的事情都去做了。

采访组：您觉得她这个人在工作中有没有什么特别的能力？

黄福学：她会用心地去做一件事情，她的观察力非常强，工作认真仔细，非常用心。比如说我们村的沙糖橘果树都是发黄的，结果她就想办法从外面引进先进的种植技术，还让村民去参加一些种植技术的培训会什么的。

采访组：当您听到她牺牲时，当时是什么情况，周围人是什么反应？

黄福学：当时我不敢相信，因为我是在我的微信朋友圈里发现这条信息的，然后再把信息发给支书确认，支书就说是真的。那时候我们的眼泪不自觉地就下来了，多可惜的一个姑娘。现在，大家都想念她。大家在一起的时候都会聊一些关于文秀书记的话题。

·采访对象：黄世勇（百色市乐业县新化镇百坭村村民，百坭村脱贫贫困户）

采访组：黄文秀跟您接触多吗？

黄世勇：黄文秀跟我有较多的交流，主要是读书"雨露计划"。因为我家两个小孩，都在读大学。我大哥家参加了"雨露计划"，一个学生可以补助几千块钱，我大哥就来问文秀书记，文秀书记就把我加入了"雨露计划"，减轻了我的家庭压力。所以十分感谢文秀帮助我们。

采访组：第一次见到黄文秀是什么时候？对她的第一印象是什么？

黄世勇：在村部见到文秀书记是第一面，当时觉得来了一个那么年轻的小孩，我们有点不太相信她的能力。听到村里面支书还有主任他们说，有一个新来的第一书记，是个年轻的姑娘，然后就过来这边看一下这样子。

刚来的时候还没有办公室，是在操场碰的面，村里面的蛮多人都过来看，文秀穿的是北京师范大学的校服来的。当时觉得她刚刚毕业，就来我们村里面做第一书记，比较嫩，不太相信她的能力。

采访组：您一共跟她见过几次面？您还有印象吗？您对她的印象有没有改变？

黄世勇：每个礼拜都会见几次，她每次去都会帮扫地、洗碗，做一些家务。文秀还帮我们做家务呢。因为我家里面有个80多岁的爷爷，她经常过来看，到过年过节的时候会自己掏腰包买一些礼品给爷爷。

文秀做工作比较多，然后比较劳累，我也觉得比较对不起她。我家里面两个小孩文秀书记也经常挂念。希望两个小孩像文秀书记一样。

之前因为沙糖橘没有管理好，文秀来问，村里就说没有产业，我就说有沙糖橘和油茶产业，然后文秀就跟我说，不用担心技术的问题，到时候会请技术员过来指导，把沙糖橘和油茶管理好。她把产业搞起来，然后路灯和路这些又都修缮好了，我觉得这个人挺不错的。

• 采访对象：黄美线（百色市乐业县新化镇百坭村村民，百坭村脱贫贫困户）

采访组：您跟她的接触平时主要是在哪一方面？

黄美线：文秀有空的话就过来跟我聊天，因为小卖部就在村部旁边，我们就相当于是邻居。那时候家里面小孩还小，还有一个小女儿还在读初中，当时家里比较困难，担心没有钱送小孩去读书，文秀就说"有什么困难你不用担心，我这边帮你想办法"。然后去信用社帮我借了5万块钱的贷款，开了一个小卖部，还买了一个打米机和一个榨油机，现在收入就稳定一点，小孩上学就没有那么多的顾虑了。

文秀去看望老人时送的礼物都是在我这里买的。有时候买牛奶，有时候买白糖。当地有些老人比较喜欢吃点糖，补一些糖分，所以文秀会给老人送白糖。

• 采访对象：席道怀（凌云县公安局交警大队副大队长）

采访组：您是最后跟文秀接触的人，您能说一说当时的情况吗？

席道怀：那天晚上我搭乘我同事的车辆经过百色和凌云的途中，当时天空下着大雨。我下车走过去的时候都得踮着脚。雨接连下个不停，应该下了两三个小时。那天晚上从9点多就开始下。晚上11点，她在回来的路上，下着暴雨，我们遇到了。

当时，前面的车都在掉头，我们的车也跟着掉头，然后我们就发现黄文秀的车已经掉了头停在我们前面，我跟我同事两个还在纳闷，我们还在互相说，这个车是怎么回事？

大概过了两分钟，她下来就直接走向我们车跟我们说："两位大哥，你们能不能帮我开一下车？"

我们让她先上车避雨，上车后，她就跟我们说："我是去乐业挂职的第一书记，我家是田阳的，道路被水淹了，准备绕道到乐业去，能不能帮我开一下？"然后我就毫不犹豫地答应她说，我可以帮你开。下车的时候雨下得太大了，文秀从我们车的后备厢递了一把雨伞给我，我就拿着雨伞下车了。

我开过去到地方了以后，就打电话跟她们说，你们下来没有，她说，还没有，等一下。然后我跟她们说，我开到停车场等你们了。

前方停车场距离那个地方大概有两公里。我开到那里，我就打电话给她们。我说，你们下来没有？后面她一直还是像第一次说还没有。她说水太大了不敢下来，接着第二次第三次第四次，还有第五次打电话给她，都是同样的结果。

黄文秀她跟我同事在一起，她用她的手机给我打过一次电话，她说现在我们还在原地。我说你们怎么还没下来？她就说，席警官，你放心，我们在这上面是安全的，等一下我们就下去了，你就在停车场等我。我就一直在停车场等，第二天早上才知道她们已经出事了。

采访组：您去过现场吗？现场是什么情况，您能描述下吗？

席道怀：可能就是下雨下太猛了，水流得太急了，现场整个平面全部被水淹了，水淹的道路凹进去一点，比两头路都要低一点，而且水太大了，道路被水浸泡太久，整个路面被冲垮了。

· 采访对象：黄文娟（黄文秀姐姐）

采访组：文秀是在什么时候入的党？入党之后，文秀是怎样要求自己的？

黄爱娟：2008年文秀刚上大一时，就迫切地要求加入中国共产党。当时专门给家里打了电话，我们都非常鼓励和支持她。2011年6月，她正式加入中国共产党。我记得她很高兴，告诉我们她终于成为一名党员，我们全家知道后也很替她高兴，特别是父亲，特别为她感到骄傲和自豪。她始终以一名党员的品格来要求自己，希望通过自己的刻苦学习，学到更多的本领，用于回馈社会，能够回到家乡，为建设家乡出一分力。

采访组：文秀牺牲之后，您父亲曾经说过，党培养了文秀，她为党的工作而牺牲，他为有这样的女儿而感到骄傲。您父亲的话令人动容，我们想知道平时在家里父母是如何教育你们的？

黄爱娟：因为我们小时候家里条件比较艰苦，父亲经常教育我们说要通过学习来改变自己的人生，改变自己的命运。文秀从小就是一个很自强自立，很有理想抱负的孩子，她虽然外表看起来比较文静秀气，但她骨子里的责任心非常强，敢于担当，甘于奉献，她通过自己的努力能够到外地去求学，并且学成之后毅然决然地回到家乡、服务家乡。

①黄文秀与百坭村的支部党员一起进行入党宣誓，重温入党誓词

②黄文秀帮助村民背沙糖橘

③黄文秀和百坭村村干部走村回来，遭遇大雨滑坡，冒雨回村部，被大雨淋湿

④黄文秀护送村里的老奶奶回家

⑤黄文秀带领群众发展致富产业

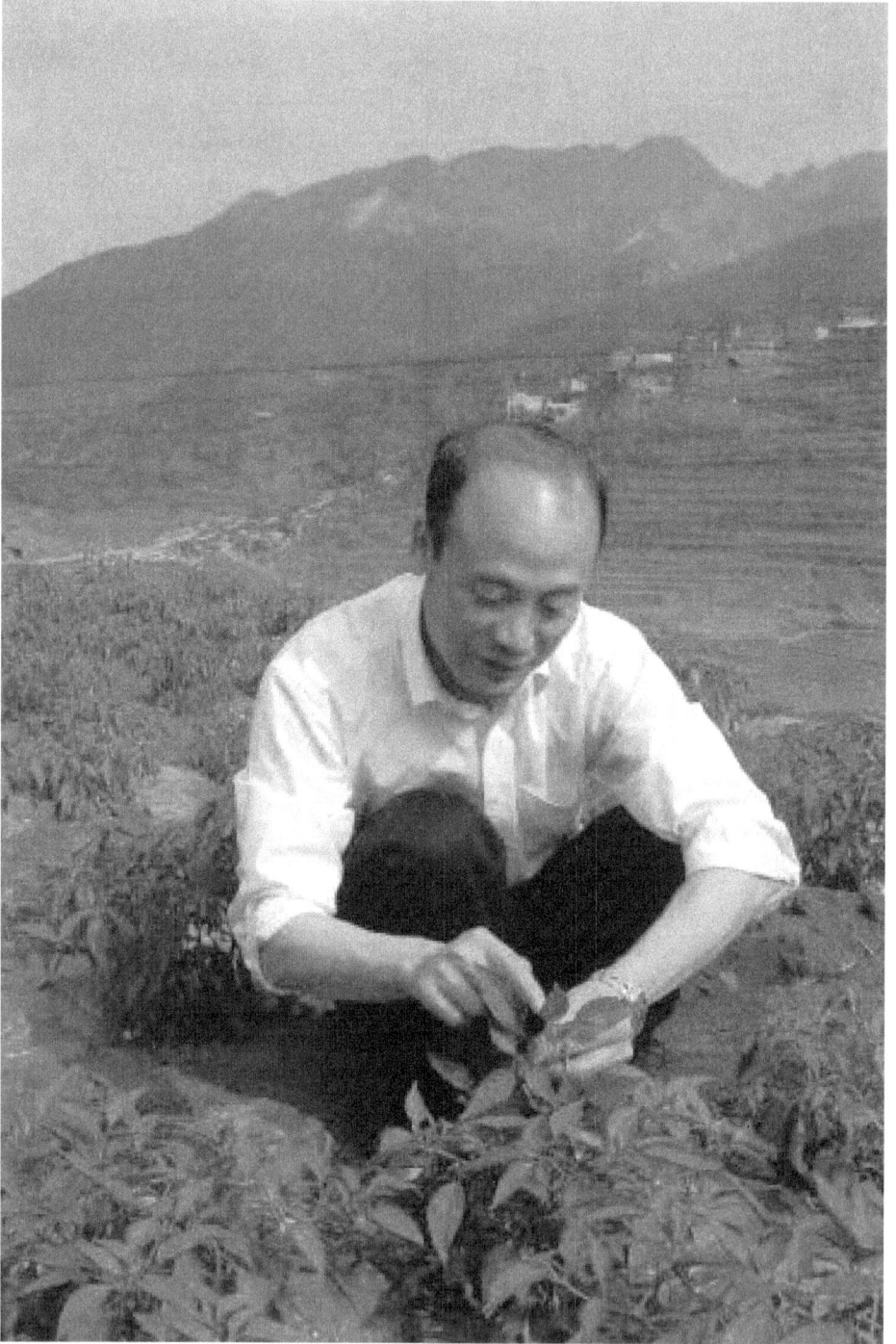

生命的战场：
中国减贫英烈口述史　　　　　　　　　　　**姜仕坤**

　　姜仕坤，男，1969 年出生。全国优秀共产党员，全国脱贫攻坚楷模，生前曾任贵州省黔西南布依族苗族自治州晴隆县委书记。姜仕坤同志为改变晴隆的落后面貌呕心沥血，用自己的实际行动带领干部群众苦干实干书写"晴隆模式"，把石漠变成绿洲，把"土拐拐"打造成"二十四道拐"的旅游景区，带领晴隆县人民走上脱贫致富康庄大道。2016 年 4 月 12 日 6 时 40 分，晴隆县委原书记姜仕坤同志在广州出差期间，突发心脏病，经抢救无效去世，年仅 47 岁。

- 采访组：张　晗　潘小丽
- 采访时间：2020 年 12 月 20 日
- 采访形式：线上音视频采访、电话采访
- 采访对象：

1. 朱一江（姜仕坤书记的驾驶员）

2. 王世莉（贵州晴隆肥姑食品有限责任公司负责人，"肥姑"是姜仕坤书记扶持的企业）

3. 田志敬（晴隆县大田乡茶马镇党委书记，和姜仕坤书记是上下级同事关系）

4. 二十四道拐景点开发有关各方

5. 西泌河水库有关各方

6. 种草养羊产业有关各方

7. 李安珍（茶马镇董箐村村民李安珍，董箐村养羊产业曾经的牵头人。养羊产业是姜仕坤书记扶持的产业）

8. 肖长青（大田乡大田村村民，姜仕坤书记的扶贫对象）

9. 陶金翠（大田乡董箐村村民，姜仕坤书记的帮扶对象）

10. 王作艳（姜仕坤书记的妻子）

11. 田姗灵（姜仕坤书记的女儿）

12. 姜文新（晴隆县住建局局长）

・采访对象：朱一江（姜仕坤书记的驾驶员）

采访组：朱一江同志，您好！您最初认识姜书记是在什么时候？和姜仕坤书记属于什么关系？

朱一江：我是姜仕坤书记的驾驶员，2010 年到晴隆县给姜仕坤县长开车，就认识了他，他当时是晴隆县的县长，后来才是晴隆县的县委书记，一直共事到 2016 年 10 月。

采访组：在您和姜书记共事期间，姜书记的扶贫工作状态是什么样的呢？

朱一江：他一般早上 7 点半就起床，然后一直忙，要到晚上 12 点、1 点半左右才回寝室休息，听着觉得很夸张，但是数据确实是真的。

我给书记开车的这些年，每年行程 8 万多公里，平均每天 200 多公里，经常下乡，或到贵阳、兴义开会，跑项目，非常辛苦。

他说他忙，自己的出差费由我填报，用来解决出差途中的伙食。不管早餐和午饭，我们经常就是一碗粉解决，吃粉都吃怕了。

姜书记的住处最多的是书，最少的是衣服。一年四季就几套衣服换着穿，一个帆布公文包用了 4 年多。

采访组：姜书记在车上会和你们闲聊吗？会和你们谈扶贫的事情吗？

朱一江：姜书记在车上基本上都不怎么闲聊。可能因为他在工作上是很忙很累的，一上车，他就自己在想工作上的事情，基本上都不会聊得很多。

他的扶贫工作我不怎么了解，倒是有一次在车上，听他和秘书说，他在大田乡有一个扶贫对象，家庭环境很差，然后姜书记自己掏钱买了一头猪和一头牛给扶贫对象去喂。

采访组：您觉得姜书记在工作上有什么特别的能力值得你去学习的？

朱一江：我觉得最主要的是他对工作的态度。

当时他在晴隆县任县委书记的时候，四十多岁，我三十多岁。我从来没有见过哪个领导在工作的时候会这么拼命，像我们这样的年轻人都没有这么拼。早上的时候，早早地起床，他要么去贫困县帮扶，要么就出差去贵阳、兴义开会。当天去开会，当天就回来，回到县里然后又继续开会。

他给我的感觉就是一直很忙碌，很辛苦。他的病就是累出来的。你想想，一年跑八万多公里是什么样的概念，可想而知他的工作量有多大。而且又是在贵州这种大山区，那时候的高速路没现在这么方便，走的都是山路，崎岖不平，车子非常颠簸。

而且姜仕坤书记有腰椎间盘突出，经常坐车是歪着坐，躺着坐。为了让他在车上能好好休息，我开车时从不放音乐吵他。

以前开车他睡得着，后来睡不着了，经常在车上打电话联系工作。

他对工作上的这种态度是非常认真且辛苦的，也是非常值得我去学习的。我现在做任何事情都还一直在向他学习，向他靠拢。

书记刚走的时候，我心中悲痛，一直睡不着觉。我8岁的儿子建议我把书记的照片洗出来挂在墙上，可以经常看。

他已经走了这么多年，当时给他开车时我还只是一个驾驶员。他去世后，我就辞职了，自己回老家找点事情做。现在不管做任何事情，我都跟着他的那种态度来做事情。从他身上我得到的收获，就是对老人要孝，对党要忠，对朋友要亲。

采访组：和他共事期间，您有没有见过他开怀大笑过？

朱一江：他开怀大笑倒是没有。有的时候，可能工作上带来太多的压力，他一句话不说，一上车就静下来，我看着表情就很奇怪。具体的事情，我也记不住，具体细节他也不会和我说。

采访组：听到他牺牲的消息，您什么反应？当时是一个什么样的情况？

朱一江：当时只是听说姜书记出事了，我们都不知道具体的情况。在我们赶路去见他最后一面的时候，当时那种心情是非常忐忑不安的，很着急，很想马上知道他具体是出了什么事情。他出差之前还是我送他去的，当时他还是好好的一个人，没想到一天多的时间，就听到别人说他不行了，当时整个人感觉天都要塌下来了。

在赶往医院的路上，我眼泪一直在流。我们一路飞奔赶到贵阳机场，整个人处于放空的状态，不知道怎么上的飞机，怎么到的广州，怎么到的暨南大学第一附属医院负一楼。看到他的尸体躺在那里，整个人都呆了的那种心情，那种心情无法用语言来表达。一起工作了那么多年，虽然我们没有血缘关系，但是我觉得已经超过了那种血缘关系。

现在每年逢年过节，我都会去看看他家的两个老人，看看他的儿子，看看他的女儿。作为一种私人的感情，我有很多东西放不下，每年都去看他的亲戚、看他的家人，也算是一种精神上的寄托吧。

采访组：和姜书记一起工作了那么多年，他做了哪一件事情让您难以忘记？

朱一江：公事上太细节的事情记不清了，但是私事上有一件事我一直记得。

有一年，我父亲去检查得了癌症，当时我家里比较拮据，然后书记知道了这件事后，就把他的出差费拿给我贴补家用，还帮忙介绍医生、咨询医生治疗方案，这是给我最大的一种关心。在平时我家里面有什么小事，他也会作为一个长辈，作为一个领导来开导我的心情。所以我觉得，我跟着他，是我这一生中最受益匪浅的一件事情。

采访组：如果您还有最后一次机会和姜书记讲一句话，您会说什么？

朱一江：我会对他说身体要紧，真的，身体要紧。因为他工作的时候太忘我了，我还小他12岁，但是仅仅只是给他开车，我的身体就承受不住。将心比心，他怎么撑得住？他工作，太忘我、太卖力。所以，如果说我还有一次机会和他说一句话，我一定叫他保重身体，好好休息。

·采访对象：王世莉（贵州晴隆肥姑食品有限责任公司负责人，"肥姑"是姜仕坤书记扶持的企业）

采访组：如果让您用三个词形容姜书记，您会怎么说？

王世莉：负责、务实、亲切。

采访组：在您和姜书记接触的有限时间里，您觉得他是一个什么样的人？

王世莉：他是一个言行一致、表里如一的人。

在我们整个工厂的建设期间，遇到了很多的困难，资金上的、各方面的。

他跟我说："你有困难就找我。"当时我是不敢相信的。

我清楚地记得那一年，我们有一个项目，有领导下来调研。不巧那个时候我正生病住院。我就打了一个电话给姜书记。

我说："书记，这个项目对于我们来说很重要，但是由于我个人的身体原因，我来不了，能不能请你帮我验收，代表县里面很重视我这个企业。"

然后他就回答："你安心养病，只要是我们县政府能做的，我一定会帮你做。"

最后那个项目的验收，就是姜书记带着我们的县长做的。像这种领导，真的很会为你的企业着想，他不只是嘴上说说，而是真正在行动上去帮助你，做到了言行一致。

采访组：后来这种印象有没有因为什么而改变？

王世莉：没有，他给我的第一印象，一直到后面，都是言行一致，表里如一。他和别人很不一样的地方就是，他承诺的事情，就会全力以赴地去帮你解决问题。

采访组：那您知道姜书记为什么这么尽心尽力地帮您吗？

王世莉：我知道。其实他不光只是对我，他对我们整个晴隆的农业、产业企业，他都是能帮就帮的。

他平时叫我小莉，也不叫我王总。

他说："小莉，你知道我为什么要帮助你吗？"

我说："你为什么要帮助我？"

"我不是帮助你，我是帮助这个企业，是帮助这个企业带动的后面的成千上万的老百姓，因为有你们这样的企业，老百姓才有了工作、有了收入，所以我才会帮助你。我不是帮助你，我是帮助你做的这个事儿，你为老百姓做的这个事儿。"

采访组：在工作期间，您去过他办公室吗？您觉得他扶贫工作状态是怎么样的？

王世莉：我记得有一次，不知道是为了什么事情，我到他办公室去找他，就看到他的那个腿，一瘸一瘸的。

我问："姜书记你怎么了？"

"没办法，痛风。"我看到他的脚很肿。

他很忙，我约他都是卡着点去的。后来他的秘书告诉我，姜书记刚从乡下回来，他那个腿，都是瘸的，太忙了也没有去医院。

临近他走的那段时间，我们有一个活动。晚上10点左右，姜书记召集我们到一个现场种植点开会，开完会已经是深夜了。

第二天早上7点，我们准备从晴隆出发去其他县城学习的时候，他就已经早早地在那里等着。之后，他的秘书还告诉我说："你们开完会以后，书记又转到另外一个县城开会，结束的时候已经是凌晨2点了。"

如果你有事情要找他的话，你要先预约，因为他要么在乡镇农村，要么就是去省里协调各种各样的工作。我个人去找他的时候，基本上都是这种状态。

采访组：您和他之间印象深刻的一件事情是什么？

王世莉：其实我这个"肥姑"的名字是他建议的。他说："你啊，你占我们全县人民的便宜，谁都叫你姑妈。"后面公司注册的商标叫肥姑，公司的 LOGO 也规范了。后来他见着我，也不叫我小莉了，而且在他的带领下，很多人要么叫我肥姑，要么叫我老肥，就感觉很亲切，印象蛮深。

他给人的感觉就是没有距离感，会和我们说说笑笑，他是我见过的领导当中让我感受到有温度的那种领导。

采访组：您得知姜书记去世的消息的时候，您在做什么，您当时什么反应？

王世莉：我得知他去世的消息是一个领导打电话跟我说的。

我当时在开车，听到这个消息我就把车停路边，我不相信，我心想：怎么可能呢，前两天晚上 10 点，我们还一起开会，我还拿手机拍了他的照片。

当时他去世的信息没有公开，我就不相信，就打电话向别人求证，我不希望这是真的。听到他过世，我很难受，我难受了将近有半年吧。即使到现在，想起他，我的情绪还是难以控制，我还是很难受，就觉得好好的一个人怎么可能没了呢？这老天爷不公平，他年龄比我还小，那么好的一个领导，说没就没了。

后来别人告诉我说，其实姜书记早就知道他心脏是有问题的，但是工作太忙了，也没时间去看病。

采访组：如果让您给姜书记的一生下定义，您会怎么描述？

王世莉：这对于我来说是一个很沉重的问题，也是很严肃的问题。我认为我现在是没有资格去给他做一个定义的，我只能从我的感受里说他是这么一个人。我们每个人的认知，都是不一样的。所以说，如果让我给他做一个定义，抱歉，我还没有这个资格。

采访组：如果还有机会和他说一句话，您会说什么？

王世莉：我会告诉他："书记，身体是革命的本钱，你一定要照顾好自己的身体，你才能有能力去照顾更多的人。"

因为这不是他一个人的身体，他的精神，他的思想，是很多人的。我们在工作当中对他索取太多，对他的生活却是一无所知。他帮助了企业那么多，但是我甚至连饭都没有请他吃过一顿。只说有困难去找他，但是我们都不知道他到底在经历着什么病痛的折磨，有机会的话我一定会告诉他："你把你身体照顾好，就是对我们最大的福报。"

但是已经没有用了，现在说这个。

• **采访对象：田志敬（晴隆县大田乡茶马镇党委书记，和姜仕坤书记是上下级同事关系）**

采访组：田志敬同志，您好！您先做个自我介绍。

田志敬：我叫田志敬，原先是晴隆县大田乡副书记，现任晴隆县茶马镇党委书记。

采访组：您和姜书记是什么关系？在和他接触的过程中，您觉得他是一个什么样的人？

田志敬：我们是上下级关系，相对来说和他见面的次数比较多。从我的感觉上，他是一个心中有党，心中有民，为民解忧的领导。

采访组：您为什么会这样去形容他？

田志敬：茶马镇南山村，是一个非常边远的村寨，路也不通。那里的老百姓一直在种植老品种的薏米，出产特别低。他看到了以后，就到田间地头去问在地里面干活的一些农户：每亩产多少斤，要花多少劳动力，要花多少种子，要施多少化肥。

现在算下来，一亩地，除去买种子、买化肥的钱，收入仅仅只有两百块钱。亩产太低，所以他就督促我们搞薏米品种试验，叫农业组拿新品种去给他们试种。作为一个县委书记，这些非常细小的事情，他都能关注到，真正地把老百姓的事情放在心上，为老百姓做事，做好事，所以我才认为他是这么一个领导。

采访组：姜书记带给您的第一印象是什么？

田志敬：第一印象，我觉得他是一个很朴实、很淳朴的领导。在不经意的时候，如果你不认识他，乍一看他就像一个农民。

第二个印象是可敬可亲，从不摆架子。一次下大雨，当时去农村的路很黏，姜书记就把鞋子脱了，把裤脚挽起，赤脚走了半个多小时。当时我就和他说，书记，实在不行我们把这些发展产业的农户请来。他讲不行，拿一个会议来解决（产业问题），解决不到实处。

姜书记细心细致，特别是对农民、农业产业这些研究得比较细致。我们县六大产业，每个产业要覆盖多少农户，要怎样带动老百姓脱贫，这个账，他要求分管领导都要算得清清楚楚、明明白白。书记平时也要求我们算小账，要用老百姓的话，算老百姓的账，这样老百姓才容易听得懂。

采访组：如果把他的扶贫工作划分几个阶段，您觉得可以分成哪几个阶段？

田志敬：贵州晴隆县一直是国家深度贫困县。最初还没有接触"脱贫攻坚"这个词语的时候，其实我们就一直在搞《国家八七扶贫攻坚计划》，这也是扶贫的工作。我们是不间断地在做扶贫工作，只是后来从国家战略上提出来了。

他在晴隆做的工作，基本上每一件事、每一个决策，都是在解决老百姓收入的问题、生活的问题，包括基础设施、产业发展，我觉得跟脱贫都是息息相关的。我们干的事都在围绕着农民收入、脱贫来干。我觉得让我分阶段的话，我还分不清楚。

采访组：您亲眼见过他在扶贫工作中的状态吗？是什么样的？

田志敬：他扶贫的状态就是很自信，对某一件事，他研究很深。

比如，原先养羊是晴隆县作为"一县一业"发展的产业。羊圈怎么修，每只羊需要养多长时间，母羊养多长时间下崽，小羊养几个月要吃多少草，这些方面的知识他了解得很深。在聊天的时候，他就很自信地和我们谈养羊的各种事。

采访组：您见过他在工作中开怀大笑吗？

田志敬：我没有见到，我觉得他这个人的情绪是挺平稳的，日常、工作中都表现不出来。

采访组：在您和他一起扶贫的过程中，有没有哪一件事让您重新认识了他？

田志敬：我在大田乡工作的时候，到过一个村寨，那可能是我们晴隆县最贫困的一个村吧，有 800 多人，近 200 户人家，路还没有修通，是贵州省最后通路、通电的一个村。

那个路很危险，一般人都不想上去，包括我们。在扶贫工作期间，他经常上去，他要到最贫困的地方、最辛苦的地方。

"如果这些地方的问题都开始慢慢地得到方方面面的解决，那我们的晴隆就有了希望。"他说。

到上面看过了之后，他说："这么好的土地，虽然面积不大，就五六百亩，常年都种薏米，去年你们改种了大豆，老百姓是有了一点收入，但不种经济作物，老百姓的收入是始终提不上来的。"

他拿土壤去化验，然后跟业务部门的人研究，能不能种烤烟，后来还安排了烟草公司来。通过专家认定了之后，决定种烤烟。第二年种上了烤烟，农户就得到了大丰收，有些老百姓第一次见到这么多钱。

一个村组的事，他说了，他就身先士卒地去落实，还用两三年叮嘱你落实的情况。农户的事，他是挂在心上的。我觉得这样一个干部，对我的感触挺深的，也让我们重新认识了一个县委书记。

采访组：您觉得姜书记是怎么样的一个人？他在扶贫工作上有什么特别的能力？

田志敬：我觉得（虽然）他是一个很平凡的一个干部、一个领导，但是他有一种特别的能力，这个能力我觉得是一般领导不一定有的，就是他能静下心来听我们一些干部、一些农民的意见和建议。他能听进去，听到真的，听到原汁原味的，并且还付诸行动去解决。

遇到一些他不懂的领域，他立马就打电话给你，会征求你的意见和办法，向你学习，用该怎么样怎么样解决这种口气，让你觉得相处起来很轻松。

采访组：在听到他逝世的消息时，您是什么反应？

田志敬：我记得在他逝世这一年，过年的时候我给他发信息拜年，我说："书记，春节快乐。"他就给我回："哎呀，家门同乐！"家门就是同姓。后来我才知道，他女儿就姓田，我也姓田。

这个人啊接触多了，这个亲情感、亲近感就要多一点。当时应该是10月16号吧，突然听到他去世的消息，就是真的接受不了，因为我还跟他一块去农户家，让我买猪买牛给农户喂，我已经落实了，我还准备向他报告。他拨给我一部分钱，还差一部分没向他要呢，他就去世了。

采访组：他在扶贫期间给您留下印象最深刻的一件事是什么？

田志敬：在扶贫期间，他帮助的两户贫困户给我留下了比较深刻的印象。

一个贫困户叫肖长青，他是一个刑满释放的人，老婆也跑了，自己带着几个孩子。姜书记之前去了解过，这个人很憨厚。姜书记问："你能干什么？"肖长青也没想清楚自己能干什么，没说话。

后来我们细细了解过后，我说他能开一个修理店。肖长青在监狱劳改服刑期间，学过修理课的一些东西。姜书记会亲自过问每一件小事，比如开一个修理铺要什么，哪些工具，还让我给他列一份清单，可见他对农户这些帮助，那还真是从点点滴滴做起。

第二个就是王东家。王东有精神障碍，他媳妇陶金翠，带着几个小孩，特别困难。他进屋去看王东家的卧室和厨房。

他说："你家还能喂羊、喂牛、喂猪吗？"

陶金翠说："喂牛还可以，喂猪喂不了这么多。"

一出门，他就安排我们去给王东家买猪、买牛，还特别细心地说："志敬，你也是学畜牧的，你去给他选牛的时候，尽量找一个怀上崽的，喂一小段时间就能生崽，他收入就高一点。买猪的时候，不要买那种一般的商品猪，过年他就杀了吃了，第二年他没有收入。你还是买一个怀上崽的母猪，给他家喂，第二年就会增加七八个小猪崽，他家又有过年猪，又有卖一部分猪崽的钱，这对他家帮助是很大的。"

采访组：如果让您给姜书记的一生下一个定义，你会怎么描述？

田志敬：他是人民的公仆、农民的亲人。我们晴隆的干部要以他为榜样，记住、做好我们晴隆的每一件事，让老百姓过上幸福的生活。他真的是我们晴隆县干部中的榜样，有榜样的力量。

· 采访对象：二十四道拐景点开发有关各方

　　查世海（晴隆县县长，姜仕坤书记同事）
　　付明勇（晴隆县副县长，姜仕坤书记同事）
　　陈永益（开发运营二十四道拐景区的巅峰集团副总经理）
　　李付国（晴隆县城南街社区村支书）
　　蒋学科（晴隆县城南街社区居民）

　　姜仕坤设想，晴隆要想尽早实现脱贫目标，旅游产业必须搞起来。作为"二战"期间滇缅公路的关键路段，晴隆二十四道拐早已名扬天下。但这段"历史的弯道"，很久以来并未对当地百姓的生活质量提升产生实质性影响。姜仕坤认定二十四道拐景点必须深度开发，"旅游业是老百姓脱贫致富的主攻方向"。

　　付明勇：很多人认为，晴隆县就是有一个二十四道拐，怎么能发展搞旅游呢？
　　姜书记来了晴隆之后，他首先就是想到拍一部电视剧，把晴隆的旅游资源向外界传递。
　　陈永益：姜仕坤书记曾经和我说，二十四道拐景区开发的一切问题，都可以在他这个县委书记面前解决。
　　付明勇：在二十四道拐入口处的百家唐村组，按照规划，这里要建设成抗战文化园。可两年过去了，周边一百多户人家都不同意搬迁。
　　刚过春节，上班的第一天，姜书记就针对这个问题，组织县里面的相关领导，把一百多户的老百姓召集在武装部的场地，让大家坐着开会，讲发展旅游业。
　　在会上有几个老百姓直接就说：你们这书记在这里干了几年就走了，你们才不会为我们着想得这么细。有些老百姓的情绪是非常激动的。

蒋学科：但是姜书记的态度是很好的。你凶的时候，随你怎么讲，他都不会随意地回答你，过后才会慢慢给你解释。

姜书记这个人很有水平。他在会上算了一笔账，讲的意思大概就是，我们这个地方要是开发旅游，就可以开馆子、开宾馆、开旅社、搞停车场，这样给农民增加一笔收入，增加发家致富的道路。

李付国：这个会议预计有一百多人参加，开会的时候知道书记来了，我们武装部的这个大厅，人挤都挤不下，很多的老百姓都关心这个问题，就面对面向姜书记提问题。

他会把规划图都给老百姓看，老百姓心里觉得很舒服，就接二连三地过来，争着量这个拆迁面积。姜书记是为了老百姓在算这个账。

付明勇：2015 年的时候，我把在二十四道拐车流如织、游人爆满的现场拍照发给姜书记，他回复说：只要把晴隆旅游搞起来，再苦再累也值得。

旅游业发展上，姜仕坤真是"费尽心机、想尽办法"。我们旅游业这一块，从弱到强，可以说，如果没有姜书记，我们就走不到今天。

陈永益：晴隆的旅游，如果没有姜仕坤的努力，不可能有"一夜成名"的二十四道拐。

查世海：他经常在讲，二十四道拐，就像人生的道路一样，虽然曲折，但是它是向上的，我们脱贫攻坚，也像二十四道拐一样，道路是曲折的，是艰难的，但是我们还得树立信心，知难不难，迎难而上，打赢脱贫攻坚，同步小康。

·采访对象：西泌河水库有关各方

查世海（晴隆县县长，姜仕坤书记同事）
李文冲（贵州晴隆县水务公司负责人）
潘玉发（贵州省晴隆县西泌河水库综合股股长）
熊昌富（晴隆县居民）

晴隆县城建设在大山顶上，和唯一的水源西泌河有着 960 米的落差，河水要经过六级的提灌才能到达自来水厂。城高水低，导致晴隆县用水困难。以前晴隆县每家每户都修建一个大水缸，用于蓄水。姜仕坤上任住的宿舍，也放着两个大水桶。

李文冲：我当时就给书记汇报，一个月不管抽水，都要花费 92000 多元，再加上提水的电费，每个月的电费要 50 多万元，平均一吨水成本得 12 元左右，在全国用水的费用都算是最高的了，我们还准备提价。

姜书记说，其实我问了很多专家，人家就告诉我，一百米一吨水一度电。费用你们先超着，我们政府会想办法去解决这个东西。要减少老百姓的负担，同时也要减少你们企业的负担。

如果再增加老百姓的负担，那就是我们不作为了，我们还是从政府的层面来想办法，解决你们的亏损。

他退回了我们的调价报告。

我想着书记抓的是全县的东西，但是他还给我们考虑到了成本。

查世海：当时我们也下定决心，把这三百多万四百万的钱，拿出来补贴提水电费。

我们也是沟通了好几次，后来姜书记说："为了老百姓的利益，我们把财政其他的费用压缩压紧一点，也要保证老百姓的用水。"

熊昌富：原来家家户户都有（水缸），现在你看全部都抬出来了，都不用了。以前三个时段供水，我们半夜还得起床开水管，有水就接起来。2012年以后基本上都随时有水了。

（要从根本上解决用水难，还是要在西泌河上修水库。修水库需要5亿多元，而晴隆县一年的财政收入也不多。但是姜仕坤还是坚持要修）

潘玉发：2013年那段时间，应该是进入了冬天了，非常冷。我都已经下班回家了，姜书记打电话喊我回办公室，收集资料。他要连夜出发赶去北京，要申请我们西泌河水库的第一笔开工建设资金。姜书记亲力亲为，往省里面、往国家发改委跑。

（在争取到国家部委的2000万元启动资金后，西泌河水库开始修建）

他每个月至少要来一到两次，书记来了之后，就喜欢站在那两个搅拌罐的位置，然后再看着水库大坝的坝轴线，默默地看两三分钟。

然后他总是说，我要早日看到这个大坝，看到西泌河水库早日建成。

这个水库是民心工程，是晴隆县的一个"三峡工程"。

采访组补记

2018年底，投资5.17亿元、总容量达1715万立方米的西泌河水库工程完工，解决了晴隆县城周边12万人之"渴"，还为灌溉提供了可靠的水资源，并为晴隆供电提供了保障。水库建设完工后，还设计了5级提水站，保障了24小时供水不断水，晴隆群众彻底告别了饮水难问题。

· 采访对象：种草养羊产业有关各方

张大权（晴隆县草地中心主任，养羊专家，姜仕坤书记同事）
托　尼（海权羊肉加工厂企业负责人）
田志敬（晴隆县茶马镇党委书记）

地处滇黔桂石漠化区域的晴隆县，山高谷深，地少土薄，群众贫困，石漠化严重。喀斯特地貌面积占全县面积的 53%，坡耕地占 65%，人均耕地仅 0.77 亩，全县没有一个千亩以上的坝子。面对"石漠化严重、贫困面大"的实际情况，姜仕坤首先看准既能实现绿水青山，又能赢得金山银山的种草养羊产业。

张大权：从低海拔到高海拔，在我们晴隆全境范围内都没有死角，都可以发展这个草地畜牧业。

我们在石漠化地区种草，首先，能修复生态，其次，它能慢慢地提高有机质，增加土壤的肥力。最后，老百姓在恢复生态治理的同时，保住了水土，既符合这个生态治理，又达到了扶贫开发的目的。

姜书记从到晴隆报到的第一天起，他就讲，我是晴隆的县长，我要大推（养羊）这个产业。

2013 年 3 月的时候，他连续召开 7 次常委会，来推这个项目。每次都做了详细的工作布置，在加大农户的覆盖面上，不管遇到任何阻力，推得都特别卖力。

虽然这个产业对财政的贡献率很低，但是对老百姓的脱贫致富是非常好的。

有次大概凌晨三点钟，姜书记打电话问我，我们的羊吃多少斤草可以长一斤羊肉？

我经常在半夜三更接到他的询问电话，我就跟他讲我们要怎么怎么做，要采取哪些措施：一个是如何预防羊生病、如何预防腐蹄病、如何预防皮肤病；一个是如何搞晴隆羊的选育。

我把我知道的东西给他讲了之后，他就马上到乡镇下面去贯彻落实，他说，乡镇长、乡镇书记，你搞不好草地畜牧业，你就不配在晴隆当这个乡长、当这个书记。这事不光是他一个人干，而是发动一帮人来为老百姓服务。

他从晴隆出发去北京，去请教中国工程院院士任继周，晴隆县的草地畜牧业发展有多少潜力可以挖。

后来任院士打电话问我，说你们书记是不是学习这个专业的？我说不是，但是他懂得的专业知识，毫无疑问达到半个专家的水平。

田志敬：2013 年冬天，羊过冬的时候出现大面积死亡现象。

张大权：他专门为这个事情做调研，前前后后一共花费三个多月的时间，走访了很多的农户。在我的记忆中，他和我一起走访的农户不少于20 户。

田志敬：他来到大田乡，就去看农户的羊，发现没有出问题，都还是活蹦乱跳的。当时他就问了很多细节，甚至会问到羊一天要吃多少斤草，过冬的时候，一天要喂几顿。

张大权：他大致知道了羊死亡的具体原因。养羊户发展较快，一年时间就增加到了 200 多只羊，冬天草料储备不足，导致一些小羊羔因为抢不到吃的饿死。

田志敬：他回去之后立即召开了全县的干部大会，就把种草养羊安全越冬工作纳入考核，必须落实每一个细节，之后就没有出现大面积死亡现象。

张大权：下乡遇到农户们种草不规范，他就说你这个草这样种不对，种这样的草应该是间隔 60 厘米。他说我问了专家，专家说的间隔 60 厘米，要排成行、排成列，这样产量才高。

老百姓就讲，那你来试一下。

我就是要来试的。姜书记说完，把裤脚一卷，然后他就下地和几个老百姓说，你们来配合我怎么怎么栽，挖坑怎么怎么挖。

并不是所有羊都能够产崽，也不是所有的品种都能够适应我们（晴隆），我们为什么要培育晴隆羊，我们就是要培育符合当地气候特点的羊。姜书记首先想到的就是，我们要培育自己的晴隆羊。

提出这一设想后，姜仕坤不仅大力支持科研试验品种改良，而且专门在饭店、餐馆等终端市场和具体交易环节进行了深入细致的调研。

姜书记和我的想法是，草地中心在解决养羊技术和防疫问题的基础上，把有限的项目资金变成政府贴息，让农民自己向银行贷款买羊，农户有了全部产权，养羊的积极性会更高。这样一来，有限的扶贫资金撬动了金融部门参与扶贫，进一步拓展壮大养羊产业。

托尼：我与姜书记在 2010 年初认识，是他主动找的我。

姜书记一直担心，养殖规模扩大之后，农户的羊销售不出去怎么办？好多人家为发展养殖都欠下几万块钱的银行贷款。

半夜两点多，他看我还在发微信朋友圈，知道我还没睡，开着车就从县城来到厂里，很细致地问了很多问题。他说，对于肉羊的销售问题，心里没有底他就睡不着觉。

在我的记忆中，不论在晴隆县还是一起在外地考察座谈，姜仕坤与我这样的深夜畅聊，一年总有那么四五次。

张大权：他知道国际上羊的销售价格，他还晓得我们晴隆羊和西藏、新疆等地的羊的差别在哪些地方，还有什么时候卖的经济效益最好，他把这些都了解得清清楚楚。

托尼：我们在工作中有过争论，我关心的是企业的发展，他关心的是产业的发展；我看中的是企业的利益，他看中的是农民的利益。

他有几次跟我谈，他说你赚钱，我支持你，但是我是农民的儿子，我们贵州大多数农民都在山里面。我要的是这个产业，我要产业发展。

我后来明白了，有了产业，企业才能生存，企业利益和农民利益是协调统一的。

也就是在晴隆这几年时间，我和他的头发几乎同时变白了。

张大权：一个产业的建设，惠及千家万户的老百姓。他说一个贫困户都不能落下。

· 采访对象：李安珍（茶马镇董箐村村民李安珍，董箐村养羊产业曾经的牵头人。养羊产业是姜仕坤书记扶持的产业）

采访组：李安珍同志，您好！请您先做个自我介绍。

李安珍：我是茶马镇董箐村团结组村民李安珍，以前带领村民发展养羊产业，现任村里妇女主任。

采访组：现在您还养羊吗？当年您为什么会想到养羊谋求发展呢？

李安珍：现在由于工作原因，把七八十只羊全部卖掉了。会养羊是因为当年的政策特别好，我们村就以我牵头，农户自己养殖羊，一起齐心搞发展。在我们村这种山旮旯的地方，穷山险水，没有找到比这更好更具体的发展思路了。

采访组：您还记得您第一次见到姜书记是什么时候，他给您的第一印象是怎么样的？

李安珍：我大概是 2012 年见到的姜书记。

说起来有点不好意思，我的眼力见太差，没有看出来人家是领导。在我的眼里，当时看上去，他朴素无华，喜笑颜开地跟我谈着养羊的事情，看上去像一位特别懂技术的兽医。

他每走到一户农户家，都会进羊圈去观察羊的情况，跟我们谈怎么去养羊，小羊出生多久打虫，什么时候添加辅食、加营养，小羊羔下了以后大概在多长时间才能放到山上……后来听别人说他是县委书记的时候，我觉得很惊讶。

采访组：您叫他为"兽医"，那"羊书记"这个称呼的来源和您是不是有一点关系？

李安珍：冒昧地说，是我有眼不识泰山，这个词确实是从我这里出来的。

他第一次来我们村的时候，我不知道他是县委书记。他穿得非常的朴素，一双老北京布鞋，一件灰黑色的小褂子，一条深蓝色的裤子，和别人说起话来一点官腔都没有。

我心里觉得他应该是镇里面请来的兽医师。直到后来我们养羊的技术人员过来，他谈着谈着有点露馅，我觉得不对，这好像是一位领导。但是我已经说漏嘴了，和别人说他是养羊的。最后村里面的人知道了我们的县委书记是一位"羊书记"。

采访组：在养羊的过程中有没有遇到什么困难？姜书记如何帮您解决的？

李安珍：当时养羊，因为防疫没做到位，碰到瘟病了，姜书记可能也听说了，过来指导我们，叫我们大家稳住，不要急，没事。最后我们根据他的指导，冒着倾盆大雨，蹚过泥泞的山路，去山上找草药治病。他还指给我们看，说这是什么草，什么草能够治什么病，他指导我们把中草药和草给羊一起喂。最后抑制住了病情，我们的损失不至于那么大。

采访组：您能说说姜书记带给您的印象深刻的一件事吗？

李安珍：因为我不懂养羊的技术，羊毛长长的，弯弯扭扭的，懂行的人就知道这羊该打虫了。但是我却不知道，我只会卖苦力，不懂技术，干了那么久，我一分钱也没有赚到。

他来看我养羊，就和我说了很多技术，指出很多问题，当时我就流下了泪。他叫我不要悲观："我们一是品种没有选好，二是技术慢慢来，这些都是能慢慢学的。"他让我不要流泪也不要悲伤，只要坚持就一定会胜利，钱一定会赚到的。

不到两个月，他就在山东给我们找来了大概90多只品种羊，给我们找到了海权羊肉加工厂（贵州省清隆县海权清真肉羊食品加工有限责任公司）的技术人员，为我们解决技术问题还提供了线上的合作。

还有一次，我们在养羊的时候，怕羊吃不好饿着，就放了很多的草料，长得壮的羊就吃得特别多。我们不懂技术，吃过后还用冷水喂羊，导致羊胃膨胀起来，然后羊就胀死了。

我按照他提供的方法来改良，不久也赚到了一辆小车的钱。

采访组：他做了哪一件事，让您觉得特别感动？

李安珍：他帮扶两户贫困户让我觉得挺感动的。我跟着姜书记一起去了解贫困户情况，陶金翠现实中的生活条件特别不好，居住环境很差，家里面有位精神不太好的丈夫。在了解家庭基本情况的过程中，这位叫陶金翠的妇女流下了泪。

看到陶金翠这样，姜书记很难受，他就问："陶金翠你想干什么？"

她说："想养猪但是没有猪，想养牛但是也没有牛，我不知道这个生活怎么过下去。"

姜书记当时一句话不说，就自己掏钱，叫我们去买猪、买牛给陶金翠喂。我们给陶金翠选了一头怀孕的母种猪，不到两个月就下了小崽子。牛，现在陶金翠家还一直在喂着，发展得很好。我觉得非常感动，因为他很关心我们老百姓。

采访组：您是什么时候听到姜书记牺牲的消息？您当时什么反应？

李安珍：听到他牺牲这个消息的时候，我正在山上干活，我当时是不相信。回到家，我们有一位同事给我打电话，听到的是说他在扶贫的路上因为身体不好，没有时间看病，总是废寝忘食地干工作，用太多的时间关心我们老百姓，自己的身体没有得到重视，牺牲了。当时我端着碗坐在地上就哭了，不知道怎么去表达那种心情，我的好领导走了，接下来的路我该怎么走，没有人指引我走了。

采访组：如果给姜书记的一生下一个定义，您会怎么说？为什么？

李安珍：他是一位解民愁解民忧，敢干事，能担当的特别好的干部。

我还记得他最后一次来我家的时候，已经快过年了。我们那里海拔特别的高，到冬天就会遇到冻雨、下雪，他还长途跋涉来看我们羊圈里面的羊是否还健康，我们备下的草料是否能保证羊过冬。

他来慰问老百姓,嘘寒问暖,说我们这里的环境太差,水土养不活大家,他以家人的那种感觉拉家常,跟我们商量,想办法帮我们搬迁。

采访组:如果还有机会见到他,您会跟他说什么?

李安珍:如果我有机会见到他的话,我会想着,把养羊事业好好地发展,把身边的百姓带动起来。

在我们有点起色的时候,我还记得他对我们说过一句话:"你们为什么在山旮旯里面蹲着就不走呢,为什么不想其他的方法,去其他地方找好的发展思路呢?"

一个老百姓说:"往哪里走呢,没有土地我们怎么生活啊。"然后他给我们说,易地搬迁。

我现在带着一部分老百姓,搬到城里面生活,实现了乡下人变成城市人的愿望。

· 采访对象：肖长青（大田乡大田村村民，姜仕坤书记的扶贫对象）

采访组：肖长青同志，您好！您先做一个介绍，包括您的家庭、您和姜仕坤书记的关系。

肖长青：我叫肖长青，现在是大田乡大田村的村民，以前是姜书记的扶贫对象，现在一个人带三个小孩生活，大的初中毕业，小的读小学五年级。

采访组：您第一次见姜书记是什么时候？

肖长青：第一次见姜仕坤书记的时候是在老家，他和县领导、县委办里面七八个领导下乡帮扶，视察工作。他穿一身休闲服装。他转了一圈看了我家里面的情况，又看着家里的环境，问我："你会做什么？"

我说："我会电气焊、会做铁工、会做焊工。"

"你会这么好的手艺，怎么不去外面做工？"

我说："家里面条件太差，带着三个小孩，也不能出去，就只能在家帮村里的人做一些零工，给别人焊一些鸡圈之类的。"

后来他们就走了，村主任才告诉我说这是县委书记。

过了几个月，姜书记就打电话给村主任，让村主任带我到县里面买材料，电气焊、排钻、切割机……这些工具都是那些领导主任买的。然后还带我去租的铺子那里看。姜书记还联系了供电所的人，把电表安好，路线架好。

采访组：那现在您还在经营电焊铺吗？

肖长青：我现在已经不做了。姜书记给我租了一年的铺子，我干了一年，一个月也有两三千块钱的收入。但是一年过后，我的身体就不行了，高血压、慢性病、各种病，头眼昏花、四肢无力，现在连做农活都做不起，走路都走不稳。

采访组：您感激他吗？

肖长青：我当然很感激他了，他作为领导给我们农民提供了很多帮助，给我们很多关怀。

采访组：在扶贫期间，姜书记来过您家几次？

肖长青：扶贫期间应该来过一次，就是第一次来我家视察。再过几个月，县里面的领导在大田乡会议室开会的时候，我又见过他一次。

采访组：通过这两次的接触，您觉得姜书记是一个什么样的人？

肖长青：作为一个领导，他认真办事，兢兢业业，任劳任怨，我觉得他是一个好领导。他的扶贫工作做得很到位。他来到我们村开会的时候，谈了很多养羊啊、养鱼啊这些养殖方面的技术，我觉得他很好。

采访组：听到他牺牲的消息，您什么反应？

肖长青：我听到他牺牲这个消息的时候就很难过。当时姜书记为我租的铺子还没开业，我还在给别人打零工、焊机子，是县里面的领导打电话给我，说："以前帮助过你的那个姜书记，他牺牲了。"

我当时还不相信，他身体好好的，怎么会牺牲呢？后来才知道他去广东出差的路上，突发心脏病，离世了，我心里面真的很难过。

采访组：如果还有一次机会和姜书记讲一句话，你会说什么？

肖长青：谢谢姜书记，你关心、帮助我，你的言谈举止，给我留下了深刻的印象，谢谢你。

·采访对象：陶金翠（大田乡董箐村村民，姜仕坤书记的帮扶对象）

采访组：陶金翠同志，您好！您先做个自我介绍，还有您的家庭、您的工作、您和姜书记的关系？

陶金翠：我叫陶金翠，是大田乡董箐村的村民，是姜书记的扶贫对象。我家一共六口人，三个孩子，我丈夫有精神问题，以前还带我丈夫去精神医院看过，现在没有钱看病就一个人在家了。大儿子去广西那边打工去了，最小的孩子还有癫痫，每个月都要花四五百块钱买药治病，奶奶已经70多岁了，也干不了什么，一家人的负担全落到我一个人的肩膀上。

现在我在打扫卫生，是我们村子上的保洁员，村里面的人也是看我家境贫寒给了我这份工作，一个月大概能挣八百块钱，能挣一点是一点。

采访组：第一次见姜书记是什么时候？

陶金翠：这都过了好几年了，我记忆力不好，每天都为了钱奔波，生活压力太大，忘了好些事情。我只知道他来帮过我几次，当时好像是因为我家庭比较贫寒，生活困难，好几个领导就来扶持我家。姜书记看到我家的情况，他就问我你想干什么，或者想养什么。我说："我想养牛，养猪。"

我当时不知道这个领导是谁，直到村里面的人告诉我，我才知道这原来就是我们的县委书记。

后来过了大概半个月、一个月，村里面就有领导，牵着一头小牛到我家，跟我说："这是姜书记自己掏钱给你买的一头小牛，你要好好养啊。"我当时真的很开心，很感谢姜书记。

后来再过一个月，他们还买了一头猪给我，还怀了小猪崽子，我看当时的那头猪肚子大大的。他们跟我说，已经有两个月了。我自己又养了两个月左右，就生下了九头小猪崽。我养了五六个月就拿去卖了，挣了好些钱，不过有点可惜的是有四头小猪崽我没有喂好就死了。

　　我到现在还一直喂姜书记送我的牛和猪，猪生了很多小猪，那牛也生了三头小牛。我真的很感谢姜书记，感谢他，我才能好好生活到现在。

　　采访组：姜书记做了什么事情让您觉得很感动？

　　陶金翠：我也不记得是哪年了，就是在快过年的时候，他来我家慰问，来看我老公，买了一件新衣服给我老公穿，还拿了三百块钱给我老公，说是补贴家用，好好养病。我当时就很感动，他真的很关心我们，对我们很好。但是后来他就走了，也没人这么帮我了，我也不知道他去了哪里，再也没有见过他了。

　　采访组：您还记得姜书记长什么样吗？觉得他是一个什么样的人呢？

　　陶金翠：他来我家几次，但是我也不记得他穿什么衣服了，只知道他人长得高高的，他的脑门也是高高的。他是一个很好的人，我也不会说话，就是感觉他对我们很好，我对他非常满意，他生活上帮助我很多，给了我一头牛、一头猪，这份恩情我一直记得。

　　采访组：除了这些，他还做了什么让您印象很深刻的事情？

　　陶金翠：我家很穷，家里很破，然后姜书记就提出来，说要给我家做危房改造。当时是给了我一万还是两万块钱，做改造的资金，那些来改造装修的人，他们说也是姜书记叫人来弄的，现在家里面好多了。

　　采访组：听到他牺牲的消息，您当时什么感受？

　　陶金翠：他过世了一两个月我才听镇政府说这件事，当时就觉得，他帮助过我们，但是我们却不知道他，也不知道他牺牲了，知道了我一定会去看一眼，可惜了。

　　我就觉得他是一个好人，他为什么牺牲了，听到这个消息的时候，我的眼泪还是流出来了，我也不知道怎么形容他，但是就知道他对我是很好的。

采访组：如果您还有一次机会和他说一句话，您会说什么？

陶金翠：人已经过世了，现在说什么都已经晚了。

• 采访对象：王作艳（姜仕坤书记的妻子）
　　　　　田姗灵（姜仕坤书记的女儿）
　　　　　姜文新（晴隆县住建局局长）

　　王作艳：我在州财政局工作。我们结婚 20 多年了，在一起的时间太少。都是两地分居。本来高速公路通车了，兴义到晴隆不算远，可以周末去看他。但去了也白去，因为他工作太忙，一天到晚不是下乡就是开会。

　　医生讲他的心脏有问题，就开了一大包药，放在那角落里，还有像速效救心丸等，很多东西给他。

　　我叫他记得吃药，如果感觉胸闷、心脏不舒服的时候，赶紧吃一颗速效救心丸。我说你这个病情很严重。医生叫他马上入院进行治疗。他说等到把工作忙完了再去住院。

　　他就这样忙，每天都工作，每天都因为工作不回家，不停地忙，一点时间都没有。

　　我每天晚上特别焦虑，就会打电话给他，还讲到他吃药的事情，第二天早上也不敢提醒。

　　想让他休息一下，因为他太累了。

　　他在广东出差的前一天，中午的时候在家里吃饭，他当时边吃的时候就边摸着这个胸口，一直在摸，然后就满屋地走。

　　我听到他打的最后一个电话，就是叫驾驶员一点半准时来我家门口接他。

　　（接到姜仕坤出事的消息）

　　当时我就问医生，你给我一个合理的解释，怎么会出现这种情况。医生就说，他在睡觉的时候，大脑就没休息，一直在想问题。医生说这是猝死的。

我对他关心不够,也无法关心。他平时爱好是看书,寝室里到处都是书,每次回家都要带回来一大堆书。他说,我读的书比别人少,要多看书,多学习,才能搞好工作。

他进步,我高兴。但觉得两地分居时间长,只希望平平淡淡过。

他经常跟我说,共产党员的标准是什么,你应该知道,你默默奉献,我理解,你一定要支持我。

他是一个很称职的丈夫,到兴义出差,只要能挤出时间,他都来陪我,哪怕是一两个小时。

最让他牵挂的,应该是乡下的公婆和我们的女儿。每逢春节,他尽量抽时间和我一道去看公婆。他说他退休后准备回老家养老,只要提到老家,他两眼放光。

为了接送女儿上学,家里才贷了两年款买了一辆大众汽车,用他的工资还。

姜文新：姜书记是一个很简朴的人。之前出差,晚上住宿时,先联系180元一个房间的酒店,他说太贵。后来我们住在一家招待所100元一个房间。他说晴隆很穷,该节约的点点滴滴都得节约,当领导就要带好头。

我到过姜书记在册亨乡下的老家,他家父母住的还是几十年前的老瓦房,煮饭还是土煤火。

尽管工作忙,他每年还是要抽一两次时间去看望父母。他母亲腰椎间盘突出,他曾两次送母亲到昆明看病。

田姗灵：我读初中时一度叛逆心重,学习成绩下滑,写过检查。爸爸知道情况后,每到周末,都会尽量抽时间来陪我,哪怕是一两个小时。

我们更多的是电话沟通,在电话里,爸爸劝我多读书,树立正确的人生观。爸爸还推荐一些好书给我读。

他经常会给我说,他是一个从农村出来的孩子,对家乡,对老百姓都饱含很深的那种感情,我觉得他是一直保留这个初心的。

开车回老家的路上,看到背负重物步行的路人,爸爸经常会停下来问人家住哪里,然后捎上一段。

有一次在老家,看到一对上了年纪的农村夫妇开着电三轮从身边驶过,爸爸对我说："退休后，我和你妈也会像他们一样，买个三轮车，种点苞谷（玉米）、南瓜。"

爸爸有严重的痛风，一整晚都难以入睡。第二天早上，爸爸才叫驾驶员朱叔叔给他煮了一大碗面条，他把面条吃得干干净净。爸爸稍微休息后，吃了速效止痛药，下午匆忙赶往昆明。

怕爷爷看出他生病，爸爸只好硬撑，但还是一瘸一拐的，他只好对爷爷说，他在上楼时不小心把脚崴了。

好说歹说，劝说了4个小时，爷爷终于答应做手术。但爸爸没陪爷爷多长时间，又接到电话，说有上级部门到晴隆县检查工作。爸爸只好依依不舍地辞别爷爷。爷爷看着我爸的背影，又把他喊回来说，老二，你要注意身体啊！说完，爷爷哭了，爸爸也哭了。

妈妈旧病复发住院，爸爸工作太忙，没多少时间陪伴照顾。一个星期天，一家人好不容易在医院相聚。

我下午就要回学校，很希望爸爸陪我去逛街买东西，和他聊会儿天。

但是，爸爸却很为难，说："我多陪你妈妈一会儿，你自己去买吧。"

采访组补记

姜仕坤去世后，田姗灵在日记本里写下这样一段话——"你常说人生就像二十四道拐，看起来有波折，可总是向上走的。我想，人生的二十四道拐，那里应该就是你想去的终点。你没讲完的故事，就这样结束了。我只有擦干眼泪，带上妈妈，照顾好她。像你说的那样，人生的二十四道拐，还很长很长。"

①

②

①姜书记到大田乡走访贫困户

②姜书记到马场乡战马村了解群众农业生产情况

③姜书记到光照镇与养羊农户交流

生命的战场：
中国减贫英烈口述史　　　　　　　　　　　蓝标河

　　蓝标河，男，1974 年出生，广西都安瑶族自治县人。生前任职广西壮族自治区扶贫开发办公室外资扶贫项目管理中心监测统计处处长，2012 年到 2014 年担任广西大化瑶族自治县副县长；2018 年 3 月担任广西融安县委常委、副县长。成为融安县扶贫工作队队长的他因劳累过度，于 2018 年 4 月 14 日，倒在了钟爱的扶贫"路"上，年仅 44 岁。由他推动完成的扶贫成效考核体系，成为广西开展脱贫攻坚的权威考核验收标准。

　　蓝标河同志的微信名叫"向人民报告"，人民用歌谣传颂他："你走出穷山沟，又来到穷山沟，百姓的冷暖忧愁，总放在心头。你把乡亲当亲人，付出了所有。"

- 采访组：郭　音　莫良伟
- 采访时间：2020 年 12 月 4 日
- 采访形式：线上音频采访
- 采访对象：

1. 蓝标松（蓝标河的大哥，河池市大化县司法局干部）
2. 钟　燕（融安县大坡乡同仕村第一书记，广西壮族自治区扶贫办派到融县挂职的脱贫攻坚和乡村振兴工作队的队员之一）
3. 石祖芝（三江政协主席、曾任融安县委副书记）
4. 陈　宏（柳州市人大常委会副主任、融安县委书记）
5. 莫小华（融安县扶贫开发办公室主任）
6. 卫树青（融安县大坡乡同仕村党支部书记）
7. 李建萍（融安县大坡乡同仕村村民，蓝标河的扶贫对象）
8. 韦桂莲（融安县大坡乡同仕村村民，蓝标河的帮扶对象）
9. 群访

• 采访对象：蓝标松（蓝标河的大哥，河池市大化县司法局干部）

采访组：能说一说您记忆里他留给您印象比较深的事吗？

蓝标松：当时我们家的小孩也多，有4个小孩，而且家庭收入都比较低。农村的通病，没有什么收入。土地少，种植的收获也少。

当时我们的家里面几个小孩都能考出来，是与父母有直接关系的。因为我们家里确实很穷，我们那个年代，是两个兄弟在一张床上睡觉的，家里面比较困难。父母在小时候给我们灌输的思想就是说，你要想改变命运，一定要读书，以后你才可以走出来，不然的话只能永远待在山区里面，你很难有一个发展。

标河他这个人小的时候话也比较少，他是比较听话的。特别在读书这方面，他确确实实就是说不管怎么样，一定要读书。家里比较穷，有的小孩回来了，父母要求小孩放牛或者怎么样，但他放牛也要带一本书去看。当年我考上中专以后，二妹考上了卫校，他考上了大学。因为当时他是我们村出的第一个大学生，所以我父母觉得很骄傲。

我弟是第一个大学生，当时我爸很高兴。他收到录取通知书以后，我们都为他感到光荣。我记得当时我已经分配到一个县里面粮食部门工作了，他就打电话给我说，你弟上大学了，准备开学前在我们家办一桌酒，请他的老师还有我们的那些亲戚来吃饭。我感觉那天好像是我爸他上大学一样，非常高兴。

还有一件事我记得比较深刻。那时我们家里面比较穷，吃肉的机会是比较少，只有那种过年过节重要的节日父母就买一块一斤多的那种肥肉来炼油，吃点油渣是比较好的了。平常我们怎么改善生活？我们前面有一条河，河里面螺蛳比较多，我们两兄弟到河里面捞螺蛳。每天我们可以捞得五六斤，甚至最多时能捞十斤的螺蛳。按现在来说是最好的野味了，也是解决我们代替吃肉的最好的办法，所以我们对这个印象很深，每年春节回来我和标河都会谈这个事。

采访组：关于他扶贫的事您了解吗？

蓝标松：他是读广西民族大学，当时他是学生会的干部，学校每年都组织学生下到县里面做一些调查研究。那几年他也经常回到县里面到农村做一些调研。

都安、大化还有其他县他都有去过。都安是我们的老家，大化是1988年从都安县分出来的一个新的县，也是我们的家乡，他当时都是回家乡调研比较多。

当时社科院正好需要一个人，来招收的人事部处长觉得标河比较踏实，做事比较稳重，讲话比较有条理，正好需要他这种人才。然后他就到了社科院去工作，之后他就去了扶贫办。

他这个人比较关注农村的那种贫困的现状，因为跟我们老家那里一样，到底农村有什么困难，或者普遍的或者是特殊的。

像我们老家或者是大化这边，有些贫困子女家里面确确实实有交学费的困难，他对上面比较熟一点，比如说是市级管委、希望工程等比较清楚，所以从哪个地方能够要到钱来帮助贫困户的子女，他已经关注到了，也做了。

2002年、2003年的时候，他支教不光在一个地方，比如说县城或者是一个乡镇，确实见到一些学校危房比较严重，有些地方连教室、学生饭堂都没有，他看在眼里，回去以后，通过香港、澳门的一个慈善机构，筹募20多万资金，在延单建了一栋教学楼。

有一次他在吃早餐的时候，在路边见到一个残疾妇女带一个小孩，也是残疾的，从他前面走过。当时他就在微信家群里面说，见到就感觉到她们的困难，我又无能为力，她们身体又残疾，还有一个小孩，不知道她们今后的路怎么走。我才了解了他的悲痛。

采访组：他有没有跟您说过在扶贫的过程当中遇到过什么困难？

蓝标松：经常提到，他从2016年去扶贫办以后，刚开始给我的印象就是经常加班，第二个精准扶贫刚刚开始做时，没有先例，一些材料一些政策的制定也是从头开始。所以那段时间，他说自己也是新手，他自己要负责这项工作，虽然以前也在农村做一些调研，但是在制定政策这个层面来讲，还是觉得这个压力很大，所以经常要下到各地市里面做一些调研，听听县里面对贫困地区制定的政策有什么想法。所以他那段时间经常反馈给我的信息是：忙！经常要下去，要到县里面调研，要到农户家了解农户的想法怎么样。

比如说我们石山地区，跟玉林那边比，他们的需求跟我们石漠化的山区群众的需求是不一样的。因地制宜，农民的需求，怎么样做能够让农民真正实实在在得到好处，他觉得这一块很重要。

采访组：我们拿到的资料里面显示他一天的工作时间可以达到 14 个小时，一周 7 天不休息，像这种情况他还有时间回家吗？

蓝标松：2015 年、2016 年、2017 年那三年，他在市级扶贫办的工作，确确实实都比较忙，经常加班。往年是每年的春节他都应该回家跟我们一起过。但是那几年春节基本上都没办法，每年都回不来，都说太忙了，要加班。

• 采访对象：钟燕（融安县大坡乡同仕村第一书记，广西壮族自治区扶贫办派到融县挂职的脱贫攻坚和乡村振兴工作队的队员之一）

采访组：您和蓝标河同志是什么关系？

钟燕：2018年3月份和蓝标河同志由广西壮族自治区扶贫办被派到融县挂职，是脱贫攻坚和乡村振兴工作队的队员之一。从2013年开始，我一直在蓝标河的领导下工作，在他身边工作了5年。在原单位他是我的领导，到融安他也是我的领导。在他的领导下觉得非常荣幸。

采访组：您还记得您第一次跟他见面的时候，那个情景能给我们描述一下吗？

钟燕：他是2013年到我们扶贫办，我是2012年就到了。我比他早来一点，来了之后办手续，去接他过来。当时我们扶贫办为国家精准扶贫政策，从其他单位引进了一批人才，他是其中之一，他是从社科联调过来的。

第一次跟他见面的时候就觉得他非常可亲，说话和气，容易接近。他就说我们以后一起共事，大家互相关照，我们把工作一起做好。

后面我们在工作过程中确实是比较融洽，有什么事大家商量着办。在工作过程中，每次有重大的事情，他都带着我们一起干，有什么困难，大家都是去找他想办法。

采访组：您印象中他是一个怎样的人？

钟燕：对我而言，他既是一位好的领导，也是一位好的大哥。

作为领导，他给了我们在工作上很多的指导。生活上来说，应该说他跟我们同甘共苦。

2015年、2016年，包括2017年这三年里面，因为我们承担的几项工作都是重大的工作，都加了很多的班，虽然说放弃了很多休息的时间，但是大家都无怨无悔。那几年我们晚上加班到十一二点都是常态。我觉得那几年他本人也是比较辛苦的。

当时办公的地方还比较偏远，没有统一的食堂，星期六星期天到哪里吃，他都提前给我们安排得很好。日常一些可能是很小的东西，比如说工作之余找我们聊聊天，谈谈这些日常的事，但是从他的谈话中，我们都能感觉到真正的温暖，觉得很有人情味。

采访组：您能不能用三个词概括他对工作的态度？

钟燕：认真、负责以及坚持，我觉得他对每一项工作都能体现出刚才我所说的这三个词。

认真，不管这件事是小是大，是重要的，或者说一些日常的事务性的工作，他都非常认真地对待，一丝不苟。每一件小事，每一项的材料，他都是认真地去审核每一个细节、每一个字、每一个数据，从来不会马虎对待。

坚持，他对扶贫事业非常执着。他是2013年从别的单位调到扶贫办的，他没来扶贫办之前，对扶贫事业就一直在坚持着。

负责，为什么讲负责，我觉得他从事扶贫事业、扶贫工作以来，就把扶贫作为自己的一种担当。

我记得应该是在2015年，当时我们处叫作自治区扶贫办监测统计处，我们担负着精准识别的任务。

我们识别方案的制定，不是随机选定的一个样本进行调研，要到一个村，这个村在一个比较孤立的小岛上，是一个比较单独的居住点，只有那么一两户人家。当时我们要去这个点的时候已经是下午，当地的干部群众觉得时间这么晚了，可能再去这一户人家是比较困难的，找个样本来做一下得了。

他说调研的样本有一定的科学依据，我们不能随便按照自己的意志去转换这个样本，我们还是要坚持实事求是，既然它是个样本，就应该把它按照科学的原理做完。

所以当时我们也是克服了种种困难，到了比较孤立的小岛上把人家的样本按照我们的调查要求做完。我觉得从这件事可以看得出他对工作是非常负责任的。

受访者就问我们来干什么，我们说是来样本调查，为下一步如何在帮助贫困人口方面做一些帮扶的工作，现在来你家做调查。他也感到很惊讶，他说这么多年了，还没有人到我们这里。当时就给我们倒水，还拿家里面一些红薯等东西招待我们，非常热情。

采访组：去走访贫困户的时候，蓝标河同志有没有什么自己独特的一些工作方法让您印象特别深的？

钟燕：他非常珍惜每一项的调研里积累的一些原始的数据，他时常带着一个厚的本子。在省区一级机关里面更多的是出台一些政策，研制一些方案等工作。做一些宏观性的工作比较多，所以基层调研的数据，他都觉得是宝贵的财富，每次都是记得非常详细，都作为很好的一种工作上的材料来使用。

采访组：您当时跟蓝标河同志调研得出了一个什么样的数据的结论？

钟燕：当时是做精准识别，比如说在广西几千万人里面如何去写，能识别出谁是贫困人口，能通过一些比较好的指标识别出来。后面我们经过反复的论证，我们广西制定了精准识别的一系列的体系指标出来，也是通过调研积累的一些数据。

做这套指标的时候，对水的标准的制定发生了激烈的讨论。国家制定的"两不愁三保障"中虽然说没有水这个指标，但是解决贫困人口或者贫困地区饮水的问题是很重要的一项工作。

我们广西居民的用水差别也是非常大的，我们有沿海地区是不怎么缺水的，但是在桂西北河池百色这一带的石漠化县区又是非常缺水的，而且水质也各不相同。如果在广大的农村里面都采用非常精细的标准，实际上推广是有一定难度的。

当时蓝处长跟行业部门经过了很多次讨论，他说我们既不能拿一些比较复杂的指标来套用，毕竟涉及千家万户，且农村的用水多种多样，有打井的，有饮用山泉水的，有用水窖来积水的，每家的起水点都不同，跟我们城市的用水太不一样了，如果都要求我们用比较专业的仪器检测，这种检测难度极高。所以，他希望既要坚持水质，不能影响贫困人口的健康，更不能因为饮水的问题产生身体危害导致贫困，但是我们也不能制定一个非常复杂的标准来检测，成本过高，不符合实际，也难以推广。后面我们终于从指标中制定出既能保证我们水质不影响贫困群众身体的健康，又便于推广的一套体系出来。最后经过这么几年的努力，我们整个广西的用水，在收官之年已经全部解决了。

采访组：在具体的工作当中，您觉得他平时工作的状态，是相似的还是不同的？

钟燕：应该是相似的，他都是比较富有感情的。

他在融安县也帮扶了几户人家，只要有机会到融安，就帮他们解决好一些实际的困难。有一户叫刘礼波、刘礼广的是两兄弟，他们这一户的人家原来是在家里种罗汉果的。2016 年，因为在当地没有很好的技术，或者是说没有形成这种产业链，这家人种罗汉果失败了。后来他帮助他们家，让他们考虑重新种植金橘，金橘这个品种其实也是融安大力发展扶持的产业。后来这家也种植了金橘，而且刘礼波还在他的鼓励下一边发展经济产业，一边到外面去做泥水工，脱贫的成果还是比较明显的。这一户人家既有了金橘的产业，还有了商务的收入，而且这家人也作为易地扶贫搬迁户搬迁到了县城里面，自己开小超市，专门从事快递业务，还有卖小杂货，收入还是很稳定，小孩也读了对口的师范类学校，现在也成为一名人民教师，应该说脱贫还是比较明显的。

我是跟他一起去的这户人家，当时这户人家住得还比较偏，天下着雨，这家人的老妈当时身体不是很好，也生病。临走的时候，蓝处长偷偷把600 块钱放在了人家的沙发垫子下。回来以后他说："我不好直接拿给他，我走了后你再告诉他，我把钱留在了那里。"

其实，他们刚开始对我们是半信半疑，有点戒备的心理，觉得我们也是来看看问问就完了，对我们不太热情。后面我们第二次去的时候，人家非常热情。

据我了解，回去以后他真心为这一家做了不少事，他每年过节都会主动打电话去问问这家人现在生活怎么样，提供一些就业渠道，推荐一些好的东西，这家人提出来一些种植技术方面的问题，他都尽自己的能力去帮助，有些他不一定很懂，但是他会提供这方面的信息给贫困户。

采访组：在工作当中您见过他发脾气吗？

钟燕：他是很平和的，哪怕是遇到最困难的事我就觉得他是非常有耐心。他认为急是解决不了问题的，越是急的时候越要保持头脑的清醒，然后和大家分析一下我们应该从哪里着手。哪怕有时候我们做错了，他更多是给予大家鼓励，而不是说因为某些事情我们做错抱怨。

所以说一直以来为什么我们大家都觉得他比较亲和，可能跟他性格有很大的关系，就觉得他在什么时候都没有去怨天尤人，也不会埋怨大家或者是找种种理由推脱责任。

采访组：您当时听到他牺牲时是什么情况？周围人是什么反应？

钟燕：3月18日我们到融安县，县里面给我们简单地举行一个迎接会，然后我们就开始工作。4月13日，他打电话给我，说后天要回到南宁开会。

在回去之前他想回到村里面顺便跟贫困户一起商量今年怎么发展，他就说晚上在我们村里面吃饭。他说你们也不用准备，到时候他自己带菜。他来的时候，当时是下午4点多，帮扶村其中一户叫韦桂莲的家里稍微宽敞一点，我就把其他的人家一起叫过来，他跟这几户人家慢慢细致地座谈。

第二天，他坐中午的动车回南宁，下午两点加班的同事看着他提了一个包回到单位办公室，至于什么时候离开的就不清楚了。事后听他爱人讲应该是5点多回到家里面。

我知道他牺牲的消息的时候是大概晚上八九点钟。我是接到我们单位领导的电话，他说你们处长回到南宁，可能病重了。当时只是说病重，说正在医院抢救。再晚一点，一些同事和其他的领导再打电话来的时候，就说他没有抢救过来。

第一次听到我们领导说他病危，说医院抢救我都觉得很震惊，因为前一天晚上大家还在一起吃饭，也谈论着如何帮助群众，以及到融安这几年怎么开展工作，继续把工作做好。就觉得他的离开太突然了，不敢相信。

　　采访组：如果让您给他的职业生涯下一个定义的话，您会怎么去描述他？

　　钟燕：他为扶贫事业奉献了自己的一生。原单位的一个领导给他的总结是：他是为扶贫而生。我觉得对他的评价真的是非常恰当。

　　他从大学毕业以后到了单位，虽然原来的单位可能没有直接承担扶贫任务，但他一直以来都奋斗在扶贫事业上。

　　采访组：如果在他走之前，您有机会能够站在他的身边跟他再说一句话的话，您会跟他说什么？

　　钟燕："蓝处长你一定要挺住，把这条路走下去。"如果是在他抢救过程中他能听见或者说有机会跟他说，我应该会这样说。

　　我希望他能挺得过这一关，我们继续打拼，从政策的实施上把扶贫事业做出一个样子。

• 采访对象：石祖芝（三江政协主席、曾任融安县委副书记）

采访组：您跟蓝标河同志是什么关系？

石祖芝：我跟蓝标河同志是一个班子的同事，他也是我们扶贫工作当中的战士，我当县委副书记，他是自治区扶贫办到我们融安县来挂职的县委常委、副县长。

采访组：如果我们用三个词去概括他对工作的态度，您会选择哪三个词？

石祖芝：专业，实干，勤奋。

从专业的角度来说，他是从自治区扶贫办下来的，很多的政策怎么落实他是考虑过的，所以对于整个政策的研究和工作的实施，他是比较专业的。

他来融安以后就走了我们二十几个科局，他到了我们发改委、扶贫办、统计局、民政局、教育局、卫计局。他对我们整个广西的医疗扶贫、教育扶贫、卫生扶贫、住房保障，都想去看看，政策落实不到位的，怎么落实，在落实过程中有什么难处，所以他对哪一个文件文号都记得很清楚。

从实干来说，我觉得他非常认真，尽管是从区扶贫办下来到我们农村他也不嫌弃，什么都踏踏实实干，亲力亲为，实事求是，简直是一个工作狂。

哪一天去统计局，哪一天去住建局，哪一天要干什么活，哪一天去走访贫困户，他都把自己的工作计划安排得非常好。后来他走了以后，我看他跟秘书交流的微信里面把近十天的时间都安排好了，每一天的时间都安排得非常紧凑，一天工作 14 小时以上，非常紧张，而且内容相当丰富。

从勤奋来讲，我觉得他上下连接得好，而且勤奋好学，不辞劳苦，走村串寨。虽然他来融安时间不长，但是周末经常不回。

采访组：在处理工作中，您感觉他有哪些原则和方向吗？

石祖芝：设计扶贫工作日，还有一些产业奖补的政策，特别是我们在工作的过程当中，同吃同住同劳动，对怎么调动群众贫困户参与度和干部怎么去工作的一些方法，我们进行了一些前期的交流和沟通。

我觉得他的原则是以人为本，不忘初心，时刻想着老百姓，也时刻考虑我们干部的一些工作的难易程度。就掌握这个原则，不要去扰民，但是又能够叫群众参与，而且又让干部比较容易上手。

采访组：他到任之后做了什么事让您印象比较深刻？

石祖芝：按照自治区发给我们的"八有一超"工作手册，大家都到贫困户当中去交流，但是在工作的过程当中，就发现我们干部每天下去以后，不知道做什么，叫老百姓填写手册，就成了简单问今天你得到什么钱，你有什么收入？

户户都去，有的时候有区里面的、市里面的、县里面的一些帮扶干部都到一户去，那一户每一天几乎都不得去工作，好像整天都在家接待帮扶干部，就有点扰民了，他觉得这个不太好。

所以回来的时候他就跟我说，我们要考虑一个问题，我们下去的人太多了，老百姓都没有时间去做工，能否让他们轻松一点，比如说我们相对集中在一天，其他的时间就让他们上山去干活，该去做什么就做什么，免得影响他们的生产生活。后来他就提出来，我们能否利用每个周五作为固定的进村入户时间？这样对老百姓也好，对我们干部职工也好，大家相对集中一天去，不影响我们干部平常的工作，也不影响贫困户上山工作的时间，所以就提出了一个集中日。

然后制定在集中日去同吃、同住、同劳动。同吃，买一点菜下去跟他们聊聊天。通过吃饭，座谈的时间长一点，慢慢地唠嗑，我们就可以把扶贫内容掌握了。同住，我们也提倡检查他的一项生活的条件怎么样，有没有被子，还有冬天暖不暖，夏天有没有蚊虫。同劳动，我们就对他们的产业更进一步地了解，我们跟他一起去除草、施肥，还有打虫，这些我们在做的过程当中，有不懂的情况，就可以通过干部直接问一下乡镇里面的推广站，县里面的技术员，很快就处理了一些疑难杂症，所以通过这种方式就拉近了我们跟贫困户的距离。

采访组：蓝标河同志之前是一个科研工作者，有很强的统计能力或者对数据分析特别有经验，您在工作的过程当中有没有了解到他这方面的能力？

石祖芝：他走科局的过程当中，到了统计局，他就跟我说，我们县里面一定要找出10个点左右的不同地域不同类型的一些村来作为监测点。我们到底能不能脱贫，质量高不高，我们就通过这个监测点来进行数据分析。

我觉得他真的是太专业了，当时我只想到政策怎么落地，怎么能够让群众受益，怎么能够增加收入，但是我们没有想到怎么减贫，怎么防贫，怎么在脱贫以后把脱贫攻坚高质量地继续下去，后续老百姓能够幸福地生活，这是一个系统的工程，我们还没考虑那么周到，但是他想到了。

采访组：您有没有亲眼见过他在扶贫工作中的状态？和他平时的工作有怎样的区别？

石祖芝：工作当中就觉得他很严谨，作风很扎实，看到他常常戴副眼镜，在眼镜的背后觉得他整天都是埋头思考工作，在对一些工作系统周密安排计划时，我觉得他是一个学者型的领导。

采访组：您和他接触的这短短20多天当中，感觉他工作的焦点是在什么地方？

石祖芝：他工作的焦点就应该在贫困户怎么能够过上好日子上，对我们老百姓做什么产业，一个地方该发展哪些产业养活一方人，他研究得比较多。比如说我们融安的金橘，他说金橘是一个富裕果，一定要做大，能够养活一个地方，就像赣南的脐橙，都是要给老百姓比较富裕的方式方法。

• 采访对象：陈宏（柳州市人大常委会副主任、融安县委书记）

采访组：蓝标河同志跟您是什么样的一个关系？

陈宏：蓝标河是我一个班子的同事，他也是我们广西融安的扶贫工作队的队长，兼我们县委常委、副县长。

采访组：您第一次见到蓝标河同志是在一个什么场合？还记得吗？

陈宏：第一次见面，他作为脱贫攻坚工作队的队长来报到，是我们亲自接待的，自治区扶贫办的领导把他送到我们融安县。当天我们接待介绍完以后吃了午饭，下午他就奔赴他的扶贫战场，所以这个给我印象很深。

当天他就到村里面了，马上去跟贫困户、驻村工作队了解当地的扶贫工作的开展情况。

采访组：您对他这个人之前的生活了解吗？

陈宏：有所了解。我和他经常在一起，他过去的工作和他的生活方式我是有所了解的。他在工作中很投入，可以说是一个工作狂。工作的方式就是"5+2""白加黑"的，废寝忘食。他也不考虑休息，经常是加班加点，经常有工作通宵的这种情况，这令我们非常佩服。

他在我们县20多天，20多天以来几乎没休息，查阅文件资料有200多份，还审阅文件40多份，这段时间他还起草了5个文件，所以效率非常高，我们各种扶贫会议他也参加了10多次。包括我们扶贫工作中那些具体承担扶贫工作任务的部门，扶贫办、卫计局、教育局、发改局，他都跑遍了，工作效率很高。

采访组：他来到融安以后，您觉得他对扶贫工作有怎么样的一个思路？您了解吗？能给我们介绍一下吗？

陈宏：他的思路很清晰，他是从自治区扶贫办来的。所以他一到我们县就找到我们县脱贫攻坚工作中的一些症结，然后有针对性地提出解决的方案，对症下药。所以我感觉效率非常高。比如我们的干部扶贫工作作风问题，建设扶贫干部队伍问题，他都提出了一些非常行之有效的办法。

再比如我们在脱贫攻坚中，过去不是很集中，或者说很分散。他马上提出了扶贫工作日率先在广西开展，所以我们 2018 年迅速进入角色，干部队伍马上进入到脱贫攻坚状态来。

同时他也提出来一个方案，我们干部要到贫困户的脱贫攻坚一线去和群众"三同"。我们整个融安县的干部马上和贫困群众拉近了距离。从简单的帮扶人，到后来很多都变成贫困户的"亲戚"了。

采访组：在您眼中他是一个怎样的人？

陈宏：我和他接触的时间虽然不是很长，但是我深刻感受到他的学者风范。

他是我们广西脱贫攻坚贫困户认定办法的制定者之一，就是"八有一超"的制定者之一。所以他对如何脱贫，如何认定，如何帮扶，从哪里去了解，从哪里去着手，从哪个方向去帮扶，都把握得很准，他就是一个学者型的干部，但是同时也是一个实干型的干部，他特别实干，能够把对扶贫的理解转化到我们日常的生活工作中。

采访组：您觉得他这个人在工作中有没有什么特别的能力？

陈宏：他很注重基础数据的收集，也在工作中通过数据的收集来对工作进行有效的指导。开展什么工作，都是用数据说话，有理有节。有依据有方法，对工作的开展是很有效的。

比如在他帮扶的大坡乡，在产业帮扶上，如何让"大坡乡飞鸡"在产业扶贫中发挥更好的作用。他就用数据说话，说每年养"大坡飞鸡"的数据是 130 万羽。对这些养鸡的贫困户进行有效的帮扶，什么时候奖补资金，什么时候带动贫困户做好销售，都是用数据说话的。

采访组：如果给他的扶贫工作划分几个阶段，您觉得可以分成哪几个阶段？

陈宏：可以分两个阶段，一个阶段在自治区扶贫办工作的时候，他可以说是广西扶贫体系的总策划师之一。另一个阶段就是在我们融安工作的这段时间，可以说是融安扶贫工作的催化剂和强心针。他的工作特别接地气，在我们这里工作的这段时间，我看到他会做群众的思想工作。

比如他的帮扶对象贫困户李建萍就告诉我，正是蓝标河县长对他们家手把手地帮扶、讲道理、讲方法，才让他们现在从山村里面搬到了县城，开启了新的生活，而且他们的小日子过得非常红火。我觉得这一个阶段是蓝标河同志在融安工作这种催化剂强心针的最好体现。问题解决得比较彻底。

采访组：您能不能用三个词概括他对工作的态度？

陈宏：他在工作上面有几个字，第一个，就是"实"。他的工作特别实，做事实事求是，苦干实干，废寝忘食，是一个工作狂。第二个字用一个"专"字来说他比较合适，他特别钻研业务，可以说心中有责，勤学善思，同时还能够指导实践，是精准扶贫领域的专家。如果还用一个字来讲，我觉得成绩的"绩"是对他的最好写照，他在这么短的时间能够把工作做得这么有声有色，而且对我们县的扶贫工作产生这么大的影响，真正是担当新作为的时代标杆。

采访组：他平时有什么爱好吗？

陈宏：这点我还专门跟他聊过。他的爱好就是书法，他没有什么其他的娱乐，他平时工作累了，就用写书法来解困。

• 采访对象：莫小华（融安县扶贫开发办公室主任）

采访组：他到融安县之前您听说过他吗？

莫小华：他是区扶贫办的处长，自治区扶贫办挂点联系我们融安县，所以工作上的接触还是挺多的。大家都说，他业务性很强，专业性很强，做得很好，扶贫的政策很熟悉。2015年的精准扶贫，以及后面扶贫成效考核、党政部门成员考核，这些政策他都参与了，而且还是主要的谋划者之一。

采访组：您跟他第一次见面是在什么时候？当时您对他有什么印象？

莫小华：之前我见过他，2017年他来过我们县里面，代表区扶贫办来指导扶贫工作，他会定期下来，指导我们怎么更好开展扶贫攻坚工作，把上级的一些新的精神传达给县委县政府的领导，还有我们扶贫办的同志。

他说话的语气给我们的感觉就是很平等的同事关系、工作关系，没有架子。所以后来他来我们县里面挂职做县委常委、副县长，我们很高兴，因为熟悉他认识他，我们真的很需要这样的领导来我们融安。

采访组：他的工作状态是怎么样的？

莫小华：听说他们搞那些政策方案，经常是晚上加班，有时候太晚了都不回家了，就把办公室当宿舍，晚上就住在办公室。

我们县里面有很多扶贫工作都是摸着石头过河，有的东西是没有可参照的，都是在实践当中去完善一些政策。对一些新的政策、一些新的精神吃不透，模棱两可的时候，我们就请教他，他会给我们一个很明确的意见。意见明确了，做事的方向也明确了。

采访组：您能跟我们讲讲您和他之间发生的印象最深的几件事吗？

莫小华：在他来的第一天，就是在我们县里面的一个简单的见面会，他的一番话让我印象很深。他说："组织上派我来是对我的信任，我来融安不是来镀金的，是来这里开展扶贫工作的，我一定要认认真真地跟我们融安的干部一道尽自己最大的努力，为融安和脱贫攻坚的脱贫摘帽工作做一些实实在在的事情。"

我那天晚上加班做一个工作方案，等我做完初稿以后差不多都是 1 点钟了。我想他应该睡觉了，但是我做完了用微信发给他，我想等他第二天早上起床就可以看到这个文件，给我指导意见，我发完以后也休息了。第二天早上我看手机的时候，发现蓝县长在 2 点多钟的时候把文稿修改好，又发到了我手机上。

采访组：当时您第一时间听说他牺牲了是一个什么情况？

莫小华：很难受。现在我想起来都觉得无法接受。我记得 4 月 14 日晚上那天，他是从我们县里面回去，第二天在南宁开一个工作队长的会议，去组织部开的，他是坐动车回去的，我们也就没有感觉到他有什么异常，晚上得到信息，他倒下了，当时我就觉得是个假消息，真的无法接受好好的一个人就没了，而且我们融安很希望在他的帮助下，加快我们的扶贫工作，把我们的扶贫工作做得更好。

采访组：如果您去给他扶贫的生涯下一个定义。您会怎么去描述？

莫小华：我觉得他是把最宝贵的生命留给了融安，献给了脱贫攻坚这场战役，他就是我们脱贫攻坚工作的楷模，是我们新时代的偶像，是我们学习的榜样。

• 采访对象：卫树青（融安县大坡乡同仕村党支部书记）

采访组：您跟他的第一次见面是什么时候？

卫树青：他第一次来的时候到同仕村同仕屯的结对帮扶对象黄永礼家。那天晚上我们跟他一起到黄永礼家，他买了一些菜，叫几户贫困户一起谈发展计划。他是根据每个人家庭的实际情况，帮每一个贫困户制定不同的产业发展计划和帮扶计划。

采访组：您当时第一面见到他，对他是一个什么样的印象？

卫树青：那一次我的印象特别深刻，刘礼波的母亲生病了，经常不能下地劳动，他看望以后，临走的时候给了600元钱，放在他的沙发底下，当时没有告诉他，临走了告诉我，说我放了几百块，作为他们的生活费。

采访组：您感觉蓝县长的性格是怎么样的？

卫树青：他就是一个很朴实的人，对待群众很热情。打个比方说，黄德连家里养鸡缺少资金，他就马上跟黄德连说："你差多少我来帮你联系，我帮你联系好了，用小额贷款来解决你的投资问题。"

他就是想，贫困户你有什么困难，你就马上跟我说，我及时帮你解决。

采访组：从您的角度来讲，咱们村的扶贫工作有蓝书记和没有蓝书记有什么大的变化吗？

卫树青：肯定有了，他到了以后就制订了详细的扶贫政策计划。每周五叫帮扶日，帮扶干部到农户家开展帮扶工作，同吃同住同劳动。

我们这里发展了华北金橘，发展之前有些农户认为我们这里不太适合种植金橘。还有我们之前这里的屯级道路还没有硬化好，群众担心种出来的果运出去很难，我们向他提出了这些问题，他都一一帮我们解答了。

他要我们搞一个华北金橘示范点，通过示范带动全村的农户，就能够解决就近务工的问题。这是为了让我们在家里面既可以照顾老人小孩，又可以有事做有钱赚，一下就把农村的一些社会性的问题给解决了。

我们通过村民的土地流转，做了一个180亩的华北金橘的示范点。种果子肯定是要吸引招商的，要开发这个土地来种植华北金橘，这个也需要资金。他当时让我们大胆地放心地干，基础设施道路这种不用我们担心，他其实心里面已经有一张蓝图了。

我们村委对外招商，我们村有这一片180亩的土地，我们把土地流转出去给他们做。农民通过流转土地也可以得到一部分钱，可以去务工，也可以得到收入。

金橘去年开始挂果了，今年的收入更多一点了，往后一年一年会多起来的。

采访组：您觉得蓝县长工作状态是怎么样的？

卫树青：他就是只考虑工作，是一个工作狂。他一到我们村里，和村委打了个招呼，马上就到帮扶对象家里面去，看他们这段时间做什么工。他还到地头去看，比如种罗汉果，他会指导一下不懂的人。

采访组：您是什么时候听说蓝县长不在了？当时是什么情况，周围人是什么反应？

卫树青：那一次我们在黄永礼家吃过晚饭以后，就各自回家了，第二天就听到乡里面的领导说，蓝县长突然得什么病，当时具体的还没有很清楚。过了两三天我们才听到确切的消息说蓝县长不在了。

刚跟我们一起在贫困户那里吃饭，然后就听到得重病的消息，再听说蓝县长可能已经不在了，都是很震惊的。

· **采访对象：李建萍（融安县大坡乡同仕村村民，蓝标河的扶贫对象）**

采访组：蓝标河同志对您的帮助有哪些？

李建萍：蓝县长一开始到我们家里，他就把党的政策和我们扶贫享受的政策跟我们说了。小孩读书有补助，还有易地搬迁房可以搬出来住，这都是蓝县长跟我们说的。后来我女儿考大学的时候，他又帮我们参谋上什么大学好。我女儿考了广西科技师范学院，在蓝县长的帮助下享受了"雨露计划"，不用交学费。

第二次他到我们家看望我婆婆，给了我婆婆一些钱，问我们想种什么、养什么，有哪些扶贫政策的产业他都跟我们说。

采访组：您还记得第一次蓝县长到您家里的情形吗？

李建萍：他到的时候快要黑天了。那时候我们那里还没有水泥路。他是坐摩托车来的，裤子上都是泥巴，他来的时候就跟我打招呼，本来我们农村人看见官，都觉得自卑，不敢跟他们说话。但是他一见面就跟我打招呼，看起来觉得他挺开朗的，挺好的，一点都没有架子。

采访组：他来了以后，有没有做过哪件事情让您特别感动？

李建萍：当时我妈妈不在了，他又去看望了一次。真的好感动，因为他毕竟是南宁那边的领导。我也不知道他是怎么知道我妈去世了。后来他又来看望我，当时感觉他就像我们的亲戚一样，他跟我们一起做饭。隔壁邻居有人羡慕，说我们有这么好的领导来帮扶，多好啊。他走了，我婆婆还跟我说，他塞了600块钱到我家沙发下，那是我印象最深的。当时我们家一个月的收入也就800块钱。

·采访对象：韦桂莲（融安县大坡乡同仕村村民，蓝标河的帮扶对象）

采访组：蓝标河做了什么事让你们印象比较深刻？

韦桂莲：他买菜来我家做饭，喊五家的贫困户到我们家吃饭，他关心我们，问我们家有几口人，小孩结婚了没有？去哪里打工了？还说小孩结婚了，要喊他一起来喝喜酒。他来我们家我非常高兴。他跟我们同劳动，到地里指导我们种金橘。我家房子是危房，他跟我们说有措施补贴，现在我们已经建造好三层新房，不透风不漏雨了。

·采访对象：群访

融安县委书记　陈宏：现在我们面临脱贫攻坚冲刺阶段，更需要蓝标河同志的这种精神，对我们全县干部鼓励，我们大家一定要绷紧这根弦，沿着蓝县长所努力的这条道路，把我们县的脱贫工作抓好抓实，让我们县尽快实现脱贫摘帽。

融安县委副书记　石祖芝：他的精神感染了我们全县的干部，从4月13日第一个"扶贫日"以后，我觉得他的建议执行下去了，现在我们扶贫工作持续得很好，现在我们所有的干部群众都以他为榜样。打赢这场脱贫攻坚战，我们大家有信心，也有决心，大家一起努力。

融安县大坡乡同仕村村民　黄振全：他说你们种的香杉在哪里啊，我说远啊，（他说）远那我可以去吧，我说不去了，路不通啊，（他说）路不通没关系，你那里有产业，我帮你搞起来啊，去争取项目，他这个人的确是对我们贫困户非常关心，把我们当家人一样。

蓝标河哥哥蓝标松：当时我就觉得，你看你现在家里面，你岳父岳母两个老人都有八十岁，小孩十一岁了，你再下来谁来照顾他们。当时我责怪他，我说你不要再下来了。后来他说，大哥难道你忘了，我们四兄妹本身就从山里面走出来的，我们应该很清楚，懂得穷人过穷日子的滋味，所以现在有机会我为什么不下去，能多帮他们（贫困群众）办一些事情啊。我知道我这个弟很执着，他想要下来，我根本拦不住。

广西壮族自治区扶贫办监测统计处　钟燕：稿子堆起来都有我一个人这么高，从来都没见他困倦过，好像时时刻刻都有饱满的热情，他已经把扶贫工作当作自己毕生的追求。

广西融安县扶贫办主任　莫小华：原来我们是每个月要求帮扶干部都要下来一次，平常正常的帮扶都是开展的，但是在这个基础上，我们（蓝县长）觉得，群众的困难很多，需要帮助的人很多，干群的关系要进一步拉近，这个时间紧任务重，那么我们县里面的干部都应该多下来。蓝县长还提出了我们的领导干部要到村里面驻村夜访，我们农村的群众白天可能去干农活了，去打零工了，不一定在家，那他晚上是回来的，这个时候容易找到我们的群众更利于帮扶。

① 2018 年 4 月 10 日，在融安县同仕村，蓝标河（左一）与驻村干部一起研究脱贫工作

② 2018 年 4 月 10 日，在融安县大坡乡同仕村，蓝标河（右）与贫困户交流脱贫

③ 2018 年 4 月 10 日，蓝标河（右一）在融安县大坡乡同仕村走村入户调研脱贫攻坚开展情况

④ 2018 年 4 月 10 日，蓝标河（左二）在融安县大坡乡同仕村了解贫困村集体经济发展情况

⑤ 2018 年 12 月 18 日，在广西南宁召开的全国脱贫攻坚模范先进事迹报告会上，会议号召向蓝标河同志学习

生命的战场：
中国减贫英烈口述史　　　　　　　　　　　　李保国

　　李保国，男，1958年出生，中共党员，河北省武邑县人。生前是河北农业大学教授、博士生导师。他把太行山区生态治理和群众脱贫奔小康作为毕生追求，长期奋战在扶贫攻坚和科技创新第一线，用信念、热情、青春、智慧和汗水，在太行山上、在百姓心底矗立起一座不朽的绿色丰碑。

　　习近平总书记对李保国同志的先进事迹作出重要批示："广大党员、干部和教育、科技工作者要学习李保国同志心系群众、扎实苦干、奋发作为、无私奉献的高尚精神，自觉为人民服务、为人民造福，努力做出无愧于时代的业绩。"

- 采访组：王　鑫　张紫阳
- 采访时间：2020 年 12 月 10 日
- 采访形式：线上音视频采访
- 采访对象：

1. 郭素萍（李保国的爱人，也是李保国科技扶贫专家团队的核心成员）
2. 郭天林（现任河北省邢台市信都区前南峪村党委书记）
3. 杨双牛（现任河北省邢台市内丘县岗底村党支部书记）
4. 卢振启（现任河北农业大学林学院党委书记，李保国老师的同事）
5. 梁国军（岗底村村民，现在负责村里生产技术和果林基地的技术服务）
6. 陈利英（李保国的学生，邢台市临城县绿岭公司技术总监）
7. 安建军（岗底村村民）
8. 李东奇（李保国同志的儿子，现在在河北农业大学工会从事行政管理工作）

·采访对象：郭素萍（李保国的爱人，也是李保国科技扶贫专家团队的核心成员）

采访组：郭素萍同志，您好！您和李保国同志最早是怎么认识的？当时对他是什么印象？

郭素萍：我们是同班同学，第一次见面就是大学入学的时候，那时候，实际上他给我的印象确实不怎么深，入学以后，因为我们要开会，他也是团里的学生委员，通知我们去开会。

当时给我的印象是他长得又黑又土气，说实在的，当时穿打补丁衣服的人并不算太多，他的衣服就带着补丁，但是很整洁、干净。

采访组：李保国同志在您的印象中是一个什么样的人？

郭素萍：我觉得他是一个负责任的人，他总给自己定目标，在别人眼里可能干不成也不想干的事，他就愿意干，并且一定要干成。

他自己当了大学教授，一年下乡200多天，带学生也非常认真，要求学生不光是课本学好了，实践环节也要掌握。

他干事很有信心，就觉得能干成，他干什么事都有目标，事先查资料然后到实地进行调查，并且能够持之以恒地坚持下去，事儿都是很平常的事儿，只有坚持才能干出一定的成绩来。

采访组：您和李保国同志在实习的时候，有没有发生让您非常难忘的事？

郭素萍：在邢台实习的时候，我们学生就当一个工人在厂子里值班，工作强度还是很大的。除了日常工作以外，不是实习内容的工作他也积极参加，并且非常认真，也不怕苦不怕累。他当时搞蚕的胚胎发育，需要显微照相。他每天都是上完班以后利用晚上休息时间在显微镜下进行解剖，小蚕种就跟小米粒那么大，很费劲，拍照后他再冲洗，洗完了以后还得上光，再用夹子吊上。

我们实习的 70 天里，他把蚕种胚胎发育的整个过程全部完成。作为一个男孩子，能干这些细致的活，不烦也没有一点怨言，并且积极主动地干这些事。当时我很受感动，觉得这个人干事能干成。

学习对他来说，不分有用没用，只要有学习的机会，他都会利用起来。本着艺不压身的原则，他珍惜每一次学习机会，不讲个人得失，总是认真做好每一件事。

采访组：您跟李保国同志一起到邢台扶贫，一定经历了很多艰辛，有什么故事能跟我们分享一下吗？

郭素萍：我们都是农村出来的，学的又是林果专业。李保国说："要干成这么两件事，一个就是把自己变成农民，把农民变成自己。就是因为看着山区农民生活特别艰苦，想利用自己所学的这点知识改变贫困农民的命运，为山区脱贫致富做一点工作。"

从大学毕业以后，他在教学方面站好了三尺讲台，对得起学生。山区扶贫工作上，他到山区帮助农民答疑解惑，建立了几个扶贫模式，都很成功。

20 世纪 80 年代的前南峪，"靠山却吃不上山"，因为满足不了植物生长所需求的必要条件——一个是土，另一个是水。要想改变山区的面貌，就要解决这两个难题。当时主要靠人工整地课题组开展爆破整地研究，由于条件限制，炸药都是自制的，就泥管和导火索是买的。有时候炮不响，需要去排除。李保国在这个时候都是往前走，不让别人去，当时我也很担心，一次有个炮没响，他快走到的时候炮响了。幸好没有伤着，否则后果很可怕。他要干的事，不考虑个人的得失，要认认真真地干成。

当时的课题组是于宗周老师、安建昌老师共同组建的团队，根据坡度的缓与陡来确定破面的宽度，一般都是 4 米到 4.5 米。当然按照《国家水土保持法》25 度以上的坡不能开发。课题组用工程技术措施，山水林田路综合治理，形成水土保持林盖帽，山的中部种干果，底部种植经济效益比较高的水果，形成了"林材头、干果腰、水果脚、米粮川、林果山"的模式。这个模式一直到现在，还是一个很好的治山模式，能够让过去的荒山变成绿山，并且有经济效益，使农民过上富裕的日子。

我下乡的时间也比较多，因为我们一直都是一个团队的，干的都是一样的事，也就是这么陪着他走过来的。当时在前南峪，我们带着儿子下乡，那时候孩子才一岁多，弄得孩子也没上幼儿园。因为我们俩整天在果园，没有时间陪伴孩子，我们同学就说："好好的孩子都让你俩给耽误了。"

孩子考高中的时候考得不好，考大学了也考不好，保国说："再复习一年吧。"孩子在保定没人管，就弄到内丘县的高中来复习，孩子的住校条件当时是很差的，冬天我去看他，宿舍里地上都结上了冰，饮食上也不怎么好，说实在的，看着心里也很难受。但是为了保国的理想也是没办法。

可是，前南峪农民从过去人均收入不到50元，到现在人均收入将近2万元。岗底村20世纪80年代初人均收入不到80元，2019年的人均收入为4.5万元。绿岭由一个过去多少年都没有收益的荒岗变成花果山，农民也就受益了。

采访组：在工作中或者是生活中，您有没有见过他发火？

郭素萍：在工作当中也好，在家里也好，他说话的声音比较高也比较急。他在给果农传授技术的时候，是非常有耐心的。他发火的时候，如果你不按他说的干，他说："我拿个果树条子，再不好好干，我拿条子抽你了。"他只是这么开玩笑，并没有对果农动粗，他在这方面的态度很好，这么多年我就没有见他跟果农发过火。

果农的水平不一样，接受能力也不一样，他传授技术非常有耐心，可要是不按他的技术来，他也很着急，因为他自己说了，"行政＋科技＝生产力"。在管理方面，如果不到位的话，他一般不跟农民直接冲突，他可以讲道理。但是跟村干部反映情况，就要把他的技术落地才行，不落地他就会发脾气。

他说话声音高，在工作当中，我们课题组意见不统一，大伙在讨论的时候都免不了一声高一声低的，可是过去就没事了。我们团队从20世纪80年代初到现在，风气是特别好的，大伙都想方设法解决出现的问题，有什么事大伙都互相帮忙，我觉得这好风气也是保国留下来的很宝贵的东西。

采访组：李保国同志在经济林栽培教学上有没有什么特点，他是怎么带这些学生的？

郭素萍：就说他上课，作为教师，他说："我最基本的工作一定要做好，给学生讲课，不是只讲课本里的东西，要及时把最新的科研成果和生产实践中的内容融入授课中。"

这样讲课就比较生动，尤其是选修课就能够显出来。愿意听他课的学生特别多，他的学生也都是一届传一届，要是上李老师的课，一定不能逃课。他上课不点名，每次上完课留下三五分钟的时间，出一道小题，让学生们答，答完了以后他都收上来。他白天上完课，当天晚上不管到什么时候，他都要把学生的作业看了。每一个他都看，在看的过程中等于点名了。所以他是不允许学生逃课的。

有一个特招生是学体育的，谁的课他都不好好上，老师们拿他也没办法，可是上他的课，保国就对他讲："你要是上我的课，就不应该浪费这个时间，你就要好好学，多学点东西，对你肯定有好处。"这个学生也很受感动，上李老师的课很认真。

他带的研究生也是这样，他要求这些研究生一入学就实行阶段目标管理制，整个学业过程中什么时间完成什么任务，他都给规划好了，你必须得按他要求的做。他带的学生，包括在职的研究生，没有一个延期毕业的。

他带的一个博士生，因为在邢台市里上班，工作也比较繁忙，要是按期毕业的话很费劲，但是李保国说："那不行。"博士生跟他商量说："别的研究生，你看在职的人家可以5年、6年，有的8年才毕业，老师我推迟一年行吗？"李保国说："不行！我的研究生必须按期毕业，你白天上班忙了，晚上得加班。"

他要求他要毕业的研究生必须在过春节以前把论文交到他手里，他利用过年这几天要逐字逐句给他们修改。为什么学生的论文都通过得比较顺利，不是说5月份答辩了，你4月份交就行了，他是不允许的。

在生产实践中，虽然你是研究生，将来你出去以后，不能光顶着研究生的帽，你的水平要跟你的学历相称，对于学生的培养他说："本科生是老师做好饭让你吃；硕士研究生是给你米和面，让你自己做饭吃；博士研究生什么都没有，让你自己想办法吃饭。"他要求学生一定要认清自己的定位。

在他这，研究生必须得过生产实践这一关，你看这个嫁接，得老老实实在地里操作，存活率达到标准了，那就算过了，达不到标准就接着干。他说："你不光是研究生，我要求你下乡的时候，你要做到'三会'：一个是到果园里，你要会看，看果园存在什么问题；再一个是你要会说，你要讲出来，让大伙明白果园里有什么问题，哪棵树有什么问题；还有就是你要会干，这个树病虫害怎么防治，树怎么修剪，你要自己会干，才能边说边示范，这样才能把技术教给果农。"

除了要求学生非常严，作为老师，他对自己也非常严，他讲课从来没有晚到或者卡着点去的，只要是他上课，他都一定提前去。他觉得学生要是有什么问题，可以课前进行一个交流。下课以后他把作业都收上来，他又不急着就走，学生要有什么事也可以跟他交流。所以他很受学生欢迎。

采访组：乡亲们看李保国同志的身体也挺不错，所以他去世的时候大家都挺意外的，平常李保国同志的身体怎么样？

郭素萍：实际上，他身体不怎么好。1998 年体检的时候，医生说他得了糖尿病，他说："这个病都是检查身体检查出来的，要不检查身体，我什么事都没有。"他不讲理，我也没办法，他这人谁的话都不听，就听他自己的，他不去医院我没办法。

后来我约了保定市第一中心医院看糖尿病最好的医生。我跟他说："实际上，糖尿病并不可怕，虽然需要服药，但是不影响干事。只要你正常把药吃了，是可以调节的，你不能不管，如果不管，出现的并发症会要命。咱们就去医院检查，你不愿意住院，咱可以不住院，让医生来给调节，咱们该吃药吃药，该看病看病。"

后来他同意了，接下来就开始吃药。他有了糖尿病以后，并没有阻止他上课下乡，他就跟正常人一样，他看见农民，看见这山，看见那地，看见那果树，他就特别兴奋。别人都觉得 20 世纪 80 年代的山里没水没电，吃的也不行，住的也不行，什么都不行，特别艰苦，他倒把孩子也带了去，把老母亲也带了去，可是他觉得很高兴很幸福，他就愿意干。

2007 年，有个林场想让他出主意。走到大路上，他就喘不上气来了，汗就下来了，嘴唇也特别紫，林场的司机就说发心脏病是这样的情况。司机说："不好，我带着李老师下山去吧。"他不下去。我当时拿着相机，我说："保国你下去，我一定上到最高点，我一路上多照点照片回去，我向你汇报，不影响你给他们出主意，让林场能够增加一些经济效益。"

他这才下去，回到保定。我不放心，让他上医院去检查检查，心脏上的事是要命的事。到了医院，医生说："只能做搭桥，这个情况还很危险。"他坚决不同意，他说："做搭桥我不做，要是做好了还行，要做不好，我就什么事也干不了了。人要是干不了事了，跟死了有什么区别？"医生也拿他没办法，说："没办法，就保守治疗吧。"

但是他该干什么干什么，一会儿都不休息。他在地里给果农讲课，都亲力亲为，他干完了以后再让果农上去干，他干什么都是这么执着。2016年过年的时候，学生看他脸色不行，让他上医院看看，他就不去。回家以后，孩子们也说："上医院看看。"他说："我就不能进医院，一进医院我就出不来了，就把我扣那儿了。"

他那天上午在石家庄开了三个课题的验收会，中午吃了饭没休息，下午就到了果树研究所，商量节水的课题，下午 4 点多结束，完了以后不回家，还要上平山县——我们团队在那里搞规划正在栽树，他不放心，要去看看。我说你都教了一天课了，回保定吧，我盯着栽的树，你还不放心啊。就这样我们回到保定，那时候就很晚了，到了半夜他就发病，结果就这么走了。

采访组：您觉得李保国同志在孝敬老人方面做得怎么样？体现在哪些方面？

郭素萍：他这个人特别孝顺，老人不管有什么要求，他都尽力满足，他这个家庭比较特殊，他母亲是继母，虽然现在他不在了，但我回去继母都特别高兴，一家人都围在一块，就他自己是前一个母亲生的，后面两个弟弟两个妹妹都是继母生的。

在这样一个家庭里，我结婚以后，婆婆跟我说，这几个孩子就保国最省心。上学的时候早早起来，把一家人的饭做好了，吃了以后去上学，奶奶卧床的时候，给奶奶端屎端尿伺候，奶奶也特别喜欢他，他从小就特别孝顺。

因为他工作比较忙，只要父母有个头疼感冒的，钱都是我们出，保国说不能让老人有难事。我们每年回去都跟医生说好了，老人有什么病都可以看，该用什么药用什么药，钱都是我们出，他不会让他父母受委屈，家里的事一般都是我来负责。

他对老人特别孝敬，从没有跟老人犟嘴，就算老人说得不对，他也是一笑而过。

·采访对象：郭天林（现任河北省邢台市信都区前南峪村党委书记）

采访组：您好，郭天林同志。您跟李保国同志第一次见面是在什么时候？

郭天林：第一次见面是在 1981 年，当时他还是个在我们村实习的学生。他毕业以后就着手治理荒山。1983 年他作为团队负责人，在我们前南峪村正式开始课题研究。

通过山、水、林、路、田实地勘查，把我们前南峪 8300 亩的山场进行了综合治理。随后，又开创了太行山道路，形成了"林材头、干果腰、水果脚、米粮川、林果山"的立体生态模式，特别是栽植苹果、板栗，为老百姓致富作出了很大的贡献。他为老百姓致富奠定了一个好的基础，所以，我们老百姓非常感谢李老师，到现在一提保国老师，还是特别怀念他。

采访组：您第一次见到李保国同志的时候，对他有什么印象？

郭天林：我对保国老师的印象就是他这个人生活俭朴，他好像就是老百姓，但讲起课来，感觉真的像老师、像教授。他能和老百姓打成一片，愿意把果树的知识传授给老百姓，老百姓也特别愿意听他讲。

采访组：李保国同志在前南峪村有办公室吗？

郭天林：有他的旧居，还留下了一些以前他用过的东西，例如床、椅子、办公桌等。为了传承李保国老师的精神，我们村建立了李保国干部学院和李保国老师纪念亭，目的就是把保国精神永远传下去，要让世世代代永不忘记。

采访组：李保国同志在咱们村大概指导了多少家农户？受益果园的面积是多少？

郭天林：我们前南峪有 8300 亩山，都由保国老师亲自统一规划。我们前南峪有 456 户，每一户都受益，不但我们前南峪村，甚至我们山区关联乡镇都有很大收益。他在技术上指导我们，像我们前南峪村的林果产业，光板栗和苹果这两项，人均收入就达到了近万元。

采访组：除了在技术上指导外，李保国同志有没有做过板栗和苹果销售这方面的工作？

郭天林：在他的指导和建议下，我们村建起了板栗和苹果加工厂，我们前南峪的板栗和苹果都在工厂加工，然后进行销售，并且把周围村的苹果、板栗也进行了加工，增加了附加值，增加了老百姓的收入。

采访组：在李保国的扶贫工作中，比如咱们前南峪村，您觉得可以分成几个阶段？

郭天林：我认为可以分为三个阶段。

第一个阶段是刚来的时候，给老百姓做工作。当时老百姓认为山坡上长不了东西，保国老师就找了一片田做实验。经过一两年实验以后，他的苹果长得比较好，到秋天以后都是果实累累，所以老百姓都信服他、相信他，这是第一个阶段。

第二个阶段开始大面积铺开，以每条沟为单位进行治理，这是第二个阶段。

第三个阶段是增强果树技术的管理，像苹果、板栗，包括修剪、喷灌、滴灌、施肥等，在技术上手把手教老百姓。

采访组：您觉得李保国同志在工作中有什么特别的地方吗？

郭天林：李老师特别平易近人，只要是前南峪村的人，他都特别关心。除了白天传授技术以外，晚上他会去老百姓家唠家常，是深受老百姓爱戴的一位专家。

采访组：李保国同志在平常工作中有发火的时候吗？

郭天林：他恨铁不成钢，脾气比较急，怕果农弄不好。发完火以后他还是会耐心细致地手把手教老百姓，给老百姓做工作，传授技术和经验。

采访组：李保国同志的团队来过咱们这个村吗？

郭天林：现在他的团队以郭素萍教授为主，还在我们前南峪村，并没有脱离我们的林果业，还经常对我们进行技术指导，继续为我们老百姓服务。

采访组：您和李保国同志之间有没有发生让您记忆深刻的事？

郭天林：我和他没有发生过什么记忆深刻的事，但是他和我们老书记在工作上有时候意见不一致，两人就开始争吵，争吵到最后，谁说得有道理，就听谁的，就服从谁。

采访组：您听说李保国同志去世的时候，当时是什么反应？

郭天林：他去世的前5天，还给我打电话，说星期天到我们前南峪村修剪果树。他去世的早上，学校老师给我打电话说："保国老师去世了。"我感到特别惊讶，我就想这个事不可能发生。我们心里也特别难过，只能忍着这种感情，去送别李老师。我们失去了一个好朋友、一个好专家，失去了一个好老师，失去了一个为山区人民服务的好人。

采访组：如果让您给李保国同志的一生下一个定义，您会怎么评价他？

郭天林：我认为李老师最大的贡献就是在带领太行山人民脱贫致富的道路上起到重大作用。他把一生都献给了我们山区，献给了我们老百姓，献给了太行山，老百姓永远不会忘记他。

采访组：如果有最后一次机会能跟他说一句话，您会说什么？

郭天林：我会这样说："我们想念您！李老师，如果您能再回来，我们欢迎您，希望您在保重身体的前提下，继续为我们太行山农民服务。"

•采访对象：杨双牛（现任河北省邢台市内丘县岗底村党支部书记）

采访组：您好，杨双牛同志。您和李保国同志是怎么认识的？

杨双牛：我是河北省邢台市内丘县岗底村党支部书记杨双牛，我和李老师是在 1996 年认识的。1996 年我们村遭受了一场特大的洪水灾害，洪水冲走了我们岗底村 200 多亩保命田，山上的果树也遭受了很大的损失。河道都给冲了个乱七八糟，老百姓觉得这日子没法过了，有一些人还提出要移民，老百姓一片哭声，奋斗了 10 来年，最后都被洪水冲光了。

在这危难之际，我记得是在 1996 年 8 月 23 日，李老师随省委科技救灾组来到了我们岗底村检查救灾情况，在检查救灾的会议室里，李老师用烟盒纸给我写了一个纸条，纸条上面写着"需要果树管理技术方法，下边注有姓名和电话"。我汇报完以后，他拉着我的手说："杨书记，你想叫我来吗？我要来了，你得听我的。"我说："行，这没问题。"当时我们果树栽了多年，果树也长不好，山上治理也有很多问题，急需这样的专家来帮我们管理好我们的果树。他说："你需要就叫我来，要是我来了，我来之前你得把后山的一个路给修通。修通以后果农就能往山上运肥，往下运果，不是光为了叫领导参观和学习。"当时我们山上没有修路，往山上运肥很难，李老师提出这个问题以后，我说："行！"

我满口答应，当天晚上，我们干部开了个会议，大家一致认为：李老师说话很倔强，但是个干事的人，这样的人你要是不听他的，他肯定立马拍屁股走人。所以我们都下定决心，李老师来了之后都听李老师的，并且要求群众不能不配合。我们就规定了，老百姓有什么事都先跟我说，我再跟李老师说。

后来我们边救灾，边做修这条路的规划。我们用了几天把修路规划做出来后，发动群众按修路规划分段开始施工。当时，我记得我们分成了 12 个作业组，他要求我们三个月把路修通，我们用 25 天就把路修通了。我跟李老师联系上后，我说："我是杨双牛，你给安排修路的事，我们把路修通了。"李老师一听，他不相信我，我说："李老师，我给你汇报这事，我不能糊弄你呀！"

过了没几天，他坐着个拖拉机到了岗底村，在山上转了一圈，他一看，他伸出大拇指说："能干事，能干成大事，这个村我包了。"当时是这样的情形。我当时一听李老师这样说，心里有底了，我也很激动。我拉住李老师的手，我说："谢谢你李老师，放心吧，我们一定会好好干。"就这样，把李老师请进来了。

1996 年的 9 月 20 多号李老师和他爱人郭素萍老师坐拖拉机，拉着被褥拉着办公用品，一共 4 个人来到我们岗底村，一住就是 20 多年。

采访组：您能不能概括一下李保国同志的为人，您怎么评价他的扶贫工作？

杨双牛：我觉得李老师是个好人。什么叫好人呢？老百姓说的好人，就是为老百姓办好事、办实事、办正经事、办有利于人民的事的人。我觉得李老师对党很忠诚，对老人很孝敬，对家人很关爱，对事业很忠诚，对工作很敬业。他就一个心，要办的事必须办成，还得办得比较完美。

他有科学家的那种匠人匠心精神，只要给老百姓办事，就要把这个事办成，只要对老百姓有利，他就不怕牺牲。他这个人脾气比较倔强，我成天跟他吵，后来他都不叫我书记了，叫老兄大哥。他在岗底工作期间，重新治山，规划水道，规划修路，现在山上有果园的地方都有路，最后规划成了"小雨中雨不出田，大雨来了不出川，暴雨来了不毁地，遭遇山洪也保险"的治理成果。我觉得李老师一生心系群众、扎实苦干、奋发作为、无私奉献。

他给老百姓讲课不像个专家教授，他刚来的时候，老百姓都不服气，说："把树枝都剪了，树还能结果吗，这不是糟蹋吗？"李老师一边讲一边教，一会儿就把大家教会了。老百姓对他有意见，组团找到我家里，跟我说："你找的这个人是专家吗？看他也不像专家，长得比我还黑，他说有了损失他负责，他到秋后一拍屁股走人，咱找谁？"

我跟群众解释，李老师确实是河北农大的教授，确实在前南峪村教了

10多年了，你要是不愿意按李老师教的办，可以在你家果园里留一些你自己管理的树，你按李老师的技术去管了，你有损失了，村里可以负责。最后按李老师的管理方法做，苹果长得又大又光滑，一斤能卖到三块多左右。不按李老师办教的，最后长得又不大又不好吃，一斤卖不到一块钱。后来老百姓都服了，都说："以后就得听李老师的。"李老师受到了很多非难，老百姓说这说那的，但是我们党支部这些干部相信李老师，认为按李老师说的办肯定没问题，支持李老师。

后来，李老师在岗底扶贫的过程中，总结出"行政＋科技＝生产力"这一经验。我们的行政管理、领导和组织配合，使他的技术落地生根、开花。

采访组：在扶贫工作中，李保国同志有没有发过火？

杨双牛：李老师发火很正常，经常着急。一看到果农管理不到位，他就着急。他的记忆比较好，刚来的时候绘了两张图，一张图是村民的住宅图，一张图是果园的分布图。谁的果园在啥位置，管理得怎么样？他都记在心里。你管理得不好，他就按果园分布图找这个人，找到家里去，你要是还做不到位，他就开始着急了。

我记得有一次是苹果树开花的时候，李老师比较着急。我一进办公室门，看见李老师瞪着眼，板着个脸说："老兄，你说怎么办吧，这个树还能结好果吗？"我说："咋了，咋了？李老师别着急，怎么办吧？"他说："该怎么办怎么办，该罚的罚！"我就马上通知办公室，用大喇叭通知召开会议，谁没有落实到位，由生产部负责公布。按照规定，该罚多少罚多少。最后有一个人叫杨牛小，罚了他2000元，当时把杨牛小罚得都掉眼泪。李老师说："行，就这样，不听就得罚。"罚了以后，老百姓都按照李老师的管理要求管理果园，非常到位。

还有一次，李老师见果农修剪和套袋没有做好，就非常着急。我们村里有一个果农叫安小三，他喜欢耍小聪明，李老师把他的学生分到各个老百姓的果园里边帮忙。安小三跟学生说："李老师在这儿的话，那都听李老师的，按李老师的要求是6寸留一朵花、8寸留一个果。专家走了就听我的，要是按李老师讲的，到秋后苹果有损失，他一拍屁股走人。果留稀了产量低，到头来还是我吃亏。"

后来，学生跟李老师说了这事，李老师又来找我，也挺着急的。我和李老师一块到安小三果园，给他做了思想工作。我说："李老师说得对，你不跟李老师做，你糊弄科技，那行吗？"安小三这个人比较滑头，他一部分树按照李老师说的做了，他自己还管理了另一部分树，结果他自己管理的这部分果树长得不好，也没卖个好价钱。他按李老师教的做的那部分，苹果长得又大又好，卖三块多钱一斤。最后安小三后悔地说："不听专家言，吃亏在眼前。咱栽了跟头要学乖，再不能跟科技耍小聪明了。"

采访组：您听说李保国同志去世的时候，当时是什么情况？您是什么反应？

杨双牛：当时是 2016 年 4 月 10 日早上，我去村对面山上有点事，我到那转了一圈，往回走的路上，突然齐国辉老师给我打电话，我心说："这六七点钟打电话有啥事？"齐老师说："李老师走了。"我突然心里一惊，他说是心脏病突发，我说："这个人真是不听话！"我一边说，眼泪一边流。

采访组：如果您还有一次机会和李保国同志讲一句话，您会跟他说什么呢？

杨双牛：假如说我还有一次机会的话，我会说："你把工作干好的同时，更得注意身体，才能用更长时间地为人民服务。"

·采访对象：卢振启（现任河北农业大学林学院党委书记，李保国
老师的同事）

采访组：李保国同志在工作上担任的是什么职务？

卢振启：他生前是林学院的二级教授，博士生导师，也是我们森林培育学科的带头人。

采访组：咱们学校在科研这方面很有实力，李保国同志在科研上，作出了怎样的贡献？

卢振启：他在教学上是非常严格认真的。在科研上，他是森林培育学科的带头人，包括我们研究生的毕业论文的评审、答辩各个环节，李老师都要负责。他为我们学院的学科建设作出了巨大的贡献，尤其是我们的森林培育学科。

在扶贫上，大家认为李老师最大的贡献就是在科技扶贫、精准扶贫事业上，这只是他贡献的一部分，他在学生的心目当中是一个非常好的老师，为人师表的好老师。

采访组：在教学上，李保国同志有没有做过让您印象比较深刻的事？

卢振启：我对他的了解是比较多的。比如，他去世以后被追授为全国优秀共产党员，其实，在他生前也是一个非常优秀的共产党员，从最开始的"先进性"教育到"两学一做"学习教育活动，他都做得很好，他不但严格要求自己，同时也对同事要求严格。

我印象最深的就是我们每年搞支部活动，他所在的是林学系党支部，我经常会让李老师给年轻老师、年轻党员做个人经历的分享。他曾经就讲："振启，这个活动你随时叫我，我都可以参加，我随时都可以给年轻的老师讲述我亲身的经历，其实没有别的，就是想让这些年轻的老师、党员能够少走弯路、尽快成长。"

在教学上，他虽然是个大专家，平时事多，但他从来没有耽误过学生的一节课，这是一般人很难做到的。除了研究生的课程外，他每年还有不少本科生的课，在他生前我曾和他说过，我说："李老师，不行你就少上点儿本科生的课。"他说："不行，本科阶段很关键，必须要从开始让学生们就树立学林爱林的思想。"

最让我刻骨铭心的一次活动是在 2015 年 9 月 15 号，我印象特别深刻，就在现在这个会议室，当时是两个支部，一个林学系支部，另一个生态系支部，所有党员在这里开展一次主题党日活动，我们是 8 点开始的，李老师一直在讲，讲到了 12 点半，四个半小时。最后，大家都含着眼泪在听，他说："其实我大学学的是蚕桑专业，后来毕业后在一些老教师的传帮带下，成了一个经济林专家，一个水土保持专家，学会了如何与农民打交道。我一定要向我的老教师学习，把这种传帮带精神传下来。老教师对我的传帮带是我人生道路上不可或缺的因素。"

采访组：您能讲一下李保国同志是如何接触到扶贫工作的吗？

卢振启：保国老师毕业以后就留校了，在学校"太行山道路"的感召下，他是第一批响应号召来到太行山山区帮助农民脱贫致富的。当时是在安建昌、于宗周两个老教师的带领之下，他跟着两位老教师，第一站便来到了邢台的前南峪村。

当时太行山区土壤贫瘠，干旱少雨，年年栽树也见不到林子。老百姓土地又很少，只能在山上的旱地种一些作物，生活非常贫困，老百姓过得非常艰苦。在那种情况之下，他立志帮助农民脱贫致富，后来他就从事山区综合治理，通过治理荒山后种植果树，让山绿了，老百姓富了。

采访组：刚才您讲的是李保国同志扶贫工作开始这个阶段，那么他的扶贫过程能够分成几个阶段？

卢振启：分为四个模式，第一个叫前南峪模式，第二个叫岗底模式，第三个叫绿岭模式，第四个叫葫芦峪模式。

其实我认为按扶贫来说，应该分为三个阶段，第一个阶段就是老教师带他刚刚进山那个时候，是他的起步阶段。

　　那个时候从理论到实践，不足以支撑李老师自己为扶贫完全解决一些问题，一开始就是老教师带着他去邢台的前南峪，老教师教给了他一些果树栽培方面的知识，教给了他山区综合治理开发的技术，也教给了他如何与农民打交道，这是他的起步阶段，这个时期让他具有勇挑重担的本领。同时，保国老师是个很聪明、有思想的老师，他的一些思想对于老教师的科研起到了一个非常大的创新作用。他的聚水聚土理论，比如如何实现爆破整地，如何把水和土壤聚集起来，也是课题组在技术上实现的第一个突破。

　　第二个阶段是 1996 年的时候，在邢台的一个深山区，也就是岗底。岗底那个时候以种植苹果为主，当时苹果的品质非常差，河北中南部遭遇了一场特大洪水，大水把这个村所有果树冲毁了。那个时候他跟着老教师，已经有了一些自己的山区综合治理技术，果树管理的技术已经成型了，在河北省小有名气了。他作为救灾专家组的成员，来到了岗底。看到满目疮痍的小山村，同为农民出身的他被深深触动，从此他一头扎进岗底，一住就是十几年，成功打造了全国知名品牌——富岗苹果。

　　第三个阶段就是后来的绿岭模式和葫芦峪模式。这么多年，他的技术非常完善了，成为一个体系，比方说在苹果的研究上，从如何整地到后期的管理，集约化的种植方式，打造品牌，他将一二三产融合，打造了"大园区，中企业主"的模式，这是他最大的一个贡献，为我国北方山区树立了将农业园区与产业融合的典范。

　　保国老师不但把实用技术教给老百姓，他还为老百姓解决所有的后顾之忧。比如说苹果，他就要打造一个品牌。没有品牌卖不上价钱，他有目的性，有一个很好的顶层设计，打造一个国家级的品牌，让老百姓真正赚到钱，也是他和其他技术专家所不同的。

　　习近平总书记提出了"两山"理论，保国老师始终践行着这种理念，把这种荒山变成绿水青山，又把绿水青山变成金山银山。后来，治理山区的经验都成熟了，他就把这些经验融合在一起，打造了一个现代的产业链，这也是他去世以前一直想要做的一个事情，就是打造一个可复制的模式。

比如在邢台我可以这样做，那么在燕山地区也可以这么做。这种模式能带动老百姓脱贫致富，改善生态环境。我总感觉李保国扶贫分为这三个阶段最合适。

采访组：除了经济上的扶贫外，李保国同志在当地的农民思想扶贫上有什么事迹吗？

卢振启：我觉得十九大精神和理念，恰恰在李保国老师的事业当中体现得非常完美，也是一个很好的诠释。比如说提出的精准扶贫，精准扶贫既要"扶智"又要"扶志"，一个是智慧的智，一个是志气的志。智慧这一块我不再说了，另一个"志"就体现了他这种思想上的扶贫精神。

他去邢台岗底村的时候，一开始老百姓也是不认，好多老百姓说："你就一个年轻的大学老师，李教授你有什么真本事。"到后来，每一件事情只要按照李老师说的做，大家都能成功。另外，他给了贫困户相当多的自信，让大家感觉到跟着李保国干，一定会过上好日子。比如说一开始学套袋，老百姓不认怎么办？他自己出工资，说："我买了袋，我教你实验，实验成功之后，解决你后顾之忧，如果失败了，你这一年果树的损失，我自己拿工资补给你。"

当时在岗底有一个老光棍，家里穷得叮当响，住着小石头房子，游手好闲，李老师看到之后，找到他，就说："这么着吧，你跟我干，你跟着我种果树，可以承包几亩果园，我带着你，我给你技术，我保证你3到5年之内娶上媳妇，让你盖上新房。"

后来老光棍跟着他之后，一开始承包了6亩的果园，3年之内就成了一个万元户，后来就娶上媳妇了。他始终能找到这么一个点，既能把老百姓的积极性调动起来，又能给予老百姓充足的信心，使百姓相信能够走上富裕之路。

采访组：李保国同志在您眼中是一个什么样的人？

卢振启：保国老师曾经有一句名言，他说："别人都认为我李保国命好，说我干一件事就能干成一件事情。"我感觉这句话里边包含着他经历的磨难，其实他是一个非常认真、严谨、要强的人，别人有成功有失败，但在保国老师身上，只要他认可的事情，从来没有失败过，其实是因为李老师付出得多，他认可的事儿是他私底下研究、论证之后的结果，是他严谨、执着和担当的结果。

就上学来说，在他上博士的时候，已经快 40 岁了，那个时候已经是正教授了，后来他又考取了中南林业科技大学的博士。当时我问他："你这么大岁数了，评上正教授了，为什么还要读这个博士？"他跟我说了一句话，说："其实这么多年，你看一开始我专科毕业，我读了一个在职的果树学的研究生，这么多年我自己研究创新，现在也取得了一些成绩，但是我越来越发现，我这个理论已经不足以支撑我现在的一些实践，尤其是在分子学这一块，以前上专科，咱没有学过微观分子生物学这一块，我没有经历过，所以在育种方面对我产生了一种制约，我要把这一块补上。"

他上研究生期间，遗传分子学学得特别好。他的导师也说："唯独他不到三年的时间就毕业了。"这三年他基本上是在实验室度过的，他是一个非常要强的人。他说："我干一件事成一件事，其实就是这么一个道理，我什么事情出现难题了，我得想法解决，我的知识不够，我就要学习，向别人请教，我自己学。"

可能熟悉李老师的人都感觉他倔，我认为所谓的倔就是一种执着，干什么事情只要他认可的。其实他在私底下用了很多的时间和精力去验证，这件事情他做决策，成功的可能性是最大的，在这种前提之下，他表现出这种执着。

采访组：在工作中，您看见过李保国同志发火吗？

卢振启：发火的时候多了，对真正熟悉他的人来说，像我们这些学生，我们知道他的脾气是比较大的，比如跟老百姓，如果说你哪一项技术达不到他的要求，他肯定是要发火的。比如他某一项技术，你哪怕掺杂一点水分，掺杂之后你没有按照要求去做，将来可能就实现不了最终的结果。这个时候，他肯定要发火了，让你能够记住。包括他的一些硕士生、博士生，如果出现某些失误或者不听话，他肯定是要发火的，这就是他的严格要求。

采访组：当您听说李保国同志牺牲的时候，当时是一个什么情况？您是什么反应？

卢振启：这是我一生当中永远不能忘怀的一个时间点，就是在 2016 年 4 月 9 日凌晨 5 点。当时我的一个同事叫齐国辉，给我打了个电话，他说："书记你快来吧，李老师没了。"我一听就蒙了，我说："哪个李老师？"他说："是保国老师。"我说："不可能。"当时我都不知道怎么去的他家，去了之后一看，脑子一片空白，那个场景我一生都忘不掉。

后来总觉得不可能，他怎么能那么快离开我们，虽然知道李老师身体不好，但是谁也没想到，那个时候真的就不想承认。

采访组：您和大家都没有预料到李保国同志突然离开，如果您还有最后一次机会和他讲一句话，您会说什么？

卢振启：可惜没有这个机会了，要有机会我肯定就一句话，爱惜好自己的身体，您还有很多心愿未完成，还有很多百姓等着您！

·采访对象：梁国军（岗底村村民，现在负责村里生产技术和果林基地的技术服务）

采访组：您和李保国同志是怎么认识的？

梁国军：我和李老师刚认识是在 1997 年。我毕业以后，李老师就安排我到他的一些实验基地上工作，我从 2000 年下半年开始做苹果树服务技术一直到现在。

采访组：李保国同志最初给您什么印象？

梁国军：最初的印象就是他看着不像一个大学教授，大学老师应该西装革履，比较洋气一些，但是他跟老百姓站在一块儿，分不出来谁是老师谁是农民。

他到我们果园的时候，我们村的种植面积还比较小。在李老师来之前，已经栽上果树了，但是效益不行，因为没有技术。不管是修剪栽培技术，还是果树管理技术都不行，都比较落后。

1996 年我们村发了一场洪水，我们老百姓都说："李老师是被 1996 年的洪水冲来的财神爷。"李老师在的时候，我们共同发展了内丘县西部山区 10 万亩苹果连锁基地，依靠李老师 128 道苹果标准化生产管理技术，按照这个去做，我们的经济效益、社会效益和生态效益都挺好。

我们富岗苹果品牌是李老师一手创建起来的。我们从不会卖苹果，到学会怎么卖苹果，怎么运作品牌，都是李老师给我们讲的。我们经常喊他老师，因为我认为老师比教授更亲切一些，因为老师比较好接受，喊教授还是不太习惯，包括他爱人来了以后，我们也称她郭老师。

如果没有李老师，我不会有今天。我现在的生活条件也挺好的，有房也有车，这都是依靠李老师把我带来农大（河北）学习，又在他的指导下走了很多苹果基地。

采访组：您在保定河北农业大学上课的时候，李保国同志上课是什么风格？您给他一个什么样的评价？

梁国军：他上课比较严肃，李老师在教学质量上从来不含糊，我记得有一次，他讲果树栽培，讲的是苹果，他就拿着从岗底村带过来的苹果去讲，他讲起来也比较通俗易懂。如果他讲课一直讲理论，比较生硬，学生理解起来比较困难。他把理论和这么多年的实践结合起来，学生们都比较容易理解。

采访组：李保国同志有没有做过让您印象比较深刻的事？

梁国军：我刚上学的时候，我们村经济条件都还不行，生活费不够用。后来郭老师和李老师说："有事了你就跟我说，也不要不好意思，我们都是大山出去的人。"有一次我带的生活费不够了，郭老师知道了，给了我300块钱。李老师经常说："工作是工作，工作上不会了可以学，不能不懂装懂，学了就懂了，少走歪路，不会了可以再讨论沟通。"

采访组：李保国同志常年在岗底村帮助别人扶贫，您觉得他到底是为了啥？

梁国军：因为李老师也是土生土长的农民，李老师对我说："我是一个高级农民，只不过比你们多走了一些地方，多上了几天学，技术一个人会了不叫技术，我必须把技术都让村民用上，通过技术去发家致富奔小康。"

他自己没有果园，他的果园在每家每户里面，每个果园、每个村、每块地上都有，包括我们这邢台、承德、唐山、衡水、石家庄等地。我的印象中，从来没有见过他拿村民一分钱，他都是无偿服务。有时候他还从自己的科研经费里面拿出一些经费，带我们村民进行一些实验，在实验中需要的一些物品都是李老师自掏腰包。风险都是李老师去承担的，不让果农承担，所以我们老百姓一直拥护他，他大公无私，从来不计较个人利益。

李老师从保定到邢台，或者从保定到岗底，他都是一个人开车来回跑。李老师开车从保定到我们村至少得4个小时，他过来以后，不能再让李老师开车了，我们拉着他去其他村。最开始的时候我知道他有糖尿病。我经常跟李老师说："不行您就找个司机帮忙开车，或者您出门的时候雇个司机。"他开车太辛苦了。

我经常劝李老师不能经常这样开车，李老师说："开车我还去找人？这个也不方便，因为这个时间点不定，我有可能早起走，也可能夜间走。"

采访组：当您第一时间听说李保国同志牺牲的时候，当时是一个什么情况？您是什么反应？

梁国军：听到他去世消息的时候，我还在进行一个培训。李老师说10日来我们这里看几个点，我说："我来邢台培训回不去，您要是去村里，我找个同事跟您一起去看。"他说："不用，我到邢台就太晚了。"

第二天早起，我们吃了早饭，准备出发，但是李老师一直不给我打电话，我也不知道什么事。

离我们村大概有 15 公里的时候，我接到同事的电话，说："你听说李老师不在了吗？"我说："谁啊？"他说："李老师去世了。"我觉得不可能，立刻把车停到旁边。

采访组：假如说还能跟李保国同志说最后一句话，您会跟他说什么？

梁国军：如果说还有一句话，我想跟李老师说："我们一定会依着李老师给我们创造出来的苹果标准化管理技术，让更多的果农去享受他创造出来的苹果技术，把自己的果园管理得更好，使每家每户的生活水平更高。"

·采访对象：陈利英（李保国的学生，邢台市临城县绿岭公司技术总监）

采访组：您对李保国同志的最初印象是什么？

陈利英：一开始觉得李老师是特别神奇的一个人物。当时一入学就知道李保国老师，他把苹果做得特别好，叫富岗苹果，一个苹果卖100块钱，那时候特别崇拜他，希望将来能跟随他学习。上届的师兄师姐们也说李老师这人特别严格，这让我有了更强烈的愿望——将来有机会一定要跟随李老师学习。

采访组：李保国同志在哪方面比较严格？可以举个例子吗？

陈利英：当时学校里的传言说李老师特别严格，就拿修剪来说，需要上树，有些女生就觉得这树挺高，不愿上树，当时传得特别邪乎，就是李老师拿着棍儿抽也得抽你上去。但是从我跟李老师学习以后，倒没见他在这方面这么严格，但是他对我们在地里干活的着装，包括去学习和工作随身携带的一些工具，是有明确要求的。

采访组：在实习基地，李保国同志是怎么指导学生和果农的？

陈利英：我跟随李老师学习的时候，李老师的一些想法我们是想不到的。李老师这个人特别用心，他虽然话不多，也不会跟大家长篇大论，但是能看出来李老师对一些事情特别敏锐。好多东西他早早就做好准备了，一旦形成了比较正确的东西以后，他才会告诉我们。我接触的这些果农也好，企业也好，包括我们学生，都对李老师深信不疑。

李老师给我们讲技术，都是手把手地教，过一段时间，要去看效果以及计划下一步的工作，他都是以这种实践示范的状态展示给大家，展现他技术的正确性和思路的正确性。大家不明白的地方，就和李老师平等地沟通，李老师深入浅出地讲让大家很容易听懂。所有的技术他都编成顺口溜，来给大家介绍，大家对他传授的技术掌握得也比较快。

就拿核桃树来说，我们这的核桃树连续结果的能力不强。李老师就说："在核桃树的修剪上，在树上不开养老院，光用壮劳力劳累干活。"李老师讲得特别通俗易懂，咱老百姓一听就懂。

经过李老师的指导，这几年种植果林的一些乡镇，经济条件都好了起来。李老师去村里也特别受欢迎，李老师回家的时候，大家都自发去学校送他。

采访组：在工作中，李保国同志的工作状态怎样？

陈利英：在我眼里，李老师是一个精神饱满的人，他的精力比我们这些学生还要充沛。什么时候见到他，他都兴致特别高，他在山区走路的时候，我们得一路小跑跟着他。

一直以来，我都觉得李老师是一个很严肃的人，很少有开玩笑的时候。但有一次我感到李老师特别幽默，有一天李老师午间吃完饭就要着急赶路去下一个点，大家都劝他："开个房间稍微休息一下，要不刚吃了饭容易犯困。"他笑着说："犯困是吧？我有法儿。"我说："您有什么法儿？"他说："我发现了，喝了咖啡以后就不困了。"然后他就倒了一杯咖啡，放到杯子里了，他说："我在路上困了就喝点咖啡。"我暗想，您才知道喝咖啡提神呀！他就没有休息，开车又走了。他的行程安排得特别满，没见过他特别悠闲的时候。只要在临城，他都会挤时间到基地巡查一遍，发现问题迅速解决，没有问题就不惊动大家。

我真正了解李老师的工作状态，是作为一个学生代表讲述李老师事迹的时候。大家在整理汇总素材的时候，才发现李老师的休息时间是特别少的，上车是司机，下车是专家，进入教室就是老师，晚上还批改论文，而且李老师所有的扶贫点都比较偏远，交通不方便，所以他开车的时间就比较长，而且他都是自己开，也不让配司机，他说："自己开车自由、不麻烦人。"

采访组：李保国同志是如何在绿岭公司进行技术指导的？

陈利英：当时绿岭公司面对承包的荒岗、荒坡不知道种什么好，后来县科技局的领导给公司推荐了李老师，李老师带着课题组进行了一个全面勘测，最终确定种核桃。核桃是当地的一个传统树种。他进行勘查以后，确定在这儿发展薄皮核桃，所有的技术由李老师来提供。

可以说绿岭的每一步发展都是李老师的心血，一开始绿岭一无所有，在他的指导下，一直在做大做强，这是李老师的"亲孩子"，而且在李老师走之前已经成功了。

采访组：李保国同志有没有在某一项技术上实现突破，能举例讲一些吗？

陈利英：这个有很多，其中有一个就是栽植方面的带水栽植，之前核桃树栽植叫"三埋两踩一提苗"。有一年出现了一些状况，成活率特别低，大家就想，我们各个措施都做到位了，怎么成活率还不高，后来才发现在树苗的运输过程当中，水分没保持好，这是一个主要的因素。在这个因素的基础上，拔了以后根是干的，虽然根周围的土是湿的。

后来知道传统方式在根系水分充足的前提下，成活率是可以的，但是在丘陵区，本身就干旱缺水，加上树苗的长途运输，就要带水栽植。就是栽下之前让根泡水，吸足水分，然后挖坑放苗，再往里面倒水，松软的土结合水会形成一个泥块，包裹在根系附近。这样栽出来的树成活率是100%，这在栽植上是一个创新。

采访组：在工作中，您看到过李保国同志发火吗？

陈利英：虽然传说他脾气不好，但是他不是时时刻刻脾气都不好，在平时，他是挺和蔼可亲的，只有在说正事的时候是很严肃的。

那次对我发火，是因为当时出现了大旱，核桃叶都蔫了。李老师让我取样。当时我是一个部门的负责人，部门里也有其他人，第一次的数据是我测的，第二次因为我有事，就跟另一个同事说了，让他测，随后我也没有及时跟进。等李老师要数据的时候，我才发现没测。责任在我，李老师很生气，我受到了严厉的批评，他那时真着急了。李老师说："这种情况，尤其是田间的观察是可遇不可求的，这个机会不是随时都有，错过了有可能就是一辈子都错过了。"他把这件事作为一个反面教材，说给了几届的师弟师妹们。

采访组：当您听到李保国同志去世的消息，是什么情况？您是什么反应？

陈利英：当时我没意识到李老师的身体不太好。那是个周日，前一天我回到老家，把我姑娌家里两个孩子都接到我们家，想领着他们去玩，本来心情是挺好的。正准备过去的时候，师姐打电话说李老师走了，我当时就想，李老师走了，李老师上哪去了？师姐接着说："李老师昨天晚上去世了。"我当时没反应过来，等我反应过来了，我还是不太信，我又打电话回去。其实我也是不死心，因为当时给我打电话的时候，已经能听到师姐的哭声。随后我们公司就开车带上大家一块去学校了，谁都没有预料到。听到他去世的消息，大家心情非常震惊和悲痛。

采访组：如果您还有最后一次机会能跟李保国同志讲一句话，您会说什么？

陈利英：我希望他珍惜他的身体，能带着我们一直走下去。

• 采访对象：安建军（岗底村村民）

采访组：第一次见到李保国同志，您对他的印象是什么样的？

安建军：第一次见到李老师是在 2003 年左右，具体记不清了，他穿着比较朴素，就跟我们当地的农民差不多，看不出来他是个教授。李老师的培训是一块接一块的，每个环节李老师都会给我们培训，每一次培训都非常实用。他给我们带来了技术，从栽培一直到老树管理都有。

采访组：您去过李保国同志的办公室吗？能简单描述一下吗？

安建军：村里边的办公室是非常简陋的，就是一个洗脸盆、一张桌子，桌子上面是一台电脑，还是最老式的电脑，还有一张床、一床被褥。

采访组：您家有多少亩果树？李保国同志去过您的果园吗？

安建军：我家有 10 亩地。李老师当然去过我的这块地，因为这是最后一块没有治理的荒山，也是李老师跟村委会说，让我承包下这一块果园的。村里面的果园，李老师全都去过。

采访组：如果您还有最后一次机会和李保国同志讲一句话，您会跟他说什么？

安建军：如果我有机会的话，我肯定跟他说："李老师你别光为了别人，也考虑考虑自己，该休息的时候就休息休息。"

**·采访对象：李东奇（李保国同志的儿子，现在在河北农业大学
工会从事行政管理工作）**

采访组：李保国同志在您的心目中是一个好父亲吗？

李东奇：他是一个好父亲，他给我做了一个榜样，这是别人的父亲可
能没法给孩子的。父亲平常做事认认真真，干什么事就一定要干成。他特
别能吃苦。

看我父亲做事做人，本身就是一种教育，我们家风也是踏踏实实地做
人，本本分分地做事，我受他的影响，也是一直踏实工作。

采访组：您能回忆起和父亲之间发生的一些令您记忆深刻的事吗？

李东奇：小时候他管得特别严，我记忆也特别深刻。上初中的时候
学英语，老师都不要求背的课文，他要求我全篇都得会背，然后默写，错
一点儿都不行。只要他在家，就不定期抽查。

采访组：李保国同志一心扑在工作上，您有没有不理解他的时候？

李东奇：小时候肯定觉得心里不得劲，看着别人的父母天天都守在身
边，我的父母基本上不怎么在家，十天半个月能回来一趟就不错了。小的
时候，我经常上别人家借宿，吃住都在别人家——一般是他们关系好的同
事家。后来我八九岁的时候，就感觉不好意思了，就自己在家做饭，也不
上别人家借宿了。等到上高中的时候，因为他们也很少给我过生日，就有
了这种想法——过生日的时候他们还不在家，心里边还是有一点怨言的。

等到上大学的时候，那会才能理解他们天天在山里边工作特别不容易，
像绿岭那一片大荒地变成了万亩的核桃林，还有岗底村曾经被泥石流冲得
乱七八糟，现在变成了一个花果山，而且农民们全都富起来了。经过这个
事儿，我对我父亲的看法，从心里有一种转变，他确实是给山区的人民干
成了事。

采访组：您有没有也和父亲一起去过基地？

李东奇：有，假期的时候，因为我自己在家，他们也不放心，过去的话还能督促一下我的学习。我在基地也能看到，父亲一开始是走着上山的，后来村里边有一个摩托车，然后他就骑着摩托车到山上转，那会儿我们的条件是相当艰苦的，我们一家三口住一间房。

跟我父亲到村里边转的时候，就能感觉到村民对他的好。他们一看见我父亲就特别热情，发自内心地打招呼，都说来我们家，中午在这儿吃别走了。谁家的果树什么情况，我父亲都了如指掌。

采访组：如果让你给自己父亲的一生下一个定义，您会怎么描述他呢？

李东奇：他把毕生精力都献给了山区农民的脱贫工作，一直到他去世，他始终在坚持让山区的农民富起来，而且不求回报，无私奉献。

他对他的学生都特别好，比如有学生经济比较困难，他会和学生沟通，借给学生一些钱，保证其基本的开支。学生买房有困难，只要跟他说，他都帮着解决，都会借给他们一些钱。虽然我们家也不特别富裕，但还是尽量满足。每年过年或者八月十五的时候，都会有学生来我家。有时候我感觉他对学生比对我还好，他搞科研需要笔记本电脑，那会儿这个东西还是新事物，我放假的时候想玩一会儿都不行，只能让他的学生使用。

采访组：您第一时间听说父亲牺牲的时候，当时是什么情况？您是什么反应？

李东奇：当时半夜我母亲给我打电话，我就赶紧赶过去了，赶过去的时候他就已经不行了，半夜接到我母亲的电话，我心里就有预感，就知道肯定是我父亲不行了。这也没办法，他人不在了，该面对也得面对，我不能再倒下了，要不然家里的生活就没法继续了。

我父亲去世以后，惊动了领导、他的学生，还有山里边的村民来了好多人。他们都自发到殡仪馆送我父亲最后一场。还有好多没赶来的村民，都自发给我父亲设了灵堂，用他们的方式送他。后来这几年，每年清明还有忌日，都有村民自发给他扫墓和祭奠。

采访组：如果您还有最后一次机会和父亲讲一句话，您会跟他说什么话？

李东奇：我会跟他说："先保重身体，身体是干任何工作的本钱，你得休息好，然后才能保证以后的工作，才能让山区的人民更富裕。"

①李保国和杨双牛书记在岗底村讨论如何提升果树管理

②李保国干部学院

③李老师在果园现场为果农讲解叶片受害情况及防治方法

④李保国在临城县进行果树修剪培训

⑤李保国在临城县进行果树修剪培训

⑥李保国故居

生命的战场：
中国减贫英烈口述史

苏庆亮

　　苏庆亮，男，中共党员，1970年出生，生前任泰安市岱岳区天平街道办事处大陡山村党支部书记。2016年7月24日，苏庆亮因过度劳累，猝逝在工作岗位上，年仅46岁。

　　苏庆亮带领全村干部群众，绿化荒山，发展苗圃茶园，成立专业合作社，开发民俗生态旅游，逐步将一个穷乱出名的后进村建设成为村强民富、环境优美、村风和谐的全国绿色小康村，把大陡山村打造成了泰山脚下民俗生态休闲第一村。苏庆亮用短暂的一生，体现出了一名新时期农村基层干部一心为公、勤廉为民的政治品格和勤勤恳恳、忘我工作的奉献精神。2021年2月25日，苏庆亮被追授脱贫攻坚先进个人。

· 采访组：管　璘　龚险峰　朱晓璇
· 采访时间：2020 年 12 月
· 采访形式：线上音视频采访
· 采访对象：

1. 张向峰（山东省泰安市岱岳区扶贫办主任，苏庆亮同事）
2. 苏乾广（山东省泰安市岱岳区天平街道大陡山村支部副书记，苏庆亮
　　　同事）
3. 程丽华（山东省泰安市岱岳区天平街道纪工委书记，苏庆亮同事）
4. 侯桂花（山东省泰安市岱岳区天平街道纪工委副书记，苏庆亮同事）
5. 苏春广（山东省泰安市岱岳区天平街道大陡山村妇联主任，苏庆亮
　　　同事）
6. 孟广波（山东省泰安市岱岳区天平街道大陡山村支部委员，苏庆亮
　　　发小、同事）
7. 苏　悦（苏庆亮之女）
8. 李　云（山东省泰安市岱岳区天平街道大陡山村村民）

24 岁，他放弃乡镇机关工作，成为山东泰安大陡山村带头人；

21 年，他扎根基层，把一个出了名的穷村、乱村打造成为全国文明村；

142 天，他专职干扶贫工作，跑遍全区所有贫困村；

46 岁，他匆匆走完了生命全程，但谱写了扎根扶贫一线的动人篇章。

他，就是全国劳动模范、山东省优秀共产党员、泰安市岱岳区扶贫办原副主任、大陡山村原党支部书记苏庆亮。

三次放弃机关工作机会，一心服务贫困群众

1991 年 4 月，21 岁的苏庆亮到岱岳区天平乡机关任职。正当他踌躇满志时，乡党委领导找到他，动员他回老家大陡山村担任党支部书记。那时的大陡山村，是出了名的穷村、乱村，3 年换了两任党支部书记。一开始，苏庆亮心里有些犹豫，但想到父老乡亲还过得那么穷，他便服从了党组织安排，挑起了带领村民脱贫的担子。

2009 年，山东省面向优秀村干部招考乡镇公务员，苏庆亮以优异成绩被录取。接到通知，他心里纠结起来：大陡山村集体经济发展正值爬坡关键时期，村民也极力挽留……最终他主动提出申请，继续留在村里。

2011 年 11 月乡镇换届时，苏庆亮因工作成绩突出再次被选拔为天平街道办事处副主任。面对返回机关工作的又一次机会，他依然放不下大陡山村，再次向组织提出留村任职的申请。

"为了带领大伙富起来，苏书记真是拼了命"

为了找到好的发展路子，苏庆亮晚上绞尽脑汁想出路，白天放开双腿跑门路。他先后尝试了作物套种、农机租赁等致富办法，但都失败了。面对挫折，他没有气馁，带着党员和群众代表到河南、浙江等地参观学习，经过集思广益、反复论证，确定了"集体运作、靠山吃山、做大绿色产业"的发展路子。

"认准了的事就放手干。"2001 年，苏庆亮看准了苗圃产业的发展前景。但在召开群众代表大会商议建设集体苗圃时，多数群众并不支持。苏庆亮当场表态："我们 13 个党员干部每人集资 1 万元，先发展 10 亩，赔了我个人承担，挣了归集体！"这 10 亩苗圃当年就为村集体盈利 5 万元。

为继续做大绿色产业，苏庆亮先后十几次到南方学习考察茶叶种植，掌握了全套"南茶北种"技术，带领群众发展起 600 多亩有机茶园，逐步打响"泰山极顶茶"品牌。在苗圃和茶园建设初期，为看护好苗木，苏庆亮每天晚上都带着铺盖，睡在野外用玉米秸秆搭成的窝棚里，一守就是两个月。"为了带领大伙富起来，苏书记真是拼了命。"村民苏乾广心疼地说。

经过 20 多年的艰苦创业，到 2015 年底，大陡山村集体固定资产超过 1 亿元，集体经营性收入突破 500 万元，村民人均可支配收入达 1.4 万元。村里建起了高标准的学校、医院、文化广场和公园，老百姓老有所养、病有所医、学有所教、住有所居，昔日的"荒陡山""穷陡山"变成了今天的"绿陡山""金陡山"，大陡山村先后被评为"全国文明村""全国绿色小康村"。

"他为村里留下上亿元资产，自家竟过得如此寒酸"

2016 年 3 月，为了把大陡山村脱贫致富的经验推广到全区，岱岳区委任命苏庆亮担任区扶贫办副主任。上午区委刚宣布了任命，下午苏庆亮就进入工作状态。

长期超负荷工作，让他积劳成疾，年纪轻轻就患上了高血压、心脏病、神经性耳聋等疾病。在他生命的最后一段时间里，他用 3 个月跑遍了全区 17 个乡镇的 82 个贫困村。年仅 46 岁，苏庆亮便匆匆走完了人生里程……

苏庆亮走后，群众、同事纷纷来家里慰问。简陋狭窄的平房里，除了结婚时置办的家具，就是墙壁上贴满的各类奖状，再就是那一摞摞工作日记。正上初中的儿子住的是一间不到 10 平方米的小厢房，已上大学的女儿回家没地方住。"他为村里留下上亿元资产，自家竟过得如此寒酸。"大伙不胜感叹……

泰安市岱山区良庄镇高胡村党支部书记高炳强说："在河边一看，就能想起他的身影。"

高胡村地处山区丘陵，村里虽盛产大樱桃，却卖不出好价钱。在苏庆亮的帮扶下，大樱桃搭上电商快车，每斤比过去多卖两三块钱，这让高胡村今年一下摘掉了贫困的帽子。

高炳强说："原来这个村的集体经济是个空壳，苏主任给我指的这个路子，今年（村集体）收入达到 40 万元以上。"

　　在泰安市岱岳区，像高胡村这样的贫困村有 82 个。为了尽快掌握贫困村的第一手资料，苏庆亮仅用 40 多天就跑了个遍，行程达 5000 多公里。

　　在他生命的最后一周，苏庆亮每天还在微信中定期更新扶贫工作信息，编写扶贫工作简报。2016 年 7 月 24 日下午，积劳成疾的苏庆亮突发心肌梗死，倒在了脱贫攻坚第一线。

　　苏庆亮出殡那天，上千名群众涌上村头，自发为他送行。

　　苏庆亮走了，告别了他为之奋斗的土地、村庄和心中时刻挂念的村民。他用无私和忠诚、担当，诠释了一名共产党员的信仰本色。

• 采访对象：张向峰（山东省泰安市岱岳区扶贫办主任，苏庆亮同事）

采访组：张主任您好，您与庆亮书记平时接触多吗？大概多长时间见一次面呢？

张向峰：自从他担任岱岳区扶贫办副主任以来，我们就在一起工作了，以前他干村支书和办事处副主任的时候我们就认识，真正在一起共事的时间是从3月份开始到他去世这三四个月。

采访组：那您对庆亮书记一定非常熟悉了，在您的印象中庆亮书记是一个什么样的人呢，如果用几个关键词来概括，您会怎么去评价他？

张向峰：原来虽然不在一起工作，但庆亮在区里是个有名气的人，他带的村在全区是典型村，在一起工作以后，我对他有了更进一步的深刻认识。当时我是主任，他是副主任，从2016年的3月我们就在一起共事。如果要概括他的工作态度，应该就是认真、执着、奉献。

他对工作非常认真，干起工作来非常有担当，不怕困难。在工作过程中，他也不计较个人得失，时间利用得非常紧，休息日加班都是十分正常的现象，从小事都能看出他非常有奉献精神。

采访组：如果让您回忆一下，庆亮书记留给您印象最深刻的一件事是什么呢？

张向峰：印象最深刻的就是那个时候我们刚刚开始扶贫工作，当时我们正在讨论如何开展这项工作，这个时候工作还不是很明了，就开了多次线上的会议，有一次准备的这个会议场地离我们的城区非常远。当时马上要开会的时候，现场有一份材料准备得不是很合适。我说打个电话去安排一下就行了。庆亮书记说必须开车去看一下才能放心。当时他从我们村走的时候，已经快到下班时间了。庆亮自己开车去那个地方，离我们这里大概有三四十公里，并且是个山区。当他开车的时候，天正在下雨。所以让人非常不放心。他回来的时候已经晚上十一二点钟了，就是为了当时的这个会议。

采访组：张主任，在我们国家精准扶贫的这个背景下，庆亮书记带领村民将一个"穷陡山""荒陡山"变成了一座"绿陡山""金陡山"。那么您觉得在这样一个过程当中，他带给整个村庄最大的变化是什么？

张向峰：那个时候他在村里工作，和我接触得并不是很多，但是大陡山村的变化是我们都能看到的，是有目共睹的。大陡山确实是从一个穷山村变成了全国文明村！确实是发生了翻天覆地的变化。关键就是他能够严格要求自己，尊重群众，依靠群众。他在村党员中起到了核心作用。整个村能有这么大的变化，一个是有好几代人的努力，另一个就是有健康的领导班子。有一个健康的战斗集体是很重要的。

我们之间发生的事还有一个。有一次我中午加班，下午一点多钟还没有吃中午饭，庆亮就买了水饺端到我的办公桌前，这令我十分感动。除去工作，他对同事也非常关心。可以说是无微不至。

采访组：看过庆亮书记的材料过后，可以说庆亮书记是十分乐于奉献的。他的选择可能和我们当下很多人的选择都不一样。他想要到农村去，但是其他人可能觉得他十分有前途，不应该回到这里，包括他的父亲也十分反对。但是他还是去了这个贫困的山村。您觉得是一种什么样的力量支撑他这样的选择呢？

张向峰：其中一个原因应该是他觉得亲切。因为他也是从村中出来的。他能回村里工作，是因为知道村里又穷又乱，他愿意做出一些努力改变。他从农村出来，愿意回馈农村。再一个原因就是他的责任感。他认为有必要为村中干一些实事。这也是他的一种担当，一种境界，一种事业心。他经常说"人活一辈子就是为了干一些事情，平平淡淡、平平坦坦也没有什么意思"。他经常在我面前露出的意思就是"干就要干好，为老百姓干一些实事"。包括我们扶贫也是，虽然开始的时间很短，但是我们一开始工作强度也是非常大的，并且当时的力度也十分大。所以几个月的工夫，精准扶贫的基地就有 38 处了。每个扶贫基地都有它的特点，我们能够从不同的角度去扶贫，当时这个工作他也是一手抓的。

　　采访组：庆亮书记去世以后，人们的反应是什么样的呢？

　　张向峰：首先我的反应是十分惊讶，那天正好是周末，我也在休息，听到这个消息后我马上赶去了医院，但是医生说人已经不行了。区里的反应也是十分震惊，因为区领导以及组织部门、乡镇干部对他十分熟悉，所以，收到这个消息，很多人给我打电话核实。

　　采访组：张主任，您觉得庆亮书记给村民们留下的精神财富是什么呢？

　　张向峰：从他身上我们应该可以说，树立了信心。只要你认真干，就一定能够干好。他也树立了党的干部的形象，一心为公，一心为老百姓。

· 采访对象：苏乾广（山东省泰安市岱岳区天平街道大陡山村支部
　　　　　　　副书记，苏庆亮同事）

采访组：您当时是怎么跟庆亮书记认识的？和他的接触多不多？

苏乾广：我和他接触是比较多的。他是 1994 年的时候，来到大陡山村
的。我 1998 年进的"两委"，可以说跟他在一起共事了 20 年左右。

采访组：您在和庆亮书记共事的过程中，有没有印象十分深刻的
事情？

苏乾广：我和他接触以来，1998 年的时候可以说是条件比较差，比较
穷。整个村子也比较乱，经济基础也十分薄弱。那个时候大陡山村整个村
钱款加起来不到 5 万块钱，但是庆亮身上有一股韧劲儿，有一种开拓精神，
在 2000 年的时候找出了我们大陡山村整个发展的路径，就是进行荒山绿
化，包括种植苗圃茶园。他带领村民走上了正规路线。在我印象当中，他
非常肯干，亲力亲为，以身作则。

采访组：您和他共事这么久，肯定知道他有一些有效的工作方法，或
者一些途径。您能不能给我们介绍一下？

苏乾广：庆亮十分注重学习。不光他学习，也带动我们"两委"党员
一起学习。只有学习才能够带领整个村一起发展，才能够找准方向，这是
一个途径。再有一个就是他能够走出去，他谦虚好学，能够向一些兄弟单
位取经，凡是能够走一些捷径的路子，并且适合我们村的，能够借鉴的，
都及时运用到村里的发展中。

采访组：从资料中我们可以了解到大陡山村建立了一些茶园。这些方法
是怎么找到的？在建立茶园的过程中有没有遇到什么困难？又是如何解决的？

苏乾广：茶园是从 2001 年开始建立的，他从多方渠道了解到这一方面，

在和刘主任进行对接之后，就非常重视茶园这件事，并且到我们村多方实地考察。从土壤到气候，看看是否适合种植茶叶。2001年第1次在村子里东边种植茶叶的时候，那个时候还没有机器，我们还都是人工手动种植茶叶。现在整个村子的茶园已经有30多亩了，茶叶的长势良好。

当然也遇到了很多问题，一个是种植的时候大家都没有经验，也是多方请教专家，自己也找很多这方面的书籍来翻阅，寻找这方面的经验。另外一个就是病虫害的问题，要和专家及时沟通，然后他们反馈给我们一些存在的问题。后来我们也多次请他们到我们这个茶园来实地进行检查，解决问题。

采访组：如果用三个词来评价庆亮书记，您会怎样评价他？

苏乾广：执着肯干、任劳任怨、亲力亲为。

采访组：如果还有一次机会让您与他讲话，你会和他说些什么呢？

苏乾广：和他搭档了很多年，如果有机会还能继续一起共事，我还会选择跟他一起把我们大陡山村变富变强。

• **采访对象：程丽华（山东省泰安市岱岳区天平街道纪工委书记，苏庆亮同事）**

采访组：程书记，您平时和庆亮书记接触多不多呢？有没有印象比较深刻的事情？

程丽华：我从 2010 年调到办事处就和他一起共事，他那个时候是大陡山村的支部书记，我那个时候是宣传委员。有一件事情我印象非常深刻。庆亮书记对自己的要求是比较严格的，2013 年的时候，我是组织委员，当时正好筹备全国的基层组织线上会，那段时间我们都比较忙，休息的空档都必须要喝一杯茶来提神，只有庆亮书记在喝白开水。当时我问他为什么不喝茶？他说其实也不是不想喝，主要是怕别人说自己沾集体的光，怕影响自己的形象，影响村里的形象。

采访组：那其实他本身是爱喝茶的对吧？

程丽华：对，他是爱喝茶的，但是村里产茶叶，他就强迫自己把茶叶戒掉。

采访组：他是什么时候开始接触扶贫工作的？和他平时的工作有什么不同的内容吗？或者态度有什么不一样吗？

程丽华：扶贫工作是他调到我们区里来开始接手的，大概是 2016 年的时候。其实不管是做支部书记还是到我们办事处任副主任，还是做扶贫工作，他都是一如既往地认真。可以说是拼上命在工作。

采访组：那您能不能给我们讲述一下庆亮书记拼命工作的故事呢？

程丽华：拼命工作就是在村里的时候，在创业和植树的时候很拼命。还有一件事情就是为了水利赶工期，为了闸门放水后关闭，他自己跳到水里，把水堵上了，而且当时是冬天，气温十分低。

采访组：通过资料我们了解到，他是在 24 岁的时候参加村里工作的，但是家里并不是很支持这份工作，家里想要让他到乡里去找一份公务员的工作。那庆亮书记是怎样处理这件事情的呢？

程丽华：当时他的父亲认为去镇里工作就是公职人员了，比村里的条件要好，但是他为了村里做通了父亲的工作，回到了村里工作。因为他是百姓的孩子，农村的孩子，所以想要回馈家乡，可以说庆亮书记有一种家乡情结。

采访组：当您听到庆亮书记牺牲的时候，您的感觉是怎么样的呢？

程丽华：当时是 7 月 24 号，是周日，正好是我值班，听到这个消息的时候，我们几个值班的人员马上就放下手头的工作，开车去往医院。到达医院的时候，人在急诊，已经被下了病危通知单。当时所有的机关干部听到这个消息都十分震惊。后来出殡，村里人都自发送上他一程，几乎是全村的村民都出来相送，那种场面到现在都让我十分震撼。

采访组：在您心中您是怎样评价庆亮书记的呢？请您用几个词语来概括一下。

程丽华：他自己在日记本上写到了敬业、奉献，我认为他非常爱岗敬业，非常乐于奉献。他自己这样说，也是这样做的。到现在我们也是这样认为的，他如果不敬业的话，大陡山村不会是全国的文明村。后来我们全国的基层组织线上会，在那里召开。大陡山村也成了全国旅游村庄，来参观学习的人数不胜数，一天要接待很多人。

采访组：那您还有什么话想要对我们说呢？

陈丽华：想让他好好活着，虽然不可能，但是他永远活在我们心中。

· 采访对象：侯桂花（山东省泰安市岱岳区天平街道纪工委副书记，
　　　　　 苏庆亮同事）

采访组：侯副书记您好，您平时与庆良书记接触多吗？如果用几个关键词来概括他，您会怎样形容？

侯桂花：我和庆亮在一个科室、一个办公室工作，可以说是老战友了。我认为他是一个非常诚实的人，并且是一个对工作十分投入的人。

采访组：庆亮书记是怎样以身作则来影响身边的人的？他是怎样帮助、带动影响身边的人的？有没有什么具体的案例可以和我们分享一下。

侯桂花：每一项工作对他来说都亲力亲为才放心，他认为只有自己亲自吃透这份工作，才能够带领其他人一起努力。

采访组：在日常工作当中，他有没有与其他人发生过矛盾和冲突呢？

侯桂花：有时候也会有一些矛盾，发一些脾气。但是过一段时间，他会主动和其他人进行沟通和解释。

采访组：庆亮书记将整个身心投入工作当中，那他的工作与家庭是否也发生过矛盾呢？

侯桂花：有时弟媳也会生气，但是我们都尽量会和她进行沟通和解释，争取她能够理解。

采访组：您认为庆亮书记留给您印象最深刻的一件事情是什么？

侯桂花：其实我和他接触得非常多，从我自己的内心来讲，他是一个非常不错的弟弟，对工作十分忘我，并且对每一个见面的人都非常好。他当时在办事处做副主任，每一次来检查人员，他都会陪着我们做各项的检查工作，有什么问题他都会向检查人员直接解释。

采访组：在国家精准扶贫的背景下，庆亮书记带领村民脱贫致富，将一个穷陡山村变成了一个绿陡山村、金陡山村。那您觉得大陡山村的变化大不大？最大的变化是什么呢？

侯桂花：我认为最大的变化就是他将荒山变成了青山。原来那座山全部都是黄土，在他的带领下，老百姓一起将这座山绿化，通过各种途径使得村民的经济收入逐渐提高。

采访组：如果您还有机会和庆亮书记说一句话，您会说什么呢？

侯桂花：如果还能够和他讲话，我就会要求他一定要保重身体，好好地活着。

• 采访对象：苏春广（山东省泰安市岱岳区天平街道大陡山村妇联
　　　　　　主任，苏庆亮同事）

采访组：苏主任您好，您平时与庆亮书记接触得多不多呢？

苏春广：如果算搭班子的话，我应该是和他搭班最长的一个，我们从1994年开始搭班子，在一起共事大概20多年了。

采访组：在您印象中，庆亮书记是一个怎样的人呢？请您用几个关键词来概括。

苏春广：他工作上有狠劲，严格要求自己，并且也严格要求工作质量，而且工作思路是非常清晰的。

采访组：庆亮书记给您印象最深刻的一件事情是什么？

苏春广：农村的工作比较琐碎，比如晚上值班的时候，女同志一般家里都有孩子，所以他都会主动和女同志说"我替你值班""你照顾好你的家庭""这儿的事情你放心"。他总是为别人着想。

采访组：庆亮书记一心为工作，把心思全都放在单位上，但是一个人的精力是有限的，那当家庭和工作之间发生矛盾的时候，他是如何去平衡的呢？他家里的人有没有怨言？

苏春广：村里人经常发生口角需要他去调解的，所以家人肯定是有怨言的，但是庆亮书记会和他们沟通，尽量让孩子和家人理解。

采访组：您觉得庆亮书记给村民的精神财富是什么？在哪些方面会影响老百姓？

苏春广：他的"根"在大陡山村，所以他对大陡山村的思想就是"有一分力出一分力"。他把自己的青春都献给了大陡山村，这才将一个小山村变成了全国文明村。

　　采访组：如果您还有机会与庆亮书记对话，您会怎样与他交流呢?

　　苏春广：希望他能够给自己放放假，休息好。

· 采访对象：孟广波（山东省泰安市岱岳区天平街道大陡山村支部
　　　　　　委员，苏庆亮同事、发小）

采访组：您和庆亮书记平时接触得多不多？

孟广波：我和他是发小，是从小认识一起长大的，在一起上学，在一起打工。庆亮对工作十分认真，并且严格要求自己，事事都要亲力亲为。

采访组：那您和他从小就认识，他小的时候性格是什么样的呢？

孟广波：他小的时候也是非常好学的，十分争强好胜。

采访组：那您有没有印象比较深刻的事情要和我们分享呢？

孟广波：他从小学就开始当班长。初中时是班级干部，后来在村里也当村干部。他在工作上有一说一，十分好强、要强，可以说是他的要强成就了他的事业。

采访组：根据材料，我们得知村中学校条件经过庆亮书记的努力，提高了很多，那他当时有什么具体的措施呢？

孟广波：原来我们的小学就是几个平房。在 2008 年的时候，他经过多方融资加上村里捐款将小学的条件改善了，更新了电脑、空调等设备。

采访组：那他有没有什么特别的方法是村民反响特别强烈的？

孟广波：他的工作方法非常多，感受最深的就是晚上值班的时候，刚开始绿化，经常半夜 12 点他就会打一个电话叫你一起出去巡逻。经常都是一个晚上不睡觉，在山上值班巡逻。

采访组：您和他从小一起长大，您觉得这个村变化最大的是什么呢？

孟广波：最大的变化就是从 1994 年开始，从一个穷村、一个乱村到一个富裕村、一个强村，这里边离不开他的汗马功劳。他全部的心血都投入了大陡山村的建设当中。

采访组：庆亮书记如果还活着，您想跟他说什么呢？

孟广波：如果还有机会让我跟他说话，我想对他说，你的工作我们一定能分担就分担，别这样玩命干了。

·采访对象：苏悦（苏庆亮之女）

采访组：那个时候会不会觉得爸爸整天不着家，他到底在做什么？你们能理解他在做的事吗？

苏悦：那个时候我也不理解他经常不在家，家里的家务活他从来都不干，家里的地在哪里他都不知道，家里的活全是我妈一个人在做。

采访组：什么时候开始理解爸爸所做的一切了？您有什么话想对爸爸说？

苏悦：从爸爸去世之后，在我给他收拾东西的时候，发现了他有近30本工作日记，日记里记录了他的点点滴滴，他的不容易，同时也有因为工作忙顾不到家里，对我们的愧疚，那个时候才知道原来爸爸是那么优秀，得到了那么多人的认可。

我给爸爸写了一封信："爸爸，你说话不算数，你和我们坐下来谈谈心啊，为什么走得那么急，爸爸，翻看着你的日记，仿佛触摸着你的心跳，女儿理解你了，再回来看一眼你念念不忘的大陡山吧。平时你一进家门就累得去躺的床，现在空荡荡的，你天天安排、筹划工作的办公室里，只有心疼和无奈的叹息，你早出晚归查看的大陡山，只有风在徘徊、悲咽。爸爸，你静静地走了，把全部的爱留在了大陡山，留在了这个美丽的世界。爸爸，你的女儿理解你了，你再回来看一眼吧，如果天堂有电话，你就给我回个电话吧。爸爸，我想你。"

·采访对象：李云（山东省泰安市岱岳区天平街道大陡山村村民）

四年前，我从 15 里外一个偏僻的小山村嫁到大陡山村。我小时候，经常到大陡山的姨家串亲戚，每次来都能感受这个村的变化。大陡山路好，设施好，公交车能够直接通到村里，村民坐车进城不用花钱。还有苗圃茶园等好多项目，村民不用出村就能打工挣钱。当时我就想，同样是山区，大陡山为什么这么好呢，直到嫁到这个村我才明白，关键是大陡山有一位好的带头人。嫁到大陡山后，我负责村里旅游服务中心的工作，更是亲身体验了苏书记对村民的关爱，每到天气不好或者下班晚的时候，他都会安排人开车送我们回家。

2014 年初冬的一天，他来到中心，询问完我们的工作后说，看天气预报，最近有寒流，马上又要来几个团，接待任务很重，你统计一下员工穿衣服的型号，每人发一件防寒服，别冻着。防寒服穿在我们身上，暖在我们心里，大家工作更带劲了。2012 年 8 月，我距离预产期还有几天，婆婆带我去医院做例行检查，发现胎儿胎位不正、心率过慢，医生建议马上手术，不然大人小孩都有危险，我婆婆马上慌了，当时她想到的不是别人，而是苏书记。苏书记当时在外地出差，接到电话后立马为我安排了最好的产科专家，为我顺利做了剖宫产手术。傍晚他不放心，又打电话询问手术情况，第二天又安排家人带礼品到医院看我，我发自内心地感动和感恩。苏书记还是"全国孝亲敬老之星"，他孝顺的不仅仅是自己的双亲，还有全村的老人，每年老人节和春节，他都安排到每位老人家走访慰问。他心里时刻装着群众，群众心里自然也装着他，有一次他生病在家，我 90 岁的祖奶奶听说后用手绢包着饼干，颤颤巍巍地从村西北角走了一个多小时来到村东北角苏书记家里，拉着他的手动情地说，谁生病都不能让你生病啊，这病要是能替该多好，俺就替你，你好好的，领着全村人过好日子。一句话感动得苏书记热泪盈眶，祖奶奶走之前，还偷偷放了带着体温的 50 块钱。

　　在大陡山生活的四年时间里，让我见证了苏书记的平易近人、和蔼可亲，他没有一点架子，在大街上见到小孩他要亲热地逗一逗，遇上长辈，他会关切地问候一声。群众也都把他当成自己的依靠，家人生病、孩子上学、婆媳不和、邻里纠纷，谁有难事都找他，他都看得比自己家的事还重，热情帮助解决。

　　苏书记，你没有走，你永远和我们在一起。你永远活在我们村民的心里。

采访组补记

　　2016年3月，为了把大陡山村脱贫致富的经验推广到全区，岱岳区委任命苏庆亮担任区扶贫办副主任。上午区委刚宣布了任命，下午苏庆亮就进入工作状态。

　　长期超负荷工作，让他积劳成疾，年纪轻轻就患上了高血压、心脏病、神经性耳聋等疾病。在他生命的最后一段时间里，他用3个月跑遍了全区17个乡镇的82个贫困村。年仅46岁，苏庆亮便匆匆走完了人生里程……

　　苏庆亮走后，群众、同事纷纷来到家里慰问。简陋狭窄的平房里，除了结婚时置办的家具，就是墙壁上贴满的各类奖状，还有那一摞摞工作日记。正上初中的儿子住的是一间不到10平方米的小厢房，已上大学的女儿回家没地方住。"他为村里留下上亿元资产，自家竟过得如此寒酸。"大伙不胜感喟……

　　苏书记，你没有走，你永远和我们在一起，你永远活在我们村民的心里。

①

②

③

④

⑤

图①—⑦是苏庆亮在驻村工作期间不同场合下的工作照

生命的战场：
中国减贫英烈口述史

王新法

　　王新法，男，汉族，1953 年出生，河北石家庄市人。1972 年加入中国共产党。2013 年，王新法退休后，千里迢迢到湖南省常德市石门县南北镇薛家村义务扶贫，带领村民修建烈士陵园，发展经济，2014 年村民推举他为"名誉村长"。王新法号召来自全国 140 多名在役或退伍转业军人募集资金用于脱贫建设。每月定期组织一次新型农民培训班，弘扬真善美，纠正陈规陋习，为村民注入正能量。2017 年 2 月 23 日，王新法因劳累过度引发心肌梗死，牺牲在脱贫攻坚一线，年仅 64 岁。

• 采访组：管　璘　龚险峰　贺赓华
• 采访时间：2020 年 12 月 10 日
• 采访形式：线上音视频采访
• 采访对象：

1. 曾德平（薛家村村民）

2. 贺顺勇（原村主任）

3. 王承梅（原村里的老书记）

4. 曾德凤（薛家村村民）

5. 简发成（安家村村民）

6. 覃遵彪（村党支部书记）

7. 谢　淼（"与民共富"军人团队核心成员、接任薛家村的"名誉村主任"）

·采访对象：曾德平（薛家村村民）

采访组：曾德平同志，您好！您和王新法同志最早是什么时候认识的？

曾德平：2013年，他的爱人来到我们薛家村考察，回去之后，他爱人和王新法说："薛家村山好人好水好，就是太穷！"

然后王新法就带着他的战友来到这里，考察了几天后，他的战友说这个地方山大人稀，交通又不方便，实在太穷，在这里扶贫很难。后来他们住了四天就回去了。

结果没有两个月，大概是2013年9—10月份，王新法又来了，还带来一个同事。他考察了3个月，一开始住在我隔壁一个孤寡老人家里，后来我就把他接到我自己家里住。当时他走遍了我们薛家村的山山水水，他一听到我们村里谁家里过得苦，就要我们带着他去看，途中我们的衣服都刮破了。每天早出晚归，其实让每一个人说他的考察经历都能说上一天。

采访组：那您对王新法同志印象最深的事情有哪些？

曾德平：在考察中，触动我的有几点。第一，他发现我们这个小山村有很多红色故事，这里有68名烈士跳崖，当时也没人给他们收尸，最后老百姓把捡到的一些骨头埋到了山边的土地湾。还有李光文三父子惨遭杀害的事也触动了他。第二，下河有几个地方不通路，当时我们说如果把下河的路修通了，就记他一辈子。另外，我们这个农村属于土家族，有些风气特别不好，有老人信土葬，我们山区土地又少。他来这考察，经常思考对薛家村有哪些有用的帮扶，在这个过程中我就和他建立了深厚的感情，他的这些做法符合民心民意，我也是共产党员，但和他比相差很多。

3个月后他要回去了，老百姓就心里不舍，他对我们这么好，怕他不再来了。2014年，他带着助手又来了，开着战友送他的越野车，车上带了很多东西，都是他的换洗衣物、铺盖等。来了之后，我想把他接到我家住，但他偏偏选了一个破屋子。我们帮他搬东西时，他告诉我们，发现这个房子比很多老百姓的要好得多，他就住在那了。虽然那个房子确实很大，有他住的地方还有他助手住的地方，也有厨房，还有堂屋可以做会议室，但条件真的很差。

他就没有闲过一天，只想着如何帮扶薛家村。每天好多人围着他，听他讲这些想法，老百姓都很开心。当时村里开会，要王新法一起参会，他就带着音箱去开会，村"两委"把开会目的讲了后，就请王新法讲话，他说要把薛家村变成什么样，达到什么样子，要让老百姓过上什么好日子，他讲了之后我们好多人鼓掌，更激起了我们的热情，后来我们就投票同意他当名誉村长，还有人举双手，他也很高兴，他和我说："今天听我陈述方案后，大家都很激动，但是这都需要我们去干，你也是共产党员！要一起干！"

采访组：王新法同志平时是一个怎么样的人？你们在相处的过程中，他喜欢开玩笑吗？

曾德平：他这个人很幽默，在那次投票选他当名誉村长时他说的第二句话是："名誉村长这个官不能换届，我可以一直干下去。"他邀请我一起干，因为在考察时，我和他建立了深厚的感情，看他为老百姓干事，处处为老百姓着想，深为感动。于是我说："我们这个地方山大人稀，条件确实很差，你这么大年纪了，在我们这里又费力又费钱，你不如回去吧，享受天伦之乐。"说这个话时我是发自内心去讲的，结果他生气了，几天不和我说话。他的目的就是要把薛家村弄好。几天后，我帮他干事，他也理解我了，我自己也想我是薛家村人，你都能搞，我怎么不能搞，最后我也改变了。

采访组：您觉得王新法同志的扶贫工作做得到位吗？具体有什么评价？

曾德平：他来我们薛家村干的第一件事就是 2014 年建立山河园，建好后，很庄重地把烈士请回家，这都是花他自己的钱，我们从党员到干部到老百姓都很认可他。他为什么建立山河园？因为他认为我们国家发展成今天这个样子确实很不容易，他当时说了几句话："我把英雄请上山河园让你们有个家，祖国没有忘记你们。"真的说得太好了！

他对山河园的规划做得特别好，他把山河园分成了三个区，第一个是烈士区；第二个是军人区，他说很多军人牺牲了没有入土；第三个区是老百姓的区。他改变了我们土葬的坏风俗，把好土地给浪费了，没有给后人留下土地。他说："我为什么特意弄这个老百姓的园区，就是希望你们不要留下荒土地给子孙。"园区还分别取了名字，烈士区的为湘鄂边英烈园，军人区叫作精忠报国园，老百姓的区叫作万古流芳园。的确，不光把山河园建起来了，把老百姓的精神也建起来了，这就是他改变我们村的第一个做法。

他来我们这儿考察的每一件事我都记在心里，来了之后三年没有回过家，都是家人来这里看他。建立山河园正好也是他孙子出生的时候。后来他又去下河修公路，修这个公路真的难度太大，当时我们攒了20万元都迟迟没搞，因为真要修通得要花上百万元，我们打算修一年算一年。他来了之后，向上面请示要带领老百姓修通这条路。修这条路两个困难，一是缺钱，二是缺劳动力，因为年轻人几乎都出去打工了。

因为太难了，所以当时也有争议，怎么搞呢？他说："他先上，再村支'两委'上，再共产党员上，要相信老百姓会跟着上。"在他的强烈要求下，再加上老百姓呼声很大，我们就开工了。开工后，有很多党员积极参加。

名誉村长思维不得了！修路的时候，请了做工的人是要按小时收费的，他修到了一户农家旁，就停一下，帮这家人修3.5米宽的路，修完后他自己掏钱，一户、两户、三户都是这样做的。他就是以真情换真情，把老百姓带动起来了，当时有很多人说我们还有20万元的扶贫资金，你干吗要自己掏钱呢？他说："这20万元的扶贫资金属于全国人民的血汗钱，我们要珍惜，要用到刀刃上，我就是用点小钱来帮忙修通路。"他一下就把我们老百姓带动起来了，天天好多人上工，他还供餐供饭，就这样把老百姓凝聚起来，达到修路的目的。他吃的苦真的很多，身上被晒得脱了皮。

采访组：王新法同志在扶贫工作中遇到过什么困难吗？

曾德平：修路的时候，发生了两次意外事故，虽都没人受伤，但引起了政府的重视，村民也担心发生安全事故把名誉村长和村民弄伤了，负不起这个责任，无法对他的亲人交代，当时他就搞了个生死状。

采访组：签生死状的时候，您是如何被劝服的？

曾德平：吃饭的时候，他就把这个东西告诉了大家。为了把这条路顺利修通，他说在薛家村修桥修路的建设中，如果出现问题他自己承担责任与他人无关，之后他都签上名字并按上手印。老百姓听完后都流下了眼泪，当时很多党员涌上前签了这个生死状，还有村民也都签了名字。我们每个人出了安全事故不会找国家，不会找政府，都是自己负责。我们把路修起来是我们自己的事情，何况还有这样一个人来帮我们，真的是很感人。有很多人是流着眼泪签生死状的。

这条路只花了几个月的时间就修通了。当时做了一个统计，我们用了20万元完成了几百万元才能做成的事情。以前村里有人会因几元钱吵架，但是现在他们可以参加义务工一分钱都不要！

采访组：您觉得王新法同志留下了什么样的精神财富？我们接下来会怎么做？

曾德平：名誉村长以一个共产党员、军人的身份来到我们薛家村，把我们土家族的一些风气都改善了，他和我们建立了深厚的感情！虽然他走了，但是他一直活在我们的心中。在他的这种精神行动的感召下，我们薛家村发生了翻天覆地的变化。

他还做了四个三年规划，第一个规划是摆脱贫困，第二个是让我们过上幸福生活，第三个是要我们富民强村，靠劳动让我们老百姓富起来，让我们村子好起来，第四个规划是老百姓无论是党员、干部还是村民都要知道"吃水不忘挖井人"。国家对我们的投入很大，老百姓从前想都不敢想的事，我们薛家村现在做到了，这些事情只有中国共产党能够做到，要感谢政府、感恩国家，这样我们薛家村才能长期发展，一个不知道感恩的人是不能长久的。习近平总书记说，绿水青山就是金山银山。我们县政府也提出来要还农村一片蓝天，特别是老百姓不能烧玉米秸秆，这些原本是可以用作肥料的，现在我们就是把渣子、草、玉米秸秆埋在坑里，然后在上面种土豆，长成的土豆特别"乖致"（湖南方言）。我们这边主要产业是原生态茶叶，不打农药。我们把好的产品投放市场，回报消费者、回报社会，也可以说回报所有关心我们薛家村的人，这也是名誉村长所倡导的。

• 采访对象：贺顺勇（原村主任）

采访组：贺顺勇同志，您好！您是怎么认识王新法同志的？对他有什么印象深刻的事？

贺顺勇：他来到我们这儿，下车时，我是第一个和他握手的，算是第一个认识他的，之后就和他在扶贫路上度过了许多日日夜夜。他当时来到这里的时候我也不知道他是干什么来的，我以为他是到我们这儿来投资的，我们这的磷矿居全国之最，还有红矿、铁矿，我以为他是冲着矿产资源来的，我当时给他写了一个可行性分析报告，把我们的矿产资源放在第一位。

后来发现他有些不一样，比方说在刚开始时，我们一起穿洞、爬山，考察我们这儿的资源，了解我们这儿的风土人情，我都以为他是为自己做事的。但是，半个月有一次最深的印象是探洞。因为我们这是喀斯特地貌，有很多溶洞，当时他听说我们这儿有很多洞，就非常感兴趣。我们在后湾的洞往前面走大约十几分钟，就有一个垂直下去的洞，好像新中国成立前有人在那里打过木梯，还炼硝，但是因为年代太久了根本不可能下去人，他就说想下去看一看，我坚决不让他下去，我就说："王总别下去，太危险了。"他就说："顺勇，我去看看。"然后我们就用绳子绑在他腰间，我再次不让他下去，他说："没事没事，我是侦察兵出身，体力没问题的。"他带着一个助手，下去了50分钟，把他拉上来后，他说："这个洞不错，薛家村的旅游资源挺丰富的。"当时我还不知道他真实的意图是什么，而且他当时脸上黑乎乎的，手臂还有一道口子，我们也不知道他在下面经历了什么。

采访组：你们在相处的过程中，王新法同志平时是一个怎么样的人？

贺顺勇：他刚来这儿的时候，对这儿的风土人情不了解，语言也不通，他也根本记不住谁是谁，就取绰号，一共取了100多个绰号，但都是有一些意义的。比方说"电视锅兄弟"，这是说我们有一个村民，把电视锅建在家门前的石头平台上，当我们下河修公路的时候，要经过那个地方，也就是说，电视锅都占了公路和我们要修的路，他就对村民说："拆掉吧，我们要修公路，为了交通方便，为了我们老百姓的生产生活方便，你把这个拆掉吧。"村民听到以后，根本就不理解他，就说："我为什么要拆掉呢？第一这是我的土地，第二是我自己出的钱，这是分给我的地，我为什么要拆掉，而且拆掉后我看电视，不是也不方便？"

他就采取一种迂回战术，说："×××，我今天晚上到你那吃晚饭啊。"我们薛家村就是意见归意见，情绪归情绪，但都是淳朴好客的，当时村民就说可以啊。吃晚饭的时候，他就给村民讲这条路的重要性，说我们下面有100多亩茶园，还有两个生产小组。他们都要从这个地方经过，而且我们今后会搞旅游开发，说我们老百姓脱贫致富靠什么，他说："靠你们以前种玉米、摘稻谷，这个要想发家致富很困难，我们这里山好水好，可以搞旅游开发的。"当时他就把村民的思想做通了。第二天早上村民自己就把电视锅给拆掉了。他也不知道村民叫什么名字，就取了一个名叫"电视锅兄弟"。

还有一个"掉沟兄弟"。有一个村民开车一不小心掉到沟里面去了，住院的时候王新法就跑到那里去看他，说："怎么搞的，你怎么受伤了？你看，我们现在最需要的就是把这条路修通了，方便老百姓的出行，还有生活物资和农产品运输。"所以才取了个"掉沟兄弟"的名字。

还有一个叫"媳妇兄弟"。因为我们村比较贫困，全村有四五十个光棍没有结婚，当时王新法就跟他讲："小伙子，你挺不错的。一定要找个媳妇儿成家立业，你一个人不够强大，你得找个媳妇儿。"所以他就叫"媳妇兄弟"，后来你跟他说名字，他根本不知道，一跟他说"媳妇兄弟"，他马上就想起来了！他就是用这种特殊的方法来加深对村民印象的。

采访组：当时名誉村长这个称号是怎么评的？

贺顺勇：其实名誉村长这个称号当时还是我提出的，那一天，我们村里召开党员会村民代表会，因为他在我们村里干了一段时间，我就说我们推选他当我们的名誉村长，我说同意王新法同志当名誉村长的请举手，我第一个举手，然后其他人全部都举手，还有一个人说我举双手！王新法很高兴，他说："你们的村干部、村主任都要换届，我就不用换届，我可以一直干下去。"

采访组：他在您眼中是一个什么样的人？

贺顺勇：他是一个有求必应的人，而且他办事很有自己的风格，他就是言必信，行必果，他说了之后就一定会做下去。比如我们修第二座桥的时候，有一个村民说，我们那个地方，有多少茶园，孩子上学也不方便，能不能在那里修桥，但是我们的资金是有限的，所以当时我就说暂时还没有这个计划，如果说要修这个桥的话，要好几万块钱。咱们村子里资金是非常紧张的，结果王新法就和提这个要求的村民聊起来了，他说你们那儿修桥是怎么修？村民说，我们那里祖祖辈辈都是蹚水过河，孩子上学也不方便，必须要靠肩挑背驮，给我们把桥修好了的话，我们会怎样怎样……

他说："村子里没有钱，你们自己不出劳力吗？"村民说："只要谁给我们先牵头，我们一定会自己干。"他就说那就干吧！他给那座桥捐资了 3.3 万元，当时他说我们明天就开始，然后他就从以前住的地方，搬到白大姐家里，他和村民们一起用 12 天半的时间就把桥修好了。

采访组：您和王新法同志一起工作时，有起过争执吗？

贺顺勇：有一件事，是我唯一一次与他产生分歧，当时修一个路要打洞穿山，如果不穿山的话，就要架两座桥，但这肯定要上千万元，我们哪有钱，所以他有一个想法，就是把洞凿开。我们村支"两委"有很多顾虑，为什么呢？我们没有一大笔资金，他就说我们带老百姓自己干，他说愚公都可以移山，我们怎么不可以凿洞。当时我们干了一个多星期，洞打了 5 米深左右的时候，我觉得太危险了，因为我们没有专业的设备，也没有专业的技术人员，如果带领老百姓自己去打通的话，我怕出安全事故。

我就跟名誉村长说不能这样干，我说，万一出现了什么安全事故，谁也担当不起。他当时干劲十足，说："哎呀，你这个村长，你怎么什么都怕，你胆子怎么这么小。"后来有一天，我们干完活休息的时候，从上面掉了一块石头还是什么材料，一下掉在我们三个人的中间，当时我非常坚决地说："咱们坚决不能这么干，万一出什么安全事故我们担当不起。"

因为我想打这个洞难度太大了，而且施工确实是不够安全的，我们到镇政府开会的时候都是叮嘱我们要注意安全的。

采访组：经过这件事情之后，有没有重新认识王新法同志？

贺顺勇：我觉得他这个人就是很接地气，他做的老百姓都喜欢，都听他的。比如说，在一起修路的时候、休息的时候或者吃饭的时候，大家坐在一块都是从自家带的饭。他给我们讲他的蓝图，他说，我们薛家村一定要建成什么样子，我们要怎么增加收益，比如说，我们的茶园不能打农药之类的，真的三天三夜都说不完。比如他第一次到这里的时候，老百姓说现在已经到清明节了，可以自己做点儿生活茶，他就不懂什么是生活茶。老百姓告诉他，就是说在清明节前后的茶是不用打农药的，当时他就不高兴地说："你们这样做，太不地道，为什么你们要喝生活茶，我们就要喝你们打药的茶。"后来他就搞了一个有机茶，让我们不要打农药，这个理念就是他提出来的。

采访组：您如何评价他？

贺顺勇：通过几年的交往，我觉得他的言行高度诠释了一个共产党员的崇高品德，比如说我也是一个共产党员，但我觉得我和他相比还相差很多。

采访组：当您听到他牺牲的时候，您是什么反应？

贺顺勇：那一天早上，我突然接到谢淼同志的电话，她哭着说名誉村长倒下来了。当时我觉得不可思议，觉得天塌了，因为我们这个地方路窄，如果说堵塞的话，外面的车进不来，所以，我第一时间给我们南北镇的医院打电话，我说："你们以最快的速度赶到这里，我们的名誉村长昏迷过去了。"然后我就把车子直接开到现场，并把车横在公路上，不许其他车子通行了，我要保证救护车用最快的速度赶到现场。我们离得比较远，医院的车好像是半个小时才到，医生过来一看，就说突发心肌梗死，人已经走了。

当时我心里好难受的，可以说我长这么大，第二次见到别人去世全村人都哭，我第一次见到是小时候，毛主席去世的时候，全村的人都哭。

那一天包括五大三粗的汉子都哭得撕心裂肺的。当时我们的书记到石门县召开经济工作会议，我给他打了一个电话，给我们的党委书记也打了一个电话，紧接着给王新法的叔叔发了条短信，我真的不知道怎么告诉他的亲人，一个活生生的人到我们这儿，吃自己的饭为老百姓干事儿，然后活生生地累倒在我们村子，我觉得我们村子真的对不起他们一家人。当时镇党委书记打来电话，他说王新法的丧事不在我们村里办，我们这儿条件有限。他说县里常委会决定把王新法连夜送到石门县殡仪馆。当时他的家属想让王新法的骨灰落叶归根，前几届的一个老书记就给我打电话，他说："顺勇，一定要代表我们全村人恳求他的亲人，把王新法的骨灰留在薛家村，如果他们不答应，我就把我们全村的老百姓全部带到他们面前，我们全体村民给他们家属跪下恳求留下他，我们真的太对不起他了。"

采访组：如果有机会再和王新法同志说一句话，您想对他说什么？

贺顺勇：在夜深人静的时候，我都会翻看手机，看我和他共事时候的点点滴滴，有时候也会自言自语。我说，你还在多好，咱们村子里村民素质明显提高了，而且我们的老百姓真的淳朴善良，你给咱们的影响挺大，老百姓对脱贫致富的这种主观愿望都被你激发出来了。哎呀，你不走多好，你看，咱们现在日新月异，我们的路也修好了，我们的桥也修好了，我们的山洞也打通了，我们老百姓的日子也好过了，但我知道我没有机会当面和他讲这些了，有些时候我只是自言自语……

· 采访对象：王承梅（原村里的老书记）

　　采访组：王承梅同志，您好！您和王新法同志是如何认识的？

　　王承梅：那个时候我们村里很穷，他来考察，我们村里路不通，那么多茶叶又出不来，他第一个就考察这个产业发展。我第一次见到他，他穿着一个青色的衣服，当时不知道他是来扶贫的，我家正在修房子，他问我修房子啊，哪来的这么多钱，我说我儿子打工挣了钱，最后才知道他是来我们村子里扶贫来的。第一次见到他我其实还挺有好感的，人很随和。他在我家乡这待了一个月就回了河北，2014 年 2 月又回来了。

　　采访组：那王新法同志有没有给你留下印象特别深刻的事？

　　王承梅：第一个是经济发展的新路子。王新法名誉村长通知我们一起去山上砍草，2 月就让我们把茶树栽好，然后把 68 位烈士请上山，紧接着弄产业发展。因为我们薛家村山大人稀，而且又有茶叶，原来的茶叶是普通茶，后来他就研究有机茶，把我们老百姓经常聚在一起谈话，说一年种一道茶就能赚回三道茶的钱，当时我也搞不懂，因为那个时候不知道如何做有机茶，现在回想起来，王新法同志这个扶贫让老百姓的生活质量提高了，做有机茶后，光我一人就能赚一两万元。我们得了这些钱，都要感谢名誉村长王新法同志，如果不是他提出来，我们现在还是一亩茶收入 1000 元，这件事对我们印象最深的。

　　第二个就是通路。薛家村是个偏远山村，家家户户住得很远，如果只修东边那条路，就只能几户人家用，所以每条路都得修。2015 年开始修桥、修路，当时有条山路很不安全，他就来这考察，在我们农忙的时候，他一条条路去看，给老百姓减轻修桥的负担。白天一个人考察，晚上十点多回去盘算。

采访组：那王新法同志有没有做过让您特别感动的事？

王承梅：2015 年下半年修路，老百姓自发地去做义务工，每天八点整上班，他准是在前头带领大家没日没夜地干。因为条件比较差，老百姓就带一桶饭或带馒头去山上。2014 年他到这里来，过春节都没有回家，老百姓看得到他来村里扶贫是拿自己的钱来扶贫，动感情的老百姓给他送点肉，他自己的生活也过得蛮艰苦。所有人都没有想到，就像他说要做到共产党员该做的事一样，他拿起老百姓送的这些肉和一些东西给修路的工人，你说这些事谁做得到。最感动的事是，老百姓个个都没有怨言，没有一个人讲他的不好，修路都是跟着他去干，抢着去干。

我曾经问过他："王大哥，你作为一个河北人，为什么在我们这个地方扶贫，拿自己的钱扶贫，讲句开玩笑的话，你又不傻，你图什么呢？"他说："我们是共产党员，我对共产党的信念坚定不移，我为什么来到你们这个地方？可以说是因为你们这里山好水好人好，我是冲着你们人好，到这里来的。"他的这句话特别感人，我们薛家村有一个河北人来这里扶贫，这确实是想不到的，其实我也是一个共产党员，但没法跟他比。

采访组：他在您眼中是一个什么样的人？

王承梅：他到这里来对老人确实关爱，有困难的家庭，没有电、水的家庭他都亲自出手，看人家屋里没有电就把电装上，没水就亲自买水管接上，再一个是他有个车，都是随叫随到，都是无代价的。他确实做到了一生对党忠诚。

他这个人还很沉稳，有什么事就压在心中，很坚强。当时我们对他来村子里还很疑惑，但后来他做的事情确实对我们的发展有帮助，他想在这个地方扶贫，他说我们薛家村有发展前途，今后搞运营开发，后来他建了山河园，殡葬改革、不送礼这些事他都在探索，因为我们这个地方比较传统，他的这些做法让我们很惊讶。一下子搞起这些殡葬改革老百姓都接受不了，但是他一次次开会沟通，受到他思想的影响，现在百分之八九十的老人也能按照新的做法去做，死了迁往山河园，不放鞭炮，只有出殡的时候放一放鞭炮。现在村子里的变化翻天覆地，很多没完成的任务通过政府的帮助也完成了，非常感谢王新法同志和各级政府。

采访组：如果说您还有机会对王新法同志说句话，您会说什么？

王承梅：还有机会的话，我会对王大哥说，我们薛家村确实感谢你。开始我们是一个不通路的村，现在我们村有了这样的发展，确实感谢他，如果真要讲他的事情，几天几夜都讲不完。

·采访对象：曾德凤（薛家村村民）

采访组：曾德凤同志，您好！您和王新法同志是如何认识的？

曾德凤：我是第一个认识王新法的薛家村老百姓，我在打工的时候认识了他，他说我挺勤快的，问老家情况怎么样，我说情况非常差，他说你这么勤劳可以致富吧？我说我们那里情况太差了，致不了富。结果，他问了些情况之后，又问我："什么时候回家探亲？"我说："要有假期才能回去。"当时他就说："回去的时候告诉我一声。"我说："为什么？"他说："我可能跟你一起过去看看地。"我当时就特别莫名其妙地问："那里特别的穷，路又不好走，还远，你去干什么？"他说："别管那么多，我退休了想找个事儿干。"我就觉得很新奇，当时6月孩子们放假，我就买回家的火车票，告诉了王大哥，他的夫人和我一起买了票就来了。当时我就跟嫂子说："我们那条件很差，你受不了，你别去。"她说："没关系，我都能接受。"

在我家里住了七天，但是什么也没说，就跟着我这转那转，之后，她就回去了。回去之后他就问嫂子这里什么情况，嫂子就说："山好，水好，人也挺好，就是条件不好。"王大哥知道这个消息之后，又回到我打工的地方，他说，嫂子带回来的消息还不错，准备也去看一看。他是2014年过来的，但是他就跟我提了一个问题，他说："我就看你是怎么想的，我准备到你们贫困山区去给你们引路，疏通思想，看着有没有让你们改变的余地，让你们能过上好一点的生活。"他就是这么说的，当时我说，那就从思想落实，毕竟改变他们的思想，也能够改变一些其他方面。

当时他说："扶贫先扶思想才能长久，先扶金钱不长久。"他告诉我两个想法，看我能不能接受：第一，我去扶贫，你思想上排斥，我不是扶一个人、一个家庭或者一个家族，是带你们共同富裕，"让你们共同富裕起来，互相扶贫，你能不能接受这个理念"。我说："能够接受，扶贫有我的一分子。"第二，他说："我过去了你们能接受我吗？"我说："你这种思想和超前意识，我们都能接受。"

采访组：那王新法同志有没有给您留下印象特别深刻或者感动的事？

曾德凤：最感动的一件事、也是印象最深刻的一件事是2013年他的女儿结婚，他让我们普通老百姓坐了第一桌第一排，在婚宴上跟我们沟通了一下思想理念、国家的大政策，还有一些超前的想法，就相当于和我们交了一次心。第二件让我非常感动的事是他又是党员、又是军人，有这么多超前理念，我特别佩服他，所以我从心底接受他来薛家村扶贫。村里来了人，我就讲他如何如何，来了我村子里后，一开始是打算住我家里的，但他觉得住我家里不太方便，我就给他找空屋子，有一户但很简陋，我叫了9个人包括村子里的村民还有领导跟他聊，当时我三哥站起来说："支部书记都没有把薛家村搞好，你一个当兵的吃不消也搞不来，你还是早点回家，让老百姓投个十几万的医疗保险就走人，轻轻松松。"意思就是喊他走。

当时名誉村长说："如果你们愿意我留下来扶贫，就举手，不愿意就不举手。"9个人没有一个想留他，当时我就双手举起，他说你为什么要双手举起呢？我说我太了解你的人品了，我接纳你。后来他就这么留下来了，一干就是三四年。

还有一次我们上完工吃午饭的时候，王大哥拿着一个摔断一边提手的碗吃饭，大家看见了就说："你这样怎么像个叫花子。"

听见别人讥笑他，我就很揪心，我就说："王大哥你用我的碗吧。"他说："你放心，我们都是一路打拼的人，锅碗瓢盆都是一样的，没关系。"我听着很揪心，他穿的衣服、靴子都是破的。

还有一些事让我感觉他对国家的政策认识很深，比如说，他把四五年的发展都存到他的脑子里了，他有先进的大脑。他对国家的真诚、对党的忠诚，可以说在我们村无人可比。

采访组：在和王新法同志一起工作的时候有遇到什么困难吗？

曾德凤：他在推行殡葬改革的时候，要去后山搬迁，开始大家都忌讳这个事，没有一个人敢去报名，当时他跟我讲："这个事怎么办呢？起坟最少要8至10人。"我们土家族人都有这个忌讳，他说："妹妹，你能不能去串门，跟他们讲这个事，疏通一下？"最后我劝了9个人。

因为大家都比较忌讳这个事，把棺材打开、掏骨头这些活都是名誉村长先动手。他还一起说明国家的政策情况，我们老百姓的思想应该如何去跟进，说现在的生活水平提高了，但人的素质不能垮下去，我们中国那么大人口的国家，如果按这样子下去，这些观念是非常不好的，他要求不等、不靠、不要，在任何时候都要走出自己的路，所以他要搞殡葬改革，我们现在都在按着他的理念做。我的妈妈93岁了，我说："妈妈，名誉村长说第一是不准去葬坟；第二是不准放鞭炮、不搞铺张浪费；第三是人老了后绝不给政府添难。"我妈妈的回答非常清楚，她说："名誉村长的这种做法，我们一定坚持。"也就是说他的这些做法已经扎根进我们的思想了。他每次接触一个人之后，都会给人留下深刻的印象，就觉得这个人确实非同一般，名誉村长去世快四年了，我都没忘记他说过的话、他的行为和思想。

采访组：您觉得王新法同志留下了什么样的精神财富？你们接下来会怎么做？

曾德凤：你现在能在这里做的，第一个是做出良心产品，你自己能吃的东西就能上市场，你自己不能吃的就绝对不能上市场，要达到健康标准，就是要在吃的东西上做出良心产品，这是名誉村长一再强调的。第二个是思想脱贫了，要比你挣多少钱、买多少东西长远得多，你到任何时候都有自己的理念，不给国家添难，自立自强。再一个的话，从现在起，薛家村也发展了，我敢说有百分之七十的老百姓都是根据他的思想在走，还有百分之十的人他没有自己的思想，别人说什么他做什么，但这样的人很少，最多十个指头。名誉村长在我们薛家村是无可替代的，你随便去找任何一个村民采访，三天三夜都讲不完，他的想法、事迹都是很感人的。

采访组：您见过他在工作的时候生过气或流泪或开怀大笑吗？

曾德凤：他和老百姓思想不同的时候发过火，之前修路的时候，他要带老百姓做，村里头想包出去，他就发了火，他说："你们想拿钱包出去，这样不好，我们带着村民一起上，一是能交流，二是能珍惜成果。"这一次他发了大脾气，第二天没起来吃东西，村里头没办法，喊我和别人去劝劝他，那一天他就吃了一碗面，修路那天他在前面背着锄头走。有的时候他会一副恨铁不成钢的样子，恨不得一下子帮老百姓脱贫，帮我们过上好日子，有的时候说完我们后，他就开始掉眼泪。

采访组：您能用几个关键词概括描述他吗？

曾德凤：第一，亲力亲为，脏活累活自己上。第二，在金钱方面不自私，以大局为重，别人有事他毫不犹豫自己出钱出力，一点都不后悔。第三，对党忠诚，有国才有家，国家安定了自己家才安定。我们这里八九十岁的老人家，原来是不认可殡葬改革、不放鞭炮这些传统观念。但名誉村长这些话说得好，他说："有什么会改变不了的，只要你的思维改变了，那么你就会改变。"

所以他的扶贫理念是要先扶精神，精神起来了，这个人就起来了。名誉村长在这方面下了多少功夫呀！每到过节过年，他家家户户地去拜年。再一个是村民有困难，他上门给人家服务，有些老人身体不好，他就给送到医院。他是很得民心的，与人都是交心。

采访组：您能具体说一说他是怎么做到苦干、无私、家国情怀的吗？

曾德凤：关于苦干，比如说这一段路要修，他走路去的时候，他就看这个路需要走多少步，有多长有多宽，需要多少人去修，还有需要多少材料，他都记在心里了，接着规划就出来了，这是他认真干的第一步。拿个最简单的事举例，北方人喜欢吃饺子，我就给他包了一次饺子，结果那一天他一点也抽不开身，他就认真到了这个程度。还有每一次约定了时间，他绝对不会迟到一分钟。

关于无私，我们去山上干活时，王大哥穿的靴子是新的，结果干活时有个老头的靴子进水了，就打喷嚏，王大哥发现了就赶紧去把靴子换下来给他，自己就穿着比较差的鞋子。你说一般人这样做的很少吧，他能把自己的衣服和鞋子送给别人，从小事上看出人品。再一个是他住在老百姓家里，怕麻烦打扰人家，有时晚上做图纸、洗漱，他都是轻轻地开门，从不影响别人，而且他吃菜非常简单，随随便便搞个大锅菜，我们南方人吃饭一般都是十几个菜，他不，有多少人就点多少个菜，不剩菜不浪费。从细节见人品，那老百姓看得见你这些做法，都认可你。为什么说他走的时候，那些70多岁的老人都下跪，还有小孩子也都是下跪送他走，尊重到了这个程度。好多人问他："名誉村长您在这里埋头苦干，您图什么？"他说："我图薛家村给我留个坑就行了。"这也是为什么他去世后，他的家人把他留在了这里，这也算他的遗愿。

关于家国情怀，为了让我们移风易俗，他讲要把自己管好了，不给政府添乱。如果国家有难了，你们会不会主动捐款？并说如果是他假设有一百元，会捐八十元，因为国家有难你肯定要援助，有国才有家，他就把道理给你讲到心里去。今年由于疫情，我们都去捐款，只要链接往群里一发，我们薛家村人是第一个去捐的，名誉村长的这种理念我们刻进了脑子里了。为什么说我们薛家村发展得非常快，这跟老百姓的思想转变有很大的关系。修路架桥，我们没有补贴没有资金，我们就自己搞，现在还有别的村抬棺材要花6000块钱，在我们薛家村是绝对不可能存在这种事的，大家都是自发地把他送上山，不花一分钱，所以名誉村长这种想法，老百姓确实刻入脑子里了，我们现在每一个月开一次交流会，你有什么想法都可以交流，有老百姓就讲了现在国家有难，我们不麻烦国家。我们不像以前那么穷，现在家家户户都有存款，穿衣吃饭都没问题，这样的生活真的是来之不易。名誉村长2013年来这儿时这里还是非常落后，现在这几年发生了翻天覆地的变化，每个老百姓也有变化，思想上的变化最大。

采访组：当您听到他牺牲的时候，当时是什么情况？您是什么反应？

曾德凤：他去世的那一天，我和别人写了个牌子，写的是接名誉村长回家，我去村口的时候，见到那个场景一下就呆了，儿童、老人全跪在公路旁，举着牌子喊村长、爷爷，我就非常感慨，长这么大也没看过这样的场景。

采访组：如果有机会再和王新法同志说一句话，你想对他说什么？

曾德凤：今后我们会把王新法的扶贫理念贯彻下去，让子子孙孙都继承下去。

· 采访对象：简发成（安家村村民）

采访组：简发成同志，您好！您跟王新法同志是怎么认识的？

简发成：我和他是在 2015 年七八月在安平修桥认识的，之前我是做木匠的，平常都不在家，当时名誉村长给我们修到了第四座桥，我听说之后就回乡了。之后，为了再建一座桥，王村长 2016 年 7 月住到了我家里。他刚来那会儿很多人都还不太认识，到我家里一个月后，基本上都认识了，他第一个去做的事就是到每个村民家里走走，了解我们农村的乡村礼仪，还把一个多年没人管的学校建好了，可以运动运动，老百姓玩些娱乐项目。在学校建成了一个活动中心，这个活动中心花了三四个月时间就建好了，而且建设资金基本都是他拿出来的。他在我家住的那段时间，都是晚上 11 点多回来，凌晨 2 点才休息。中午他和我们一起吃饭。

采访组：您对王新法有什么印象深刻的事吗？

简发成：这老人多，2017 年正月的时候，初一到初七他给那些老人家里换灯、接线，那个军人团队（"与民共富"军人团队）去把灯都给整修了。

采访组：那他家人平常会来这吗？

简发成：家人偶尔会来，因为他们住得比较远，名誉村长甚至过年都没有回家，一直在弄那个桥。因为那个桥牵涉到七八个住户的交通，这个事情要在年前尽量修好。

采访组：那他有没有做过让您特别感动的事情？

简发成：感动的事情也比较多，主要就是对老百姓关心的态度和实事求是的做法，确确实实是一名真正的共产党员，亲身帮老百姓做事肯定是让人感动的，而且他有苦也不说，做什么事一般都是他先带头和老百姓一起过河。

2016 年的 12 月为了把桥的设计弄好，他都熬夜到凌晨 2 点多，用三天三夜的时间把桥的结构、设计给完成了，这是第一件事。因为这件事是为了老百姓的交通方便，他确实是下了很大的决心，这一点我们老百姓发自内心地感谢他，在 2017 年他去世之后，我在外面做事，听到后马上回来了，看见全村好多人都在送他。

采访组：有没有在哪些事情上让您觉得重新认识了他？

简发成：2015 年的春节都要出去找亲戚拜年，到了晚上 11 点多，我们都说打个牌再走。因为那会儿大家都喝醉了，走不了路。结果村主任亲自开车来接我们，还说不准我们打牌，因为有的人家庭很困难，要以事业为重，还说发奋读书，为国家为社会做贡献。他确确实实给我们的生活带来了非常大的影响，他做的事情我们老百姓的眼睛都是看得见的，他是一名合格的共产党员。

采访组：您觉得他的扶贫工作做得到位吗？

简发成：王新法工资不高，一个月大概 2000 元，每当他发了工资，都给那些 70 多岁或 80 多岁的老人，还有那些家庭比较困难的，我跟在他身边发现他经常这样，只要是不能劳动、家庭困难的，他都给送去帮助。以前我们这的茶是老品种，他就发动老百姓不要那些老茶，做有机茶，一个是这个茶价钱好，另一个是能节省好多工夫出来，所以好多老百姓都按他的这种方式去做有机茶，我家种了两亩茶，才搞了两年，收成也挺好的。现在村里发生了翻天覆地的变化，他给我们留下来的（做法和经验）确确实实是很好很好的。

他会在休息的时候和我们老百姓一起沟通，为了老百姓，有很多地方需要去发展，比如养殖种植，就是为了提高经济效益。设计养殖种植的方案都是他自己写出来后再和老百姓沟通，他们经常是聚在我家屋子里聊，把这些基本致富的方法让老百姓掌握。因为他的这种想法确实很适合我们这个偏远的地方，也确实是在为老百姓的经济发展着想，所以老百姓都积极支持他。

采访组：如果有机会的话，您想对王新法同志说什么？

简发成：自名誉村长去世之后，我们也在继续帮忙做事，这也是名誉村长当初跟我说的：人不能为自己而活。我把这句话一直放在心上，人确确实实不能太自私，我们可能做不到名誉村长那样，但起码有一点，他的精神我们不会忘。虽然我们的情况不是很好，但我们也要坚持去做。学习他的精神。

· 采访对象：覃遵彪（村党支部书记）

采访组：覃遵彪同志，您好！您跟王新法同志是怎么认识的？

覃遵彪：我和他 2013 年认识的，我们当地的一个老师带他过来薛家村，带过来后我们就接触了，他说是有这个意向，那一段时间以后，他基本上在我们家吃饭，接触比较多，所以就慢慢熟悉了。

采访组：他平常的工作状态如何？

覃遵彪：因为他是当兵的出身，说话包括行动啊，直来直往，用当地人的话来说就是豪爽，从来不拐弯抹角，很有思想想法，而且他这个人乐于助人，先去想别人再去想自己，开车出去看到老人或者小孩就停下来，说："去哪啊，捎你一程。"他经常是这样的。

采访组：他为什么选择来薛家村扶贫？

覃遵彪：薛家村这个地方是比较偏僻的一个地方，主要产业是茶叶，但是人均收入不高。我以为他可能看中了我们的产业，一是我们这个地方老百姓的风气还比较好，人都比较豪爽，家家户户都热情地跟他打招呼，接触一段时间以后，就留他在家里吃饭，这样有了一点感情以后，他觉得这个地方蛮可以，就决定留在这儿。按照我们的理解，一般退休的人，安度晚年带带孙子，顶多出去玩玩几天以后就要马上回去的，但是他来了以后，是抱着一种我要到一个条件不好的地方扶贫的想法过来的。因为我们的村子很偏僻，道路、桥梁都不好，政府的资金也有限，所以说，他来到这里之后，带着老百姓修路、修桥，亲力亲为，我就发现这个人蛮好的。

采访组：他做了哪些扶贫？在工作的时候，有没有遇到什么特别的困难呢？

覃遵彪：他在工作当中遇到的困难，首先就是沟通，比如修路的时候没有资金，当时为了资金这件事，他和政府、县里很多地方沟通，后来资金来了后才轻松点，但当时他说，我先把自己的钱掏出来把这个事做好，我们再搞的时候政府再给我们一些支持，这件事就挺好的。

修路的时候老百姓并不反对，只是问做多长时间，一个人做一件好事做一天没关系，但天天做老百姓就有些意见了。当时他听了老百姓的意见后，说我就天天住在这，2014年他就把自己的行李搬来了，说你们相不相信，老百姓看他下这么大的决心就相信他了。

当时架桥的时候，最多有四十多个人跟他一起干。之前到了每年涨水的时期，村民都穿着草鞋、短裤背着茶叶蹚水过去，看到这个他就觉得这条路必须要修。当时修路的安全问题也比较大，我们那里都是悬崖峭壁的，搞得不好一下子好事变成坏事，但他说，如果惧怕风险，我们就干不好。

其次，他还做了发展茶叶产业。在我们村子来说，茶叶一直是一个主要的收入来源。他说，第一，你们现在的茶产业按这种传统的做法是不好的，现在年轻人都出去了，你们必须改变原来的方式，把这种老茶改良品种，提高它的附加值。第二，要将纯劳动改变为机械化。他搞了一个试验田，利润由原来的一千元左右到现在能够达到一万元左右。

他还发展红色旅游，我们这也是一个红色根据地，这儿有68位红军烈士，他听到这个事情后，产生了很大的震动，他就说我要把烈士安葬好，于是建了个山河园把烈士都安葬了，而且也是想搞民风改革，当时对我们土家族来说祖坟埋在哪个地方是很忌讳的，但他来了以后，我们通过村"两委"做了很多工作，就迁了两座老祖先的坟墓到山河园，然后把68位烈士的尸骨用小棺材迁到上面，现在来这里学习的人、团队首先是到那里去祭拜英烈。我们的红色旅游现在也被上面关注重视了，旅游这块，我们这边有青山绿水，有很美的自然风景。我们一起做了很多规划。

采访组：比如迁坟这个事老百姓很忌讳，那他具体是怎么和老百姓沟通的？

覃遵彪：他的工作方法很特别，首先是感动别人。他不说空泛的话，比如让你支持我们修路、架桥，他先是住在那里，当晚就把大家召集起来，把第二天要干的事和所有的想法说好，上工了以后他从来不是在那里当指挥，而是自己亲力亲为，老百姓看见一个外人都能帮我们干，后来的沟通工作都很轻松，老百姓都买他人（情）。再一个，老百姓有什么困难的话，他首先抢着去帮助，掏自己的钱，拿两百元、三百元、五百元去资助他们。我记得印象蛮深的是修路的时候，要从一个村民的水田过去，村民坚决不同意，因为他的水田里种了红薯，王新法就每天跑下去帮他挖红薯，把红薯用袋子装好，还帮忙扛上公路边，让他能够运输方便，这样搞了一次两次三次，到了第三次的时候，村民感动了，他说："我知道你什么意思，那个路你修去吧。你太让我感动了。"

每月初四，我们老百姓自发地到村部来，听他讲国家的政策，我们薛家村的发展，今后发展什么样子，我们大家怎么去做。只有我们大家都能团结一条心，才能发展。思想不统一，就发展不好。通过这个每月一次的会，老百姓初步认识到了村里的情况，思想也开通了，这对做工作起了很大的作用。

采访组：那您有没有见过他在工作中流露出别的情感？

覃遵彪：在山河园的修建问题上，这前面说的资金问题，对于他个人来说，有点情结反应，如果解决不了那他自己在这儿能待多久。大概就是说当时看到我们村民思想和他的想法达不到统一的时候，他当时说了也想走，而且当时他家庭有一点资金上的困难，但他还是坚持下来了。有时偷偷地坐在一个地方，一坐就是一天半天，他也不发脾气，别人问他也不说话。

我还记得我们修路的时候，有一个做法，就是把工程包出去，但这个工价和资金会高一些，这样搞了以后，老百姓基本上没有参与感。但是，对于老百姓来说这个做法没有安全问题。他来了以后说："我们必须自己干，老百姓自己参与，不仅资金花得少，还能让老百姓珍惜这条路。"

采访组：他在您眼中是一个怎样的人？

覃遵彪：他在有些工作上就是比较执着，修桥的时候，包一座桥的工程要花 70 多万元。我们到了县交通局看了他们的设计方案，按照政府常规的办法这样搞永远搞不好，王新法说，我也不听你们说，我自己设计，我自己掏钱，你们支持我一点，我来去搞。他还把自己的行李搬到距离修桥那边住得比较近的一个村民那里。他就是这么执着的一个人。

采访组：那他有没有做过让您特别感动的事情？

覃遵彪：感动的事情也很多，当时迁祖坟那会儿，我说："哎呀，我们土家族迁坟挖坟很忌讳的。"他说："那不要紧，我来当迁坟的队长，没有人跟着我干，我就自己去做工作。"当时我们还有很多人持怀疑态度，现在会有人干这个事吗？后来他说："不用急了，我找到 20 个人跟着我干。"这一下子给我们的工作打开了一个很好的局面。

采访组：有没有哪一次您觉得重新认识了他？

覃遵彪：他当时来了以后，我从内心上还是对他有一点怀疑态度的。我以为他是因为我们这里的资源比较多，什么矿山，还有木材这类的，一开始我以为他是想搞这个事，但是他来了以后开始修路、架桥，我们从开始不理解到理解，从工作观念不同再到工作观念统一。这都是通过他的人品和亲力亲为的这种做法，让我们相信这个人是在我们这儿真扶贫的人，到最后我们工作上就配合得相当好。

采访组：那您能不能用几个关键词概括一下他？

覃遵彪：作为个人来说，他乐于助人，从党员的这一块来说，他起到了一个先锋模范的作用，在很多事情上他都走在前面，不计较个人得失，是一个很正派、很善良、很乐于助人的人。

采访组：当您听到他牺牲的时候，当时是什么情况？您是什么反应？

覃遵彪：当时我在县城开脱贫攻坚的誓师大会，接近下午 3 点时，我们村长给我打电话说："名誉村长不行了不行了。"当时我还有点不相信，他每天早上 5 点多起来搞锻炼，身体棒棒的，怎么就不行了。我问是不是什么小问题？他说，不是的不是的，已经不行了。

我脑袋里想：不得了，不得了，出大事儿了。当时我感觉很茫然，所以我就跟书记说会不开了我要立马赶回去，两三个小时赶到村子后他已经不行了，很多村民都聚集在那个地方，比自己家人逝世还要悲伤，大人小孩全在那里。县里、老百姓都是高度重视，晚上我们就作出决定，连夜把他送往县里的殡仪馆，后来他被安葬在薛家村的山河园上。

有很多事情就好像是被预言了，他曾说，要是他出事了就把他放在这，只是没想到他逝世后真的留在了这个地方，因为我们和他已经有了很深的感情，送到山河园我们年年都可以去祭拜他，但要是送到石家庄我们不可能总是去石家庄看他。经老百姓强烈要求，后来他的家人就同意了这个意见。

采访组：您觉得王新法同志，他有什么精神是永远会留在薛家村的吗？

覃遵彪：首先是大公无私，先别人再自己，不计较个人得失。从村民的感情来说，他带着大家致富，改善乡风民俗。现在薛家村宣传的都是王新法精神，王新法没有做完的事我们都可以一步步来完成。

采访组：如果最后一次能感谢他，你会想对他说些什么？

覃遵彪：感谢他帮薛家村脱贫了，薛家村的世世代代，都要怀念他。

• 采访对象：谢淼（"与民共富"军人团队核心成员、接任薛家村的
    "名誉村主任"）

采访组：谢淼同志，您好！您与王新法同志是如何认识的？

谢淼：实际上，我们是朋友也是同事（"与民共富"军人团队），另
外也是一起在这里扶贫、做事的战友。

采访组：他做过什么让您印象深刻的事吗？

谢淼：让我印象特别深刻的工作太多了，可以说他改变了我。我来到
薛家村以后，感觉他做这件事是非常有意义的，而且来到了这里以后，
看到他住的可以说是老百姓自己不住的，就是到处漏风漏气的屋子，
然后干着比老百姓还要重的活，他把自己全部投入在这里，为老百姓
做事。

我可以举几个例子，第一次感悟就是我记得我来的那一年的冬天，去
到了他的住处。其实是我们"与民共富"军人团队去找他说事，当时看到
的情景是，破旧的木屋子，到处都是漏气的地方，尤其是在他做饭的地方。
那一天，正好下着雨，做饭的厨房有缝隙，窗户也是没有遮挡的，屋顶上
面搭个棚子，并不是全部搭上的，就是一块白色的塑料布，就这么搭了一下，
当时我就看见他自己在那里煮面条吃。就跟他说："王大哥，这里挺冷的，
还是去屋里讲吧。"结果他说："就在这吧。"但我还是说："这里还是
挺冷的，我们到屋里去讲。"他还是坚持说："就在这里说吧。"他说话
同时端着一碗热腾腾的面条，然后两个手就这样来回倒腾。我们就边说边
坐下来，当他坐下来那一瞬间，我的眼泪一下子就掉下来了我在想是什么
样的一个精神，是什么样的一个支撑点，让这位老人在这样一个艰苦的环
境下，还坚持坚守着，在为我们老百姓做好事？

采访组：那王新法同志有什么触动您的事吗？

谢淼：最触动我也最教育我的一个事情就是 2016 年的时候，过春节之前，我记得 2015 年 11 月 20 日以后我们随同他去到市里领取"感动常德十大新闻人物"奖的时候，当时给他颁发了 2000 元，在回来的路上他就问我们："你们说，这个钱，我们拿回去怎么用？"

当时我就不假思索地说了："王大哥，很好用。"我当时很兴奋。我继续说："就作为我们这次出来的差旅费、加油费，还有生活费用好了。"

当时他听完之后沉默了，几分钟之后，他说："我做了个决定，我王新法今天的荣誉不是我个人的，是薛家村的老支书、老党员给予的。春节快到了，我们把这个钱拿回去，作为一笔慰问金发放给他们。"

我听了以后，我的整个人都麻木了，觉得我自己也很不错了。一个女同志来到这贫困山区，能住下来，都觉得也挺能吃苦了。但是那一刻起，我就觉得和他差得很远，没有办法和他相提并论，包括人生观和价值观。我就觉得他是高高在上面的，原来一直跟随他身边就觉得没有太大的区别。但这一刻，我发现我与他之间的相差很大。

他是这么说的，也是这么做的。回来之后让我们在县里买一些糖，买了花生瓜子，并且还交代买了些窗花窗纸，就是北方人过年要贴的窗花和福字。

他说："你们把这个买了，回去过年，我今年不回去，我在这里和老百姓一起过。"

回来之后他就把村里的老党员、老支书全部都叫到了指挥部，然后就发了花生瓜子，开了一个小的座谈会。因为过节前嘛，大家坐一坐。后来他就给每一位党员发了一个红包，但花到最后，也不够了。他又赶快掏出自己的钱。据我所知他最后又拿出 1800 块钱。

我也是后来知道的，那一年，因为我们都回家过节了，他在那段时间，他用了 8 天的时间走完了全村的 309 户。我当时非常震撼，因为这个村子占地面积是 33 平方公里。大家住得还是很远的，甚至几公里都有。

我记得有一次回来了之后，他跟我说了这么一个事情，实际上也感动了我。那一年过春节一直下雪，雪蛮深的，即将没过了膝盖。我们走访的最后一户人家，是一个老党员，也是薛家村最远的一家，住得最高的一家。他从村子这边走路用了两个半小时的时间到了最后一户人家。快上去到老党员家门前的石阶上时，他就在石阶上喊了一声，拜年了。当时，屋里的那位老党员就推开门出来，一看是他，老人就一下子跪了下来，说："名誉村长，你怎么来了！下着这么大的雪，这么不好走。"听到说老人跪下的举动，当时我也很感动，就流下了眼泪。我觉得这件事，是对我，除了2000块钱这件事以外，可以说是最教育我、最触动我、最感化我的。

采访组：您觉得他在工作中有没有什么特别的能力？

谢淼：他在村子里为老百姓做事是非常有思路的，非常有想法。他来做的第一件事情就是为老百姓建立山河园，实际上这里是武陵山片区，也是少数民族聚居区，也是我们的革命老根据地。原来贺龙元帅就是在这里，当时他的队伍也是在这里，红色印记都在这里。这里有老百姓口口相传了八十多年的68名红军战士英勇跳崖的故事，还有李广文三父子就义，这么一个小小的村子就有这么多的红色资源。

他说："不得了，我们得给它建立一个红色基地。"实际上也是给老百姓有一个新的精神上的寄托。给这里的老百姓及其后人建一个山河园红色教育基地。建立山河园，可以说他将自己的全部心血用在了这上面。他在监督施工的过程当中，赶上他的女儿王平生孩子。在听到消息的时候，他还在山顶上，当时，他正在施工，女儿就给他打电话告诉这个消息，名誉村长就拿着手机跟在他身边干活的这些村民们讲："我添孙子了！"老百姓们说，他讲的时候拿手机的手都在颤抖。

建好山河园之后，他想着帮那些老百姓修下河的路。他提出来是出义务工。那时候，说出义务工也有不同的意见，因为不可能老百姓都会去投义务工，号召不起来。这里的老百姓本身居住的条件不好，就比较穷，投义务工没有报酬给他，那他不会跟着来做这事儿的。但是王新法说："我并不是说让他们同意义务工。而是我们要让这种形式，在我这样的带动下，让他们重新唤醒内心深处的动力。"

这是种什么样的动力？就是自己的家乡自己建，自己的家乡自己爱。

还有一个就是将老百姓的这种凝聚力激发起来，在扶贫的道路上要做到不等、不靠、不要。

老百姓跟着他做，他经常说："谢淼妹子，只要我扛着工具，在前面第一个上到工地，后面就算只有一个老百姓在我身后跟着，我王新法就成功了。"

他每天都是第一个去到工地。后续就是，周边的老百姓第一天跟三个，第二天跟几个，到最后的时候，没想到老百姓都是几十人，就上到了工地。干的时候，老百姓自己还说，不给钱的活干得比给钱的活，还要带劲儿，还要有劲儿。那个时候，老百姓过春节的时候去看他给带了腊肉，一些自己吃的鸡蛋，还有一些食材，他都拿到工地上去，拿到工地上干什么？他说，我们就是同吃同劳动。我们在这里就是体现了一个家庭、集体，这么一个氛围。现在有很多老百姓讲到那一段的时候，都是十分感动的。

我们这里有一个人叫彭礼杰，他家条件也不好。在修下河公路的时候，他的媳妇儿是从桑植县娶回来的。因为王新法来到村子里呢，记村子里那么多人的名字，他是记不住的，后来，他有自己的方法，那就是根据每个老百姓的特征，他给他们取一个绰号。我们的老百姓有很多的绰号，已经60多个。那个彭礼杰的爱人就起了个"桑植妹子"的名字。修路的时候，他就跟彭礼杰夫妇讲，我们要修路，但是要占用你家这个苞米地，有三分田。

他说，你们知道吗，要想富先修路，所以呢，这个是为你们将来能有更好的生活在打基础。

当时那个三分田的苞米地已经八成熟了。两口子听了之后，在第二天也答应了，要把苞米地给拔了，那一天晚上那两口子就辗转反复，两口子就没有睡着觉，当天拔地的时候，王大哥说："我看到'桑植妹子'在地头的角落那，伤心地哭了起来。"

因为这是把他们的口粮都挖了，但是他们还是跟名誉村长说："名誉村长，反正你的队伍做的任何事，都是为我们老百姓好，你就挖吧。"

前段时间，碰到彭礼杰，彭礼杰就跟我讲，他说："我有的时候，做梦躺在那，真的我心里都在想，多亏那个时候，我支持名誉村长修路了，挖了我家的田了，现在的路也修好了，我家的茶田从原来的三亩地扩展到二十亩，我这两年，去茶田都不需要肩负背扛，都是把车直接开到田间地头。这几年，我不仅自己脱贫了，而且还买了小车，并且从三亩田扩展到二十亩田，每年的收益都达到了十几万，并且我住的地方搬迁了，还做了个民宿。"

我想，这都是名誉村长给我们带来的。他是在一点一点地为我们老百姓，让老百姓能真正地感受到王新法到这来做的都是全身心地付出，在为老百姓发自心底地扶真贫、真扶贫。

采访组：他在工作中遭受的苦和累是如何排遣的？

谢淼：记得是 2014 年，在修下河公路的时候，他干了 14 天的时间，身上的皮一大块儿都晒脱落了。

我记得孙嫂子（王新法爱人）曾经跟我讲过这么一句话。她说，谢淼，我们老王，在那里受罪了。

我还记得孙嫂子给我看过一张照片儿。因为北方和南方的气候有很大的差异，这里比较潮湿，王新法到这就不适应，身上起了很多湿疹。白天因为干活，它可能没有症状，到晚上就奇痒无比。她说我们老王基本上都是成宿成宿地痒得不能睡觉，但是他以什么去排解呢，他就跟嫂子打电话、就聊天。

采访组：他还为老百姓做了哪些扶贫工作？

谢淼：他为老百姓修好路之后，紧接着就是为这里的老百姓架桥。架到第三座桥的时候，按道理几座桥按政府部门预算下来是 18.8 万元。但是，王新法那时候跟老百姓说，我们自己去干，国家的钱，也来得不容易。大家跟着我一块干，你们出义务工。这个桥用了十几天的时间就修好了，并且只花了 3.3 万元。

修完桥后，他又想到了老百姓的产业。这里的老百姓绝大多数都是弄茶。如何让这里的茶叶走出大山，这就是真正地让老百姓富足起来的方法。所以，他又在这个上面花心思，自己跟着老百姓到了茶田里去采茶。不管蚊虫叮咬，不管多受累，都要亲自去实践一下。后来他就跟老百姓说，我们要想把自己的收入提高，最主要的就是先从根本上做起——从农产品做起。首先做一个良心人，我们做生态、做有机。

做好这些事之后，他说，我们一定要在这里，把老百姓的产业做起来，要做大做强。实际上这些都是他工作上的一些办法、一些思路和他的一些独有的思考能力。

采访组：老百姓是如何一步步地接受他、认可他的？

谢淼：刚开始老百姓是不太相信一个外乡人到这里来为他们做好事的。为什么后来就一步一步地认可他、爱戴他，把他当自己家亲人还要亲的这么对待他？就是因为他做的一点一滴的事感动感化了百姓。

但是，感化老百姓的过程是非常艰难的。我跟随在他身边工作，亲身经历这些事情。记的那个时候，流行土葬，因为山河园建立不仅是烈士的安息之地，最主要的还要在这里改革土家族的殡葬风俗，为老百姓精神上思想上改变要尽一分力。这里的老百姓固有的传统是无法抗拒的。他说，我当时看到的老百姓有一座屋子，屋子前后左右有十几座坟。他说，那样不好，我们将来还要这里搞很多，当时他提出的是三色盈利，分别是红色、绿色、本色。红色是以这里的红色资源，这里是革命老区。绿色就是生态。那本色就是土家族人民的这种淳朴善良，于是，我们把这三点结合做起来。

当时我记得有一次在村子里，因为他们土家族家里有人去世以后不管红白喜事，都会放鞭炮。那次他在村子里听到了这种声音问村民们说："这是红事还是白事？"村民说这是白事。

后来，他就跟我讲，谢淼妹子，我们去到那一家看一看，看看能不能给他做做工作，让他们安葬在山河园上。当时我就跟他去了，他也是按照当地的习俗，先给亡灵磕三个头，我也就学着他的样子磕三个，紧接着他就把主人叫到一边说，把你的亲戚叫来，我们坐一坐。

当时主人家在装茶，递给我们一杯茶，用塑料杯装的。我们就拿着一次性的杯子，我就这样喝茶。当时还是聊家长里短，聊聊故人的情况，后来当他直入主题的时候，就说你看看能不能跟家人在一起商量，现在村里的山河园建好了，我们现在在这里推行集体安葬，就是不要占整田整地，要给后人留下赖以生存的土地。

当他说到这儿的时候，没想到这家的主人，从凳子上一下子就站了起来，立马就变了态度，就说："名誉村长，没有事的话，那你就可以走了，我们家里现在都忙着这事儿，我们没有时间给你胡说八道。"然后这家主人边说，就边揪着他衣服往外赶。

当时我看到王大哥实际上是很尴尬，他拿着杯子两个手搓来搓去，就这样低着头。我见这种情况，就赶快说："王大哥，我们先走，让他们先忙去。"

当我下来的时候，我就一下子控制不住了，王大哥在前面走，我在后边就掉眼泪。他听到我在后边哭的声音，就说："谢森妹子，瞧你这点出息，还是当过兵的人。"实际上我当时是想，我看到一个苍老的身躯，如果这种场景让他的老伴、女儿看到之后会有多伤心？他这么大年龄了，还在这里遇到了这样的待遇，可他自己却没觉得怎么样，还是非常乐观地安慰我。

采访组：您印象中自己和他之间发生的最深刻的事是什么？

谢森：还有一次记得 2016 年春节之前，他说，外出打工的年轻人都要回来，他们要回来过春节。因为那时候下河的路还没有修。然后他就跟我说，我们带上几个人，等下完雪，你看那个农用车把路碾轧得高低不平，我们带着几个人去把路填平。当时我是全副武装，又带着厚厚的雷锋帽、厚厚的手套才下了指挥部，在一个坡下面等着。当时王大哥就是穿了一个嫂子给他买的冲锋衣，但是那个衣服的腰间系了一根草绳。他扛着铁锹，就从上面跑了下来。跑下来之后，我还跟他开玩笑地说："王大哥，你还挺会作秀的。干这么一点活怎么装扮成了这个样子。"当时他听完后什么也没说。

回到了指挥部，因为干活后很热，回来以后把冲锋衣脱了就挂在架子上，我就说我去看看，因为我在城市里的时候比较喜欢穿冲锋衣，然后想看看他穿的冲锋衣是什么牌子的。但是，我一看的时候就很惭愧，惭愧在哪里？他穿成那样实际上并不是在作秀，而是衣服上的拉链头没有了。

那天我们干活也很冷，他是为了不让风灌进来，就用绳子系在腰间。

当时我特别的惭愧、自责，我觉得我就是以小人之心度君子之腹。我当时为什么要那么跟他说话，我为什么要这么想他？

采访组：那您如何评价他？

谢淼：我觉得他跟我们太不一样，所做的一切我们都无法跟他比较。我一直觉得原来听到的一些英雄人物，都离我们很远，这种精神和思想境界都离我们好遥远。但是，现在就是有一个活生生的例子站在我们面前，就这么一个可以发光、发热的老大哥。

可以说，在他眼里没有任何困难，在他眼里遇到的任何事都不叫事。他非常善良，来到薛家村，还会去找村里有没有百岁的老人。当时他了解到薛家村，有一个 90 多岁的老人叫赵德雷，还照顾着一个长期卧床不起的 76 岁的儿子的时候，王新法最起码一年 6 次以上，拿着东西去看，不管我们的团队来了，还是他的亲朋好友来了，他都要带着东西去看望，并且到了那还经常给老人开玩笑，安慰他说，一定要好好活着，活到 120 岁。一直在给老人加油打气。

大年三十，他又主动提出来让我们就跟老人一起过，我们去到敬老院，陪着老人一起过，给他们温暖。他看到村子里留守儿童、老人多，就说那我们成立一个留守儿童之家，就是现在你们大家所知道的这个"我看是非·我看美"活动小组。成立这些小组之后，他又筹集资金，给这些孩子们买来了 50 台摄像机发送给每一个孩子，想让孩子们拍摄真实的镜头去教育别人，也感化自己。让他们睁眼看是非，传播正能量，能健健康康的。即便没有父母在身边，他们还一直能感觉到大家都是他们的亲人。没有人抛弃他们，他们没有失去爱。

采访组：他对您思想上的影响是什么？

谢淼：他的提法，当时我认为，也都是思想。他曾经说过最多的一句话就是，我们团队来到这里，是带着思想来的不是带着私欲来的。他说，在共同富裕的道路上，一个都不能少。不管是开车到了哪里，遇到了老人，遇到村里任何人，他都会停下来，说："需要带一截吗？你去哪里？"他是从一点一滴做起的，真正走到了老百姓的心坎里。

他曾经也跟我说，谢淼妹子，我们跟老百姓之间的关系就是血浓于水的关系。老百姓只要需要我们，我们就去做。还记得当时王大哥对自己也跟对别人不一样：他对老百姓慷慨，嫂子给他买的新衣服，女儿给他买的健身器，同事朋友给他买的，只要他觉得能在村子里用得上的，在自己的手里还没有焐热，就转手送给了最需要的老百姓。而他自己……当你走进他的屋子，走进他的起居室，我们每一个人肯定会为之动容。一个小木屋，到处漏风漏气的地方，到了冬天门缝都有一指宽，他就是拿一个胶带纸把它粘着。第一个冬天时，早晨起来，把耳朵都冻坏了。后来，他就想了个办法买个耳套。他说我晚上睡觉把耳套戴上去，第二天醒来耳朵就不会冻坏了。脚要冷了，怎么办？就穿着棉拖鞋和衣而睡。

我经常会跟他讲，王大哥，你对我们老百姓确实慷慨，但是，对自己的生活品质要求得太低了。还记得2017年8月26日这天，我们把王大哥安葬在山河园后，嫂子孙景华去到他的屋子里给他整理遗物。进了屋子，不过半个小时，孙嫂子就跑出来抱着我痛哭，说："谢淼，我给他整理不出来任何遗物，也带回不了什么。唯一能让我带走的，就是他这点原始手稿，剩下的给他留在这里。"

王大哥走的时候身上几百块钱，工资卡上也仅有一千块钱左右，这是听孙嫂子讲的。他自己每一次发了工资以后，很快就取出来，拿到村子里来，给这边老百姓做事。就我所知道的，他救过一个老百姓，一次性就掏出过一万块钱，为老百姓家娶媳妇，拿五千块钱，因为大家知道这里是山区，条件不好，所以光棍比较多。这里娶一个媳妇，太不容易。王大哥就觉得他一定要帮他们把媳妇娶回来，所以他就帮他们出钱。还有救助老百姓，拿自己的钱更是无法计算。

他这四年先后为这里的老百姓、为这里的建设，就有140多万元的支出。实际上，可能我们大家都会在这里听，就是觉得扶贫100余万元也不算什么，但是那个精神是无价的，是用金钱无法衡量的。

我曾经跟他说："你有的时候，也要考虑考虑自己。毕竟你还要生活。你不要自己一个人在外面做这个事儿，把整个家都拖进来。"

采访组：他的家人对他的扶贫工作是什么样的态度？

谢淼：他会对嫂子和家人说，让她们帮着买点儿什么，包括他女儿王平在北京买房子的钱都拿到这里，毫不吝惜的。

所以我说王新法这个扶贫，不是他一个人在这里干，而是带领他一家人在这里亲力亲为。在这里的四年，他在老百姓心中树立起了永不磨灭的丰碑。

采访组：他所做的扶贫工作，得到了怎么样的评价？

谢淼：他在扶贫的道路上，体现了一个共产党员的价值追求和责任担当，体现了一个当代共产党人的优秀品格和高尚情操。他还用自己的实际行动书写了光辉的扶贫业绩，也在扶贫的道路上，树立起了一个丰碑。他也真正地在用生命担负使命，用牺牲换明天，换来的是薛家村现在如此巨大的变化。我们薛家村现在是县市级省级党纪教育基地，还是全国文明村，获得有很多很多的荣誉，都在薛家村这里。将来，这里还会以王新法精神为主线，教育我们更多的党员群众。要真正地像他一样，将全心全意为人民服务的宗旨刻在自己的骨子里，将理想与信念立了根、铸了魂。他在这里不仅诠释了共产党员的一个责任，也体现了一个退伍军人一名军人精忠报国的情怀。进入我们的指挥部，第一个看到的就是找回党员的荣誉感，找回党员的责任感。我们的目标是富裕一片乡亲，安定一方百姓，用我们的目标去给党凝聚战斗力，给政府锦上添花。

这就是我们要做的，这也是王新法带领他的团队要做的，他希望他的团队在社会上能换取更多名誉村长、名誉主任，他要带动一大批退伍不褪色的军人来参与扶贫。

实际上王新法是一个很普通的人，第一次接触他的时候，他没什么特点，个子也不高。就是这样一个很普通的人，却做出了一件非常伟大、非常感人的事。他的精神永远都在鼓舞着我们、激励着我们。时刻牢记初心和使命，时刻要把老百姓放在心中。

我记得那个时候组织部给他拍了一部纪录片《名誉村长王新法》，我清楚记得片子里有那么一个镜头，在一个半山腰，王新法负重而行的这么一个背影，我每次看到这个镜头时，都很有感触。我就想起了我们的习近平总书记在纪念长征胜利 80 周年的时候说的话：心中有信仰，脚下有力量。

我觉得他在上山坡的时候，脚踏下去是无比沉重但又是无比踏实。王新法同志是在践行的，干事业就要有"钉钉子"的精神，抓铁有痕、踏石留印，稳扎稳打向前走。过了一山再登一峰，跨过一沟再越一壑。他真正践行了这几句话。

采访组：您一直说王新法同志在工作中很乐观，但您看见过他有生气或者流泪的时候吗？

谢淼：我记得有一次，他应该是真生气了，就是我们这里有一个村民叫申大红去世，因为他家里太穷，跟村子里的村民都没有来往，结果没有人给他送葬。后来他的家人找到了王大哥就说，名誉村长，我们家这种情况现在也没有什么办法，山河园不是建好了，我们准备让他埋葬在山河园之上，王新法就答应了。当时他开会的时候召集了村支党委、村民代表、党员在一块儿，说："假如这个时候我们党员不出来，村干部不出来，我们的村民代表不出来，那我主动站出来，我转身背着拽着，我就走在前。村干部先上，共产党员跟着上，然后再带动村民代表一块跟着上，村里用广播去广播。"为这他是真拍了桌子、发了火，甚至他还流了泪。

他有刚的一面，也有内心软弱的一面，因为他善良。他说："我最对不起的就是我的妻子。"每次说到这里的时候，他都会低下头来。我记得是 2016 年的 12 月，天气很冷。当时我是重感冒，正好那一天就是村里头有一个老百姓，也就是"我看是非·我看美"小组的一个老人的老伴，他的老伴身体不好，因为当时很晚了，他求村长能不能送他老伴去医院，王新法二话没说，连夜送他们去医院。第二天我高烧也被送到镇上医院去输液。我躺在那输液的时候，身上就是盖了厚厚的一层，还把自己的衣服盖在上面，脸烧得通红。王大哥回来以后看到这个情景之后，他说，谢淼妹子，你也受委屈了。实际上他的意思，我能知道，就是说他没有第一时间把我送去医院治疗，送到县城去治疗肯定比这里条件要好得多。我觉得那次是他发自内心的那种善，他也怕我不理解他，实际上我跟随他这么长时间，我一直在一点点地改变。曾经他给我讲过一句我印象特别深的话，他说："谢淼妹子，现代生活在变，生活条件也在变，生活环境也在变，但是我不管是怎么变，唯一不变的就是对共产党的忠诚和信仰。"这句话让我越来越读懂他理解他。

采访组：王新法同志有什么特别的工作方法或工作技巧吗？

谢淼：他对老百姓做任何工作，甚至是特别难的一些工作的时候，都是晓之以理，动之以情。以这种非常接地气的方式，让老百姓一步一步地被感化再到理解，最后被认可。我举一个简单的例子。为老百姓修第六座桥时，王新法看上了那个地方的老学校，当时他说，要把它修出来，但是老学校前面一块地被一个村民用来种玉米和红薯。他想办法说要把它拿下来，结果四次下石门，因为那个村民家在石门，我们要下去做工作。后来他用的什么办法呢？那天他说，我们去石门。

原来一般要到哪里去，王大哥都会提前跟你打招呼，结果那天他突然说去石门，我好奇王大哥是要去干吗？王大哥说再去一次那人家里，跟他一起过正月十五。然后我当时很纳闷，我说："人家都没有邀请我们呀。"因为这个正月十五对土家族是个很大的节日，非常让人重视。后来我说，你没跟人家打招呼，那么直接去好吗？王大哥说："没事，我们去看看，到时候送月饼给老人，再买箱奶。"到了那以后，我才知道，原来他知道这一天正好是这家人过"五七"，然后，我们就又到了祭奠现场，到了那，又是磕头又是帮着烧纸，忙得脚不沾地。当时我也一直在想，王大哥真正想要去做什么就是什么，这种执着精神，真的没有任何人能够比得过他。后来回来之后也许是他的这种很细小的这么一个行为，感化了一家人，当时这家人就留我们吃饭，一起过正月十五，吃完饭了这家人说："来来来，我们来堂屋里喝点茶。"结果王大哥就像小孩一样转过头来，冲我笑还挤了挤眼睛。我永远记得他这个表情，我永远记得当时他就跟个老小孩儿一样瞅着我说："行了"。

没想到还真是。那家人就主动地跟我们讲，名誉村长，你用吧，回去就可以把那块地用了，意思是可以做老百姓的活动广场了。因为那个时候的安家村和薛家村有三公里，老百姓要到这边来活动还是不方便。王大哥说，那我们就在那边建一个活动场所。最终这个事他就成功了，但是很不容易。我就觉得这是他非常独特的方法，就是我先感化你，走到你的心里。通过这些事儿让你真正地能发自内心地来化解这个矛盾，就是这样的一个方式。

他还特别有智慧，智慧在哪里？在于他所提出的一切，包括老百姓将来要怎么做，我们的发展目标是什么，也就是他提出的"四个三年"的计划。很遗憾这是一个未完成的事业。虽然他倒下了，但我们会继承他的遗志，继续把他未完成的事业带着老百姓共同做好。最主要的是他让人知道物质贫困没有关系，最可怕的就是思想上的贫困。在这里他主要解决了老百姓的根本性问题，就是转变了他们的思想观念，让老百姓通过一起参与、一起深入去建设家乡、一起去付出，让他们真正地激发出他们的自身动力。

习近平总书记说，幸福是奋斗出来的。实际上，我觉得他所做的，这一切的一切，最终还是归结于这点。我们认为，这就是他一个独特的做事方法，也是让我最敬佩的，是一个值得学习、借鉴和充满智慧的很接地气的方式。

采访组：当您听到他牺牲的时候，当时是什么情况？您是什么反应？

谢淼：当时他倒下了，老百姓听到消息后都从四面八方第一时间赶到了。村民有的握着他的手，搓着他的手，还有一直在他身边喊，王大哥，你醒醒啊，名誉村长名誉村长，你醒醒，你看看我们。

那个时候，因为那里没有火化的地方，我们必须要将王大哥送到石门县城去火化，送下去的时候是凌晨3点。很多百姓都自发地开着农用车一家子去送。我们哪怕是开着这个农用车，走五六个小时到县城，我们都要把他送下去，送他最后一程。后来，虽然经过政府工作人员的劝说，还是有一部分人开着农用车到了县殡仪馆，并且在那整宿整天地守。

当时的情景，用这么一句来形容就是，王新法的扶贫壮举，感动了一座山城，打动了一座小山村。

我记得，他家里决定要把王大哥送回来，安葬在山河园。我们一路上坐的这个灵车，到一个乡，就有很多群众自发地打着横幅，举着牌子说：王新法好人一路走好。在路过一个县城的时候，有一个中年妇女就举着牌子直接站到路中间，牌子上面写着：一路走好。到村里更不用说了，看到的就是我们的"我看是非·我看美"小组的一个辅导老师六七十岁，带着我们的留守儿童，十几个孩子跪在村里的大石碑那，一直跪在那里。牌子上面写着：王爷爷，一路走好。我们的灵车上到山河园的时候，老百姓就在"祖国不会忘记"那几个大字的那块地，跪倒一片。

要知道这里的老百姓是土家族，只跪天跪地跪祖先跪亲人。但是，那一天，他们以最高的礼节送别他们心目中最亲的人——名誉村长。

王新法同志去世的时候，第一个进入薛家村的新闻记者是新华社的一个记者叫谭畅。记得他曾经写过这么一句话，他说我采访过不少以身殉职的英模，每一次都有不少哭的。但像今天这样全村百姓痛哭流涕的情景还是第一次。他的兄弟在王新法下葬的最后时刻跪在那里，望着苍天，大喊一声：大哥！你值了！我们真的认为，这些话包括了家人对他的理解，对他所做的这些事的理解，确实，他值了。

采访组：如果您还有最后一次机会和他说一句话，您会说什么？

谢淼：我想发自内心地对王大哥说一句：王大哥！现在真的可以好好休息一下，你太累了，应该休息了。

⑥

⑦

① 2017 年春节"与民共富"军人团队和薛家村"我看是非·我看美"小组

在南北镇敬老院和吴光荣院长（左二）与敬老院的全体老人共进年夜饭

② 2017 年春节"与民共富"军人团队和薛家村"我看是非·我看美"

小组的代表大年初一看望村民孙红登

③ 2016 年，修第六座桥，王新法与老百姓勘查河道

④王新法来到茶园考察

⑤王新法修桥

⑥王新法在山河园例行更换国旗

⑦殡葬行动

生命的战场：
中国减贫英烈口述史   **吴国良**

　　吴国良，男，汉族，1986 年出生，大学学历，云南东川人，2007 年加入中国共产党，2007 年 8 月参加工作，生前历任东川区汤丹镇人民政府科员、镇扶贫办副主任、汤丹镇中河村党支部书记。工作以来，吴国良先后荣获拖布卡中学"优秀共产党员""汤丹镇十佳优秀干部"等荣誉称号，2013—2015 年，连续三年单位考核为"优秀"，2017 年被中共东川区委授予"优秀共产党员"称号。2018 年 4 月 26 日，吴国良同志在陪同上级对汤丹镇农村危房改造补助资金兑付情况进行检查时不幸因公殉职，年仅32 岁。

• 采访组：张　晗　鲁　蕊
• 采访时间：2020 年 10 月 29 日
• 采访形式：线上音视频采访
• 采访对象：

1. 周有才（云南省昆明市东川区汤丹镇村镇规划建设服务中心干部，吴国良同事）
2. 杨燕华（现任云南省昆明市东川区汤丹镇中河村党支部书记）
3. 王大有（云南省昆明市东川区汤丹镇中河村村委会副主任）
4. 张仕荣（云南省昆明市东川区汤丹镇竹山村党支部书记）
5. 李建荣（云南省昆明市东川区汤丹镇洒海村村委会副主任）
6. 骆继超（云南省昆明市东川区汤丹镇三家村村委会副主任）
7. 孟雪梅（云南省昆明市东川区汤丹镇中河村群众，被帮扶对象）
8. 杨　钦（云南省昆明市东川区汤丹镇人民政府扶贫办工作人员，吴国良驻村同事）

•采访对象：周有才（云南省昆明市东川区汤丹镇村镇规划建设服务中心干部，吴国良同事）

采访组：周有才同志，您好！您和吴国良同志最早是什么时候认识的？你们在工作中有哪些交集？

周有才：我和吴国良同志早在2014年就认识了，我们之间的交集是我们都在汤丹镇村镇规划建设服务中心工作。

汤丹镇有2684套保障性住房，和他在村镇规划中心共事的那段时间，我和他主要的交集是负责保障性住房的验收和分配。另外就是他带着我一起制定了汤丹镇公租房的管理办法。

采访组：吴国良同志给您留下的第一印象是什么？

周有才：因为我是退伍后转业安置回来的，他那时候是从学校那边调过来的，我第一眼看到他的时候，觉得他这个人很有"喜感"。他跟周围的人说话办事的时候，脸上总是带着笑容。

采访组：吴国良同志平时是一个怎么样的人？你们在相处的过程中，他喜欢开玩笑吗？

周有才：我觉得国良平时还挺喜欢跟我们开玩笑的。以前工作不忙的时候，他喜欢出去旅游。我记得他有一次放假去通海旅游，回来的时候给我们带了两个烟灰缸当作纪念品。

我当时还跟他开玩笑，我问他："我又不抽烟，你给我买烟灰缸干什么？"他说就是看着烟灰缸上面的漆工很漂亮，买回来让我放着收藏，没准儿再过几年就成古董了。

还有一次，他带我去新塘村，我们一起去看那个村的工业辣椒生产情况。那天我们是先去了种辣椒的地里，后来又去达朵村那边的厂房。那个厂房主要是加工烘干辣椒的，气味特别刺鼻。因为我们两个人都有鼻炎，很容易就会被呛到，所以一路上不是他打喷嚏就是我在打喷嚏。我们那一路上就互相打趣，说对方怎么那么臭，这么一点儿味道就受不了。

采访组：我们知道吴国良同志在来到汤丹镇负责扶贫工作前，曾经是一名中学老师，对他来说，刚开始接触扶贫相关工作的时候，有没有难度？

周有才：在调到汤丹镇人民政府工作前，吴国良同志是一名中学老师，在东川区拖布卡中学任教。他在学校除了教学以外也从事过行政工作，曾是拖布卡中学党支部副书记，所以他是有一定的行政工作经验的。

采访组：您有没有听吴国良同志跟您聊过，他自己如何评价自己的工作？

周有才：他经常找我吹牛聊天，常说一句话："最近忙得毛飞啊！"他虽然嘴上说着忙忙忙，但是该干的工作一样没落下，最后全部都落实到位了。

采访组：您知道他做过的工作中，最有成效，或者说是最有意义的事情是什么？

周有才：有一件事可能不算是他最有成效的工作，但是很有意义。

距离中河村委会大约4公里的河道上，有一座横跨河谷两岸的安顺桥。这座修建于清光绪年间（1875—1908年）的老桥是省级重点文物。

吴国良到中河村工作后，经常会和领导一起去考察，他发现安顺桥由于年久失修，桥板受损已经很严重了。后来他及时联系了镇、区的文化站等相关单位，专门去协调申请了经费，把桥给修了。

采访组：我们知道吴国良同志是东川人，有没有发生过什么事情，是让您感觉到他对于这片红土地是有感情的？

周有才：是的，国良就是一个地地道道的东川本地人，我也是，只是我们不是同一个乡镇的。

有一件小事。国良平时喜欢上网，有一天他突然叫了我一声："才哥，赶紧过来！"我俩的办公室对门，我听到他叫我，还以为发生什么事了，赶紧过去看。他跟我说："你快看！中国最后的一块方孔铜钱——民国通宝是东川产的！"我还记得当时他给我看到的那块铜钱，正面写着"民国通宝"，背面是"东川"二字。

他当时就很自豪地跟我说："东川太牛气了！"我那时候就觉得他身上还有点家乡宝的味道。

国良以前还跟我提到过，他初中是在离家很远的沙木中学读书。因为当年没有校车，他们上学要走三四个小时的路才能到学校，条件很艰苦。

吴国良从小在农村长大，正因如此，在工作中，他好像也就更能体会、理解农村老百姓遇到问题时的心情。

采访组：吴国良同志对待农村和农民的感情的确是发自内心的，您能举个亲眼见到过的例子吗？

周有才：他这个人不管跟什么人都能相处得很好，不管什么工作都能做得漂亮。

我们这边经常接待村里来上访的群众。有一个中河村的老人，年纪有点大，很多人都觉得她脾气特别不好，甚至是有些古怪。有一段时间她常来我们镇上的办公室，我对她印象很深。

这位老人从中河村来到我们镇上，国良不管有多忙都会单独地接待她。到了饭点，他还会带着老人一起去我们食堂，打饭给她吃。

老人从中河村到汤丹镇上都是坐客车来，每次回去的时候，国良都会去送她，顺便就去客运站给她买一张回去的车票，让她安心地坐车回去。

采访组：那这些钱是他自己出吗？还是单位会有相应的补贴？

周有才：这些钱都是他自己出的，是他自愿的，单位没有多余的经费。我觉得这可能都是他从小养成的习惯，家风带给他的影响。

采访组：听到他牺牲的消息，当时是一个什么样的情况，您当时是什么心情？

周有才：那天下午，有一个我们当时负责的廉租房工程的施工方来到办公室，想处理一些以前的遗留问题。那个人跟我说这件事情可能国良比较了解，想找国良来处理，我还劝他不要打电话给国良了，国良在忙，下村去了，交给我解决就行。

那天我也不知道是怎么想的，反正最后也没打电话给他，结果接到了别人打来电话，告诉我们他出事的消息。

国良出事的地方，那个村和我们在的地方就隔着一个村，一个山沟，我们可以看到对面的山。

下午的时候，差不多五点，我们当时是先听到跟他同行的驻村工作人员说出事了，但是具体是什么事、有多严重，都不知道。

后来我们接到的任务就是那天晚上留在镇上的办公室待命。平时加班的人多，原本灯火通明的办公楼那一晚黑漆漆的，没几盏灯亮着，因为很多人都出去了。

我们待命的三个人在办公室就聊起了他，一直聊到了夜里 12 点多。我记得那天晚上还下了一整夜的暴雨，窗外是哗哗哗的雨声，眼睛一闭上都是国良满脸笑容的样子，我一晚上都没有睡好。

第二天一早，镇上的领导让我们直接去殡仪馆，把单位的公务车也开过去候命。我们一行人过去之后，中午有一个同事被派去开车接他的父母、妻子，那个同事说这趟车他根本不敢开，因为知道国良走了，不知道该怎么面对他的家人才好。

采访组：如果有机会再和吴国良同志说一句话，您想对他说什么？

周有才：其实想说的不多，就是还想跟着他一起工作，陪着他一直走下去。

因为平时我都是称呼他为"领导"，如果只有一句话能说，那就是："领导，我一定陪你把土木工程的本科读完再一起回来工作。"因为我后来才了解到，国良之前在工作之余报了一个土木工程专业的成人函授班，课还没上完。

• 采访对象：杨燕华（现任云南省昆明市东川区汤丹镇中河村党支部书记）

采访组：杨燕华同志，您好！请您介绍下您的职位、工作内容、和吴国良同志的关系，以及您工作上与吴国良同志的交集。

杨燕华：你好，我是杨燕华，现在在中河村任党支部书记。

吴国良同志生前跟我在中河村是同事，那时候他任中河村党支部书记，我任支部副书记。我们当时主要的工作交集就是我配合吴国良做好党建工作、党员学习培训这一块儿，还有脱贫攻坚的进村入户、走访、数据统计等工作。

采访组：您第一次见到吴国良同志是什么时候，那是一个怎样的场景？您是否能回忆起他当时的穿着外貌，以及给您留下了什么样的印象？

杨燕华：我第一次见吴国良同志是他刚到我们村里任职的时候，当时那个情景就是村上组织了一个村组干部和党员同志们的见面会。那次是我第一次见到他，当时就感觉到他比较平易近人，有一种很朴素、干练的精神。

采访组：您和吴国良同志相处的时间应该是比较长的，您知道他在工作中或者生活中有没有遇到过什么难事，有没有情绪失控的时候？

杨燕华：他不管遇到什么事情，在我们面前从来没有哭过，但是没哭过也不代表他的内心没有触动。实际上我觉得工作上的难处他可能也遇到过，那些困难带给他内心的感触应该还是比较深的。但是国良给我的感觉，就是一个有苦往心里、有难往心里放的人，男儿有泪不轻弹。

采访组：吴国良同志跟您在中河村共事期间，有没有因为工作上的事批评过您？您当时心里是怎么想的，有没有觉得委屈？

杨燕华：因为我的年龄比他大一点，他一直是比较尊重我的。但是由于我们在平时做工作的时候，可能还是不够吃苦耐劳，还有就是在对群众讲解扶贫政策这方面，可能会出现讲解不清楚、不到位的情况，再一个就是对上级政策的理解也会存在一些偏差。吴国良同志作为领导，对我们的要求自然是很严格的，做得不好的地方是会批评我们的。

当然了，更准确的应该说是要求我。我们作为干部班子里的成员，还是要懂得学习和提高自己，这样才能更好地服务广大群众。所以他的批评我们也是愿意接受的，也应该虚心接受。

虽然吴国良同志对我们有过批评，但是在生活方面，他对我们是很照顾和体贴的。有一段时间，因为扶贫工作任务重，我们的工作干到很晚，他就会叫上我们一起去吃饭。这时候他都是积极主动地自掏腰包，不给集体增加负担，也不给我们其他人增加负担。

采访组：在您看来，吴国良同志在做扶贫工作时的状态，和他平时的工作状态有区别吗？

杨燕华：他平时的工作状态和扶贫工作的状态，区别其实不大。但是在某种程度上，脱贫攻坚的相关工作，可能时间紧、任务重、责任更大，也真有不一样的地方。

平时的一些工作，可能会有充分的时间让我们考虑，让我们来慢慢讨论。但是扶贫工作的很多事就相当急，时间相当紧，需要我们及时决策或者及时采取措施。所以吴国良同志身上的那种吃苦耐劳精神，以及能够果断决策的工作能力在脱贫攻坚的工作中尤为突出。

采访组：您觉得吴国良的工作风格和周围的人是一样的，还是不一样的？一样的地方在哪里，不一样的地方又在什么地方？

杨燕华：我觉得吴国良和我周围的人有一样的地方，也有不一样的地方。

和大家一样的地方，他也是一个有血有肉的热血男儿。不一样的地方，就是他的精神状态，给人的感觉是很有担当、很负责的。主要体现在我们工作中，不管是遇到什么事情，他从来都不推卸责任，是比别人更主动、更有担当的这么一个人。

采访组：有没有具体一点的事情，比如哪件工作，他没有推卸责任？有没有具体的人名、地名，事件的前后因果，以及他当时的想法、状态，这些他生前有没有和您沟通过？

杨燕华：我印象最深、最具体的一件事发生在2018年。

那次是我们这边修公路，又暴发了泥石流，洪水顺着公路流到了普查村小组几家农户的田地里，冲毁了部分田地，那几家农户就找到了我们。了解事情之后，国良也是比较积极主动地跟上级党委政府及时对接，争取帮助他们更好地解决这件事情。

但是由于处理事情总有一个过程，老百姓就觉得我们没能很及时地跟进、解决这个问题，他们就产生了很激动的、很冲动的想法，很多人就到那个现场把路堵了。

听到群众堵路的消息后，当时我们村上的王副主任（王大有，时任中河村村委会副主任）就及时联系了我和吴国良同志，我们及时赶到了现场，跟现场的群众做起了思想工作。

老百姓们一开始也是很不配合我们的工作，解决的过程中就产生了口角。部分群众挺冲动的，还比画起动作，要对吴国良同志动手。当时我和其他几个村上的干部都在现场，立马冲到前面采取了阻止措施，不让农户有任何过激的行为。

当然，部分群众不理解的点就在于：我一有事情，你出人一分钟就得给我解决。不然，就是工作人员不作为或者是领导不作为。

实际上，这也就体现了我们群众工作难做的一方面——到底如何才能消除我们和群众之间的距离。所以处理这类问题的时候确实就需要国良这样的人——有更强的担当精神和一定的思维能力，才能把群众工作做好。

吴国良同志从一个共产党员的立场出发，没有怕事，没有推卸责任，而是自己立马站出来，把事情接下来，担起了责任，后来事情圆满解决了。通过这件事情，我真的是很佩服吴国良的担当与为人。

采访组：吴国良同志在中河村任职期间，您认为他重点做过的、最有成效的扶贫工作是什么？请您跟我们具体讲讲。

杨燕华：他来到我们中河村以后，重点做过的最有成效的、最有代表性，也是最能起到带动性作用，以至于改变了我们后期工作思路的工作，就是在 2012 年启动的农村危房改造、建设幸福乡村这件事。

2014 年，中河村党支部被定为基层软弱涣散党组织，村内矛盾纠纷比较多，基础设施建设也比较滞后，而且大部分村民还住在 D 级危房中。当时亟待解决的问题就是加强班子建设、凝聚合力，这样我们村才有希望跟上全镇脱贫摘帽的步伐。吴国良那时候是镇党政办主任，也就被派到了中河村，兼任中河村党支部书记。

吴国良同志上任第一件事就是立规矩，整顿班子，提升班子工作能力。他一边解决村上班组成员的问题，另一边又及时地了解我们中河村脱贫工作面临的问题。知道了我们农危房改造项目的建房款迟迟没有落实，他在掌握了相应情况后，很快组织起村里的班子成员共同收集相关信息和材料，然后把这些资料录入电脑，形成电子版资料，配合纸质版资料，及时上报给上级相关部门。上级部门接收到这些有效的资料后就及时地把建房款项拨付下来了，这才使得农户建房的积极性得到了很大程度提高，项目的进度也加快了。

这件事带来最明显的成效，就是到了后期的脱贫攻坚阶段，我们这边的农危改工作已经做得差不多了。这就帮助我们村从干部到群众，都腾出来大量的时间去实现其他几项保障性的脱贫工作，其他村可能还没有这种先决条件。

这就是吴国良同志在我们中河村做过的最有成效的一项扶贫工作。

采访组："班子上定的事尽管放手去做，可能得罪人的时候就说是我让做的，有什么问题我来承担。"这句话他是和你们经常说的，您觉得他为什么有胆量说这句话？您有没有担心过他会有一些承担不了的问题？

杨燕华：这句话确实是他经常会对我们说的。

他为什么有胆量会说这句话，我觉得是因为他作为一个村干部，更重要的是作为一名共产党员，有一份坚信党的初心。不是说非要有什么后盾做支撑才敢说这句话。在他身上就体现了共产党员的担当，所以在扶贫工作中也好，其他工作也好，他才有这个胆量常常把这句话挂在嘴边。

在我看来，我也不担心他说这个话之后，会不履行诺言或者是做不到、践行不到底。因为不管是参与处理纠纷也好，开会宣传政策也好，讨论制定村内那些大的事情也好，他说的话从不夸张，办的事从不张扬，永远是本着一种实际的精神出发。

国良这个人，说话办事不是"喊口号"，做不到的不会说，从来不会忽悠人。总的来看，他这个人的说话办事、思考问题，都有着一种很诚实的心态。

我觉得这样一个同志有愿意担当的态度，他说出来的话、提出来的问题，我们根本不用担心会做不到。所以我们也是非常有动力，愿意和他一起冲在前面。他走在扶贫工作的一线，确确实实地履行了党的使命和作为党员的义务。

采访组：扶贫工作很紧张的那段时期，吴国良同志经常起早贪黑地做工作，这让他的外形有什么变化吗？你们能直接看出来吗？

杨燕华：吴国良同志既要负责村上脱贫攻坚的事，又要统筹村上的其他工作，还要负责汤丹镇整体的脱贫攻坚工作，任务比较繁重。

我感觉他确实工作压力很大，肩上的担子很重，要思考的问题太多。所以有时候他的脾气比平时要急得多，当然要是不急可能也就做不出那么多事了。

我们能感觉出来他的外貌在慢慢变得比较憔悴，再加上他本人的身体那段时间也确实有状况，我们时常能看到他在吃药。由于我们村里都是几个男同事在一起工作，可能没那么细心，没有具体问过他在吃什么药，只是经常看到他在吃药，量很大。

采访组：当您听到吴国良在扶贫路上牺牲的消息，您是什么反应？

杨燕华：当时听到他出事的消息，时间已经很晚了，正常人家应该已经休息了,但是我们的吴国良同志却还奔走在脱贫攻坚的路上,遭遇了交通事故……

我也是后来才知道,我接到电话的那个时候他已经牺牲了。我一开始还想着可能只是交通事故,情况应该会好一些。直到听到他牺牲的消息,我的心都凉了半截儿。确实觉得很可惜,他这么年轻,能力也强,就这样走了。

当时我们的反应就是,中河村、汤丹镇刚刚受领了大量的脱贫攻坚任务,我们的主心骨就牺牲了,提前离我们而去了,接下来的担子谁来挑?没有主心骨我们怎么来完成接下来的任务?当时我的内心真的是七上八下的。

但是我们想得更多的一点是,我们失去了一个好兄弟,失去了一个好干部,失去了一个优秀的共产党员。不管是对中河村也好,对汤丹镇也好,对脱贫攻坚这项伟大的事业也好,总的来说,我们确确实实是失去了一个优秀的人才。我内心的感触实在比较深,比较痛心。

采访组:如果您还有最后一次机会和吴国良同志讲一句话,您会说什么?

杨燕华:如果我还有机会对他说最后一句话,我应该会说:"好兄弟,你是我们的榜样,你是我们学习的榜样,此生认识你,我也无憾了!"

• 采访对象：王大有（云南省昆明市东川区汤丹镇中河村村委会副主任）

采访组：王大有同志，您好！吴国良同志到中河村任党支部书记时，您已经在中河村工作了，请您讲讲当时你们一起工作的经历。

王大有：吴国良同志到中河村工作的时候，我那时候是村委会副主任。我和他在工作上的交集主要就是扶贫工作中的农危改项目期间，我们一起负责开展相关工作。

采访组：您和吴国良同志一起工作期间，有没有发生过什么事情，给您留下了深刻的印象？请您具体给我们讲讲。

王大有：有一次在村委会，我们主任批评我工作状态不好。当时吴书记就把他叫过去，说以后不要在人多的场合，当着别人的面说我，因为我毕竟是个干部，作为一个村委会的副主任，有什么事情和问题可以私下再说，在公开的场合不宜多说，说这些会影响团结。他短短的几句话，让我很感动，也让我知道要认真反思自己，所以这件事给我的印象是挺深的。

采访组：在您的印象中，吴国良有没有什么口头禅？在他的工作中，常常会把什么话挂在嘴边？

王大有：我记忆中是这样的，他即使是遇到了再难的事情，眼睛一鼓，嘴巴一个笑，说："这个事情还有点恼火嘛！"接下来，就会立马和周围几个人商量一下，这个事情要怎么怎么解决。经过商量后他就会说："可以，要得！这么做最合适了！"处理事情的时候，他几乎都是这种状态。

采访组：您有没有见过他在扶贫工作中的状态？这个状态和他平时做其他工作的状态有什么区别吗？有没有比较具体的事例可以讲讲。

王大有：我觉得区别不大，因为我们的扶贫工作，也是他来了之后一段时间才开始进行的，在那之前他也负责过村上的其他工作。他这个人不管做什么事情都相当认真，不管是扶贫工作的事情，还是扶贫工作以外的事，他都能把事情安排得井井有条。

他那时既是汤丹镇扶贫办的副主任，同时还负责着很多村里的事情。虽然我们真正接触的时间并不多，但是他给我的感觉就是为人相当爽直，做事情也很有自己的风格。

我记得有一次，田坝村那边在修公路，又恰好是雨季，发生了泥石流，冲毁了部分农户的田地。当时田坝村的书记打电话给我，我及时联系了吴国良同志，然后我就把当时的情况都跟他说了一下，包括村民方方面面的要求。

因为我对于村民工作这块儿比较了解、熟悉一些，他就叫上我一起想办法，商量应该怎么解决才好。紧接着我们就赶紧把村民们召集起来开了个小会，我觉得既然事情已经发生了，那么我们就坐下来谈谈怎么解决。当时我问了问村民的情况，说是被洪水冲毁的田地里还有些青苗在里面，他们想要得到一些赔偿。我提出了给村民按照 1500 元 / 亩的价格对他们的损失作出补偿，当时村民也都同意了。我和吴书记他们汇报之后，吴书记他们也是积极地向上级反映了相关的情况。

过了没几天，又发生了一件事情，村民们因为迟迟没拿到补偿款就去把公路堵了。

那天吴书记和我们一起去了村民们堵路的地方，在现场还发生了一点冲突。

因为农户他们情绪比较激动，当时有几个村民还做出了一点过激的行为，甚至还想跟吴书记拉拉扯扯。当时我们村的杨燕华书记在，我也在，我俩一起冲在前边，挡住了那几个冲动的村民，也积极地和村民们做了解释工作。在那个情况下呢，吴书记相当冷静，他站出来和村民好好地解释了这件事情，把群众那种激动的心情安抚下来了，后来这件事也就平息了。

经过那次之后，我发现吴国良同志作为一个共产党员，作为一个领导，在处理这类事情的时候，他身上那种冷静是令人佩服的。即使是面对一些过激的行为，他也能始终冷静地、轻声细语地跟村民解释清楚。

采访组：当您第一时间听说国良同志牺牲了，您当时是什么反应？

王大有：他出事那天晚上，一直在下雨，雨还很大。

那时我们刚好是在东川城里，听说是吴书记在路上出事了，出车祸了。当时一听，心里也是怕，觉得不可能吧。他们说人已经要送去殡仪馆了，当时我们就赶紧往殡仪馆赶，但是我们提前到了，去殡仪馆的车实际还在路上，我们就在殡仪馆等着。

那天晚上看到吴书记被送进殡仪馆，我当时那种心情的低落感啊，根本说不出话来。就那一次，心情实在太低落了。我就一直在想，太可惜了，吴书记走了，我们中河村今后的工作应该怎么开展，他的离开对整个汤丹镇的脱贫攻坚的工作损失太大了。

采访组：吴国良同志走了之后，中河村的脱贫工作肯定也是不能停下来的，后来一段时间你们是如何推进这些工作的？

王大有：吴书记走了以后，我们中河村的扶贫工作主要就是杨燕华书记在领导，我们身上的担子重了起来，每个人都知道任务艰巨。再后来，镇上又调来了新的包村干部对扶贫工作进行指导，算是接过了吴书记的担子，我们在他们的领导下也是顺顺利利、圆圆满满地完成了后续的脱贫摘帽工作。

吴国良同志离开一个月左右，我们村上召集干部开了一次会，杨燕华书记拿出一份写得密密麻麻的会议记录，是国良同志生前的扶贫资料，里面的内容包括村里的串户路建设、污水排放工程、太阳能路灯安装、蓄水池建设、村民新建房生活用电等情况。

杨书记说："我们村贫困发生率有30%多，这些年国良带着我们修路建房，老百姓日子好过了，可他就这么走了。我们几个村干部商量着，把国良生前想做还没来得及做的事梳理出来，继续完成他未完成的事业！"

采访组：最后还有一个问题，如果有机会再跟吴国良同志讲一句话，您会对他说什么？

王大有：吴书记，你要是还在的话，有你的话，我们中河村的很多工作，相对来说要顺利得多呢！

·采访对象：张仕荣（云南省昆明市东川区汤丹镇竹山村党支部书记）

采访组：您好，可以简单做个自我介绍吗？您和吴国良同志在工作上有什么交集？

张仕荣：你好，我是竹山村党支部书记张仕荣，和吴国良同志是上下级的关系。因为在扶贫工作方面，我是村级的干部，他是镇扶贫办负责分管这方面工作的。

吴国良同志牺牲前，主要是分管镇上脱贫相关的工作，而我们村是2017年脱贫的，他在我们村主要抓的就是"一达标两不愁三保障"方面的事情。

首先是他来督促我们村的易居农危房改造项目。当时我们村在汤丹镇是抓得比较紧的，因为建的房子比较多，所以他来就是负责整体规划和宣讲关于易居农房改造的相关政策。

其次就是产业发展。我们村在汤丹镇首先办了一个生猪养殖和肉牛养殖场。刚建场的时候，筹措项目资金这些事都是吴国良同志带着镇上扶贫办的同志来我们村落实情况，为后来产业的顺利发展奠定了基础。再到后来，我们的生猪养殖场和肉牛养殖场成功建起来了，不过那已是吴国良同志牺牲后了，比较可惜，他没有亲眼看见。

第三就是与脱贫攻坚相关的数据录入工作，这个工作量也是相当大的。

总而言之，我们跟他的联系主要就是在脱贫攻坚方面的工作。

采访组：您对吴国良同志的第一印象是什么？后来这个印象有没有发生改变？

张仕荣：他这个人是本地人，我对他的印象就是比较随和，平易近人。不管有什么事找到他，他都会面带微笑地帮忙解决。不管是工作上的事情还是工作以外的事情，他都会认真负责地帮忙。在我的整体印象中，他是一位比较完美的好同志。

周围的人，同事也好，帮扶对象也好，对他的评价普遍也是相当高的，都说他是能做事、有担当的这么一个基层好干部。

采访组：对于吴国良同志的工作历程，您是否有所了解？他跟你们聊过相关的经历吗？

张仕荣：我了解的情况是，吴国良同志一开始是东川区拖布卡中学的老师，后来被调到汤丹镇人民政府工作，同时也担任中河村的党支部书记。后来他接触到脱贫攻坚这个工作，就当上了汤丹镇扶贫办副主任，慢慢负责起农危房改造、产业发展、脱贫攻坚大数据的整理等工作。

采访组：您有没有去过吴国良同志的办公室，他的办公室是什么样子的？

张仕荣：我印象中他在镇上的办公室里有两张桌子，他和另外一位扶贫办的同事一起办公。因为他负责的工作很多，桌子上堆的东西也多，我们去了一眼就能看出来他的办公桌是哪一张。

采访组：您和吴国良同志工作相处的过程中，他有没有做过让您感动的事情？

张仕荣：2017年的时候，我们村作为汤丹镇第一个准备脱贫的村庄，有一段时间要准备迎接上级检查，吴国良同志就来到村上跟我们一起准备材料。

我记得那天晚上还下着小雨，一群人一忙就是一宿。基本上是干到了凌晨五点多，其他同事就去找床铺，准备休息一会儿。因为床铺少人多，国良就一直把床铺让给大家，自己最后只能躺在沙发上，盖着被子就休息了。

第二天我起得很早，要提前统筹安排一些工作。我当时就看到国良工作做完之后，一个人躺在沙发上，开着取暖器就那样睡了一两个小时。这件事让我感动的地方，不仅是他兢兢业业地把工作做完，还把较好的休息环境让给了其他同事休息，很能吃苦，人很善良。

脱贫攻坚这项工作，时间紧任务重，如果是按照既定时间节点和工作量，不加班、加点的话，我们很难完成任务。这么说，不是因为吴国良同志的领导能力不够，非得带着大家熬夜才能做完工作，而是任务太多太重。按照时间节点来说，其他村是到2019年实现脱贫摘帽，我们村当时的任务是2017年或者2018年就要实现脱贫。那么如果要率先脱贫，就必须要用双倍的时间、双倍的人力物力才能完成任务，才能实现目标。

采访组：你们村如果率先实现了脱贫，会有什么优惠政策吗？

张仕荣：因为脱贫工作是按照时间节点分批分量来完成的。如果说整个市整个区的脱贫任务都全部集中在一个时间段内进行，很可能就做不好脱贫攻坚工作。所以根据实际情况，都是分时间来进行的，先脱贫一个村，后面又按照时间计划来攻坚下一个村。整个地区的脱贫工作是有安排、有计划、有步骤地推进。这么做一是质量高，二是易完成任务，不是率先脱贫就会获得什么奖励或者政策优惠。

采访组：在您看来，开展扶贫工作最重要的是什么？

张仕荣：脱贫攻坚工作没有固定的模式可以参照着去做。政策、决策都是在不断摸索中修正和推进的。

有些政策，比如农危改的房屋建设这一块儿，每家补助的资金是固定的。建房子可以有个固定的施工图纸，按照实际的情况、根据进度安排来做就行。

但是像产业发展政策就要因地制宜，要根据每个村不同的需要来提出发展方向，不是每个村的发展需求都一样。所以开展扶贫工作，重要的是要结合实际、因地制宜，更要我们这些基层干部在不断学习和摸索中前行。

采访组：如果有机会跟他说最后一句话，您想对他说什么？

张仕荣：他出事当天，一开始听说，我们都不相信。明明前两个小时才见过的人，说没就没了。直到我和其他同事一起到事故地点之后，现场看到了才敢接受这个事实。

我后来就一直在想，如果当时多留他一会儿就好了，强留他在我们村吃过晚饭再走，错过了那个时间，就不会发生这个事情了。

·采访对象：李建荣（云南省昆明市东川区汤丹镇洒海村村委会　副主任）

采访组：李建荣同志，您好！请您做一个自我介绍，顺便介绍一下您和吴国良同志的关系。

李建荣：你好，我是汤丹镇洒海村的副主任李建荣，我和吴国良同志是 2017 年做易地扶贫搬迁工作时的同事。吴国良同志当时是负责我们洒海村乌龟山易地搬迁统建房的规划和管理，我也负责这一块儿工作，主要就是乌龟山的统建房规划和建设的相关工作。

采访组：您知道吴国良同志牺牲前，在洒海村正在做的最后一项工作是什么吗？

李建荣：当时村里统建房的钢板房屋主体工程完工，我们正在组织人员进行房屋的质量验收工作。

采访组：如果用几个词来形容您眼中的吴国良同志，您会怎么形容他这个人呢？

李建荣：认真负责、埋头苦干、舍小家顾大家。

在我们之前的工作中，有一件事能体现吴国良同志认真负责这一点。当时我们负责的统建房，房屋设计图纸中有一定的瑕疵，导致施工后房屋的雨水排放有问题。因为当时工期很紧，我认为发现问题后交给设计方解决就行，我们就不用再参与了，但是吴国良一定要求我和他一起去设计院，和工程师亲自沟通。最终是亲自监督落实，解决了这个问题。

自从我认识他以来，吴国良同志在工作作风方面是相当朴素、相当亲民的，用老话说就是不存在"下不了村，进不了屋"的这种情况。我们在推进统建房的工作中，因为经常要上山下坡的，吴国良同志都是跟我们跑现场，跑到每一个"标准点"上。他这种朴素的作风就是不怕脏不怕累，就是要实实在在地去到那个地方才行。

还有的话，就是吴国良身上有一种舍小家顾大家的责任，他带着这种责任心去做脱贫攻坚工作。为了完成这个工作，他甚至付出了生命的代价，这样的工作态度，对我们也是一种激励。

采访组：那么，对于前面您提到的，吴国良同志舍小家顾大家这方面，您能具体展开说说您了解的情况吗，体现在哪些地方？

李建荣：比如之前他来我们村审计施工图纸、监督施工队，平均每个星期两到三天的时间都要"驻扎"在我们村里。

前面提到的图纸上排水系统瑕疵的问题，就是国良同志在我们村里审核图纸的过程中发现的。他来我们村的那段时间，白天跟现场、跟进工程进度，晚上要审核图纸方案，几乎每天都是在我们这边干到晚上九十点才回家，这样一来，对于家里面的事情就顾得很少很少了。

采访组：吴国良除了参与危房改造这件事情，在你们村还做过哪些扶贫工作？

李建荣：除了农危改这个项目，还有一个助力产业发展的事情。

我们当时在扶贫办的帮助下，申请到了一个将近 500 亩的木瓜产业基地，这个基地主要就是国良帮我们申报的，他准备了申报材料，经过层层审批，最终成功地申请到了这个木瓜产业基地的项目。

采访组：那这个木瓜产业基地成功立项之后，整体是发展到一个什么样的规模？对于你们这个地区的脱贫工作来说有多大的帮助？

李建荣：吴国良同志帮我们申报的这个木瓜产业基地扶贫项目，现在已经发展到 1000 亩，带动了我们洒海村 405 户贫困户脱贫，每年还有两万块的集体收益到账，目前这笔钱已经收到两年的了。所以说我们的脱贫产业，就是这个木瓜基地在他的帮助下不仅申报成功，后续发展得也相当好。

　　采访组：如果您还有最后一次机会和吴国良同志讲一句话，您会说什么？

　　李建荣：国良，你一定要保重身体！

·采访对象：骆继超（云南省昆明市东川区汤丹镇三家村村委会副主任）

采访组：骆继超同志，您好！您印象中的吴国良同志是怎么样的一个人？

骆继超：我了解的国良这个人平时工作的时候话不多，是个少说多做的人，平时也不爱跟人计较。

采访组：吴国良同志在工作和生活中分别是一个怎么样的人？

骆继超：工作上，他这个人不太善于表达，但是对于同事的宽容这方面令我印象深刻。比如说工作，他自己可能多干了一部分，他自己是不会在意的、不会计较的。

生活上，他用的时间比较少，但是他对待吃饭这件事还是很认真的。

他因为工作忙，常常是自己的家庭都顾不了，简单来说就是先公后私的一个人，总是先办工作上的事情。

我记得他自己生病了都没时间去医院，多少次听到经常在一起工作的同事劝他去医院，他都没去，一直忍着。

后来他即使去了也是开点药就回来了，吃着药继续干活，本来他的病我觉得应该是要深度治疗的。

采访组：吴国良同志和他的妻子结婚四年多了都没要孩子，他有没有和你们聊过他的家庭、他的生活？

骆继超：他的扶贫工作干得真的是很到位的。他家庭都顾不上了，结婚很多年了都没要孩子，一直奋斗在基层，奋斗在扶贫一线，跑来跑去，把自己都奉献在工作上，家庭上真的是付出得比较少。

另外一个就是因为工作，他身体也顾不上了，累得都生病了。身体是革命的本钱，最起码身体要养好，才能更好地干工作啊！

采访组：您去过吴国良同志的办公室吗？能简单描述一下是什么样子吗？

骆继超：去过，镇上扶贫办的办公室。里面那张他的桌子上，经常看得到很多的扶贫资料，基本上办公室里面看不到他的私人物品，办公桌上摆的都是工作上的东西。

他的办公桌桌面上除了两只手能放得下的地方，其他都放满了资料。虽然工作忙和累，事情多，但是他的办公室收拾得很整齐。

采访组：您和吴国良同志一起工作的时候，听说他对你们要求很严格，有时候还会批评你们，请您跟我们讲讲具体的例子。

骆继超：有过，平时工作干得慢或者是不到位的地方、效率不够高的时候，他肯定会说我们。

开展农村危房改造项目的时候，开始工作推进得比较慢，我们每天报进度报得比较晚，因为我们那时候手头的工作也比较多，汇报得就会晚一些。由于这可能会影响到整个区的工作，他就跟我们说干事情就要拿出干事情的样子。

采访组：在你们的日常工作中，您是否见吴国良同志和别人有过冲突？

骆继超：冲突倒是没有，他在支部工作的时候，会有被群众不理解的时候，那时候他会说两句。

虽然我们那时候不在一个村委会工作，但是我能大体上猜到，比如，老百姓说为什么这家能享受这个政策我们家没有。但是实际上他们家是没有满足某些条件的。是会出现这种"争政策"的这么一个现象，老百姓之间心里面不平衡。

我们干扶贫工作的，不能说由着老百姓的思路和性子来，在这个过程中肯定就会产生一定的摩擦。

采访组：那你们遇到这样的情况，一般是如何解决的？

骆继超：不管怎么样，我们还是会想办法帮老百姓解决，跟他们说清楚这个政策为什么你家没有他家有，别人的家庭情况如何、家庭背景如何，这些都会在办公桌上慢慢跟他们说，或者是到群众家里面去跟他们解释清楚。

干工作就是要讲实际，如果说你确实满足条件、能享受这个政策那我们一定会帮你解决，如果不能享受这个政策那我们也会跟你讲清楚。

作为干部，处理这些事情不仅是嘴上要说，手头上也得拿出证据，才能让老百姓实实际际地信服。

采访组：那在这个过程中您有没有受过委屈？

骆继超：受过委屈，但这个委屈是偶尔的，不至于，其实那也不叫委屈，当时可能有一点点，但是过后想想确实没干好，被批评确实很正常。

采访组：您提到的危房改造，具体是哪些工作要做？

骆继超：我们需要确切地了解群众诉求、每个地方的进度如何，了解群众有些什么困难，有多少资金，能建多大的房子，这些都要在数据上统计出来。还有一些和供应商对接的问题，比如说材料供应不上等，镇上的领导都要帮忙协调，这样才能推进工作。

采访组：您了解吴国良同志当时在你们三家村，具体做了哪些扶贫工作？

骆继超：据我了解，他主要就是负责基础设施建设的协调工作，比如协调资金来修水渠，修水池，改造水电路这些事情。

因为他不仅是扶贫办副主任，也还兼任村里的党支部书记，所以他不光要负责村上的事情，还要负责整个镇上的扶贫工作，计划修几公里路、需要多少资金、要拆除多少套危房、建多少套新房，这些他都是要负责的，而且很多数据和进度情况每天都要更新。

我们汤丹镇这边有20多个村都在搞农村危房改造。他有时候自己开车一天要跑七八个村，从早忙到晚。白天下村跑完之后晚上还要写材料，写到很晚，第二天早上又起来接着跑，每天都是这样的工作状态。

采访组：在推进扶贫工作的进程中，你们有没有遇到什么困难，或者是让吴国良同志觉得难以解决的问题？

骆继超：我们村里的事啊，说大事不算大事，说小事不是小事，但只要遇到问题，比如说资金方面，不管是谁遇到问题，向他这边反映的话，他都会想尽办法帮忙落实的，想尽一切办法解决群众的诉求。还有其他我们村委会解决不了的事情，他也都会尽全力帮我们解决。

采访组：在您看来，吴国良同志带给您最大的影响是什么？

骆继超：当时，他出事前不久我们还在聊，我跟他说："你已经跑了多少个村了，连续跑了几天了，该休息休息了，身体才是革命的本钱！"他当时就是摆摆手，说："没事。"我记得他那天到我们村委会的时候应该是下午四五点的样子，我留他在我们村委会吃饭，他说还要接着跑两个村，一口气接着把剩下的两个村跑完再去吃饭。那时候已经是下午了，再跑两个村的话天已经黑了，而他依然在路上。

反正是吴国良同志对待工作这一块儿，真的是没什么说的。我看到他的样子，作为一个领导，还兼着其他村的工作在干，我会想要检讨自己。当时看着他，我还是会想到很多的。以至于后来我想到他，就想起他对待工作的这种精神和态度。这些对我们还是触动很大的，让我感觉自己跟他比起来真的是差得很多。

采访组：如果有机会跟吴国良同志说最后一句话，您会跟他说什么？

骆继超：我最想说的就是希望他把身体养好，继续奉献！

•采访对象：孟雪梅云南省昆明市东川西（汤丹镇中河村群众，被帮扶对象）

采访组：您好，可以简单做个自我介绍吗？您和吴国良同志有些什么交集？

孟雪梅：我叫孟雪梅，我们家是中河村的，也是吴国良同志的帮扶对象。我和他的交集时间不长，我上大四那年，春节前夕放假回家，刚好碰上他到我们家里来走访。后来，我们在聊天的过程中，他知道我临近毕业了，没有找到实习单位，就帮我联系去镇上的党政办实习。

采访组：您第一次见到吴国良同志是什么时候？对他的最初印象如何？

孟雪梅：我第一次见到他，就是那次他到我们家里来走访时，当时还不认识他，也不知道他会来，还以为只是路过的人呢。

第一次见到他的时候我还有点小紧张，因为我没有想到还有领导会亲自到我们家里。除了有点怕怕的以外，我觉得他这个人，看上去长得还是比较和蔼可亲的，交流下来之后也是觉得他像个大哥哥一样。

采访组：您是否还记得那天吴国良到了你们家里之后，都跟您聊了些什么？

孟雪梅：他问了问我毕业后的打算、人生的规划之类的，我们聊了很多。

我记得他当时跟我说，你生在这里，希望你毕业后也能回来建设你的家乡。那天是我们第一次见面，但是很聊得来，聊了很多我学的专业和工作的事情，他还建议我可以去考公务员。

虽然我们相处的时间不长，但是我记得他说过他很喜欢自己的工作，而且他也为自己的工作付出了很多。直到我毕业后，还记得他跟我讲的这些话，我就觉得自己要像他一样，做一行爱一行，所以到现在我也很喜欢自己的工作。

采访组：您提到的那段实习经历具体是做些什么工作？吴国良同志在这期间有没有帮助过您？

孟雪梅：我主要就是做一些行政的工作，当时是前一天他到我们家里跟我说完情况，第二天就去家里接我，把我带到了镇上实习的地方，还帮我安排了住宿。我第一次去不太熟悉，他带我熟悉单位的路，找食堂。那段时间刚好是冬天，天气比较冷，他还帮我找了两床被子，怕我冷。

采访组：吴国良有没有做过让您感动的事情？

孟雪梅：有的，有一件事让我印象很深刻，让我觉得他能对一个陌生人那么好，肯定是个好人。

我记得当时我去镇上实习，大概实习了一个多月，我以为自己实习工资是由镇上发的，应该是两三千块，具体的数字记不清了。实习结束的时候，所有人都拿到工资了，只有我还没拿到，我的工资是另外单独发的。然后临近要走的那天，吴国良把我叫去办公室，给我单独发了实习补贴。我一直以为这笔钱是单位发的，后来才知道，原来那笔钱是他从自己口袋里面拿出来给我的。

这件事就让我觉得，此生能够遇到这样的人，真的是我一辈子的幸运。他能够对一个只见过一面的人这么好，一定是一个值得尊敬的人。

采访组：那当你听到吴国良同志去世的消息，当时是一种什么样的心情？

孟雪梅：当时就觉得怎么可能呢？根本不相信。

采访组：如果您还有最后一次机会和他讲一句话，您会说什么？

孟雪梅：我还没来得及对您表达我的感激之情，您就走了。如果还有来生的话，我希望您能做一个更幸福的人。

·采访对象：杨钦云南省昆明市东川西（汤丹镇人民政府扶贫办工作人员，吴国良驻村同事）

采访组：杨钦同志，您好！可以讲讲您对吴国良同志的第一印象吗？

杨钦：刚开始我们在一起工作时，因为他比我大，我叫他吴哥。当时就觉得他应该是一个很厉害的人，后来一起工作久了也发现，确实，这个最初印象是对的，他在我心中这种高大的形象一直没有改变。

采访组：刚开始在一起工作的时候，您有没有听吴国良同志聊过自己以前的工作经历？

杨钦：据我了解他之前是老师，调到我们单位来之后，他也一直是兢兢业业地工作。2017 年 9 月，吴国良同志正式任汤丹镇扶贫办副主任并主持日常工作，压力越来越大。同时，由于扶贫工作要接触农村危房改造，国良同志自己为了能更好地指导相关工作，还去攻读了一个四川农业大学土木工程学作为第二专业。

因为我自己也是土木专业毕业的，国良当时还跟我交流过，他觉得读这种专业还是挺好的，指导农危房改造的时候能看得懂一些专业问题，自家如果建房子也能懂一些，当时我就觉得他挺牛的。

采访组：那他平时有没有跟您交流，或者说是请教过土木专业相关的问题？

杨钦：请教倒是谈不上，记得有一次他跟我说："这个土木专业好难啊，还得学高数，我都学不会啊！"

我就跟他说："那没办法，吴哥，你就得静下心来学，好好听老师讲，有什么问题我们也可以一起交流的。"

采访组：在扶贫办，你们是共用一间办公室的，请您描述下你们的办公室是什么样的？吴国良的办公桌跟您的有什么区别吗？

杨钦：是的，我跟吴国良是在一间办公室办公，就坐在对面。

吴国良同志的桌子上堆着很多材料，但是有一点和我们不太一样的地方，他办公桌上还常常堆着药。可能像我们90后的话，办公桌上堆着"保健品"，都会被调侃一番，年纪轻轻就开始养生了，但是吴哥的桌子上就是真的堆着他吃的药。

他在出事前我都不太了解他的身体状态，因为在平时我不太能见到他吃药，可能是他等我们下班之后或者没人的时候吃。虽然知道他身体有些不好，但是不知道具体是身上有什么病。因为平时我是个大大咧咧的人，我当时觉得不太该问这些私人问题，现在想想，当时如果能够多关心关心他就好了。

采访组：您和吴国良同志相处的时间比较多，您记得最后一次跟他吃饭是什么时候吗？或者是你们一起吃过的、印象最深的一顿饭，您还记得吗？

杨钦：那天他出事前十分钟我还联系他，电话里他告诉我他们快结束了，要回镇上安排同行的同事和我们一起就餐，结果这最后一顿饭终究是没吃上。

我想起来还有一个事情也是比较遗憾的。因为我家是曲靖那边的，辣子鸡比较出名。就在吴国良同志出事前大概一个星期，他妻子那段时间正在考公务员，他陪着媳妇一起去考试，就去我家那边考的。还有我们单位的另外两位同事也是在曲靖那边考试，我就请他们吃我家乡那边很有名的辣子鸡，他们都觉得很好吃。

当时我甚至还开玩笑说："下次下次，要是你们考不上的话，下一年来这边我再请你们吃！"没想到事情来得那么突然。

采访组：他牺牲前正在做的那些工作，您是否了解后续的进展情况？

杨钦：当时他牺牲前，正好是农危改项目的验收阶段，他正在做的工作就是陪同第三方机构去验收房子，我是负责在镇上陪同第三方监管机构查看我们拨付的款项情况。

总体就是省里的相关部门来我们这边做验收检查，看看我们的农危改项目到底实施得如何，我们有没有把资金拨到百姓手里，百姓有没有住进建好的新房里。

现在的话，基本上都已经验收完成了。我记得最后一笔拨款日期是2019 年的 6 月份，我们这边是百姓要成功入住新房我们才会把钱拨付出去，所以就是说到了 2019 年 6 月，基本上所有搬迁的百姓都入住了新房。

采访组：现在你们这个地区的脱贫情况如何？

杨钦：2019 年我们东川区已经陆续通过了省级和国家级的验收，通过了脱贫成效考核，顺利脱贫摘帽了。

后续的话，因为和脱贫工作直接挂钩的就是乡村振兴的工作，我们现在就一直在开展乡村振兴相关的事情。

采访组：很多人眼中的国良同志是一个英雄，甚至说是扶贫路上基层干部的楷模，那么他在您眼中是一个什么样子的人？

杨钦：我觉得他代表的是那种平凡的扶贫干部，其实他跟我们身边的人都差不多，在扶贫这件事情上都是普通人，可能正是因为我们都是普通人，才能把扶贫工作干好。

采访组：到底是一种什么样的冲劲儿，会让你们愿意去做扶贫这样的工作？您觉得这个工作对你们家乡的改变大吗？

杨钦：我觉得改变挺大的。

我记得我们当时的镇长，曾经对我们俩说过一段话："你们现在干的这个事情挺好的，你们知道吗？你们干的这件事情是让所有人明眼可见，最能看出汤丹镇发生了巨大的改变。"

因为之前的乡村，大家见到的很多都是土房、不太安全的房子，自从开始实施农村危房改造项目之后，老百姓的房子都变成了崭新的，刷了白墙，装修得很好，外面还有绿化，感觉就跟以前在乡村看到的风景都不一样了。

我不知道国良是怎么想的，我觉得干这份工作就要对得起纳税人，对得起自己拿的这份工资。

在扶贫办工作，我们见到的民间疾苦太多了，因为经常有百姓到我们这里来争取自己的权益，跟我们说自己家庭情况很不好，想要多争取一些政策的照顾，问我们能不能帮帮他。在这样的情况下，我们真的不敢后退一步。

我觉得我们做基层的扶贫工作，真的都挺有干劲儿的。领导一指挥，我们就往前冲，没有见过战场上有一个逃兵，一个都没有。

可能从宏观的角度来说，我们是想建设好祖国和家乡，但是从小的角度出发，我们就是在做自己的本职工作，我觉得这应该也是很多普通人的想法吧！

在我看来，中国为什么越变越好了，就是因为大家都把自己的本职工作做好了，只有这样，我们的家乡和祖国才会变得更好！

采访组：就快要到我们采访的尾声了，如果再有一个机会让您跟他讲一句话，您会跟他说什么？

杨钦：吴哥，你现在，过得还好吗……

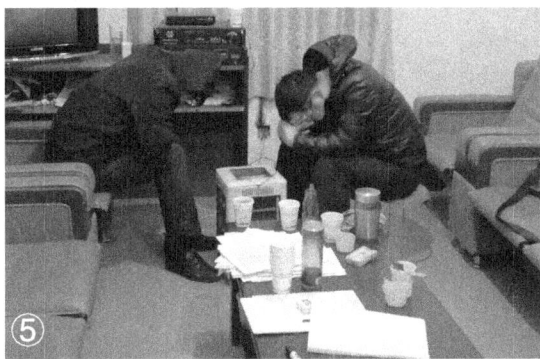

①工作开会（左一）

②检查农村危房改造工作（右一）

③和检查组汇报工作（右一）

④生前收集的扶贫工作文件

⑤扶贫工作熬夜加班中的片刻休息

⑥与妻子李梅的结婚照（右）

生命的战场：
中国减贫英烈口述史　　　　　　　　　　　　　程扶摇

　　程扶摇，男，1989年出生，江西修水人，2014年加入中国共产党，2015年，程扶摇担任江西省修水县杭口镇杨坊村村主任助理、扶贫专干、茅坪村扶贫工作组组长。2017年6月23日晚，杭口镇突遭大暴雨袭击，程扶摇在组织群众转移途中落水，因公殉职，年仅28岁。在扶贫工作中，他牢记大学生村官的责任担当，永远冲在扶贫工作的第一线，全心全意团结服务群众，最终为扶贫工作献出了自己宝贵的生命，诠释了一名青年共产党员的不朽人格和不畏牺牲的崇高精神。

- 采访组：龚险峰　胡乙如
- 采访时间：2020 年 12 月 31 日
- 采访形式：线上视频采访
- 采访对象：

1. 程永祥（程扶摇的父亲）

2. 章水兵（杭口镇杨坊村书记）

3. 徐文进（原任杭口镇人大主席，现任修水县统计局一级主任科员）

4. 王石生（茅坪村村书记）

5. 周　文（程扶摇同事）

6. 陈华东（茅坪村村书记）

7. 夏　瑜（程扶摇同事，杭口镇干部，现任上奉镇党委副书记）

8. 冷春生（抗洪事件亲历者）

9. 郭礼华（抗洪事件亲历者）

10. 唐　文（抗洪事件亲历者，程扶摇好友兼同事）

11. 熊泽俊（程扶摇同事）

12. 汪梦诗（程扶摇同事）

13. 黄鸣铭（程扶摇好友，现在县工商局工作）

14. 刘　清（程扶摇同学兼好友）

15. 陈利华（茅坪村程扶摇帮扶对象）

16. 曹明燕（杨坊村程扶摇帮扶对象）

·采访对象：程永祥（程扶摇的父亲）

采访组：您儿子在您眼中是一个怎样的人？

程永祥：我这个小孩他从小就很听话，他母亲对他的要求非常严格，直到今天他母亲都很后悔，老是说那个时候对他太严格了。他小学的时候，成绩一直都很好，直到上了初中他迷恋足球，所以成绩下降了，考了一个三本学校。当初他在读高中的时候，本来想让他去考体校，因为身高不够，就没考，所以就上了三本院校。大学毕业以后，他自己去外地工作了。他非常吃苦，我都没想到大学毕业以后他能到外面闯，能这么吃苦。他在外面工作了一两年之后，就回来参加了大学生村官的考试，他竟然考上了，分到了现在杭口镇工作。过去我们一直教导他，我说你做人一定要善良要正直，上班以后就要努力工作，没想过要他成为一个什么样的人，要他有什么样的成就，也从来没想过要他出人头地。只要求他踏踏实实做人，能够好好工作，努力工作。

他在家里很听父母的话，从来不多言多语，不过有一点，他喜欢交朋结友。以前的同学从外地回来，第一个就是找他，好像他就是一个头头。平时他话也不太多，也不太喜欢说话，但是我没想到他有那么多的朋友，那么多的人喜欢跟他交往。

他喜欢踢足球，我也没想到他的足球会在我们修水这个小地方踢得那么好。他高中的时候我也是语文老师，他是我班上的学生，他们班在学校的足球比赛里拿了第一名，我只是这一次看过他踢足球，踢得很好。他在大学，包括大学毕业以后，参加了很多比赛，都拿了奖。我对他说你这足球踢得蛮好，想去看但都没机会看。我是非常遗憾的。他很小的时候，我们都在乡下，我在乡镇教书。我老是带着他在操场上踢球，一些同事也喜欢踢球，老是带着他踢，后来他就喜欢上踢球了，我们那个时候也没有反对他踢球，因为我觉得踢球也是好事情，他有这个爱好也挺好。

再一个他也喜欢唱歌交友，参加工作以后，他在单位上的表现我也不是特别清楚，但是我从侧面也知道在单位里，同事也好，领导也好，对他还是非常赞赏的。

采访组：如果要用三个关键词来概括程扶摇，您会选哪几个词？

程永祥：首先我觉得在我的心里，他一直很阳光，他是一个非常热爱生活的小孩。第二个他诚实，诚恳应该这样说。第三是特别善良，他母亲老是这样说。如果他不是太善良，也许就不会出意外。

他喜欢踢足球，在球场上不管哪一个球员出了差错，他从来不会责怪，往往都是非常友好地跑过去拍拍对方的肩膀，摸摸对方的头，再抱一抱。无论是家人也好，亲戚朋友也好，他从来不责怪别人，也不在背地里抱怨别人。平时在家他也从来不会说一句脏话、骂人的话，从来没有一句不好听的。一些亲戚朋友如果要他去干什么，要他帮什么，不管是他能不能承受的接受的，他都乐意去做，从来不说一个不字。

他单位的工作情况，从来不跟我们说。哪怕再苦再累，他也不说，我们其实能看出来他很疲惫，但是他就从来不说。他每次回家往往都是显得很高兴，有了小孩后他回家总是逗小孩玩，我们不知道他在单位上有多辛苦。

采访组：您对他的扶贫工作了解吗？

程永祥：我对他扶贫工作的了解，第一个就是他要下到村里面去。脱贫攻坚的时候，他在杭口担任扶贫专干，我知道他的工作确实很辛苦。杭口到家也就20多分钟的路程，就在他出事的大概一个多礼拜前那一天星期六，他说要回家来洗个澡，晚上11点多才到家，我们都准备要睡觉了，也没有说两句话，他匆匆洗个澡就上床睡觉了。后来大概是第二天凌晨1点多钟，下大雨了，他接了一个镇里的电话就匆匆地走了。我当时都不知道，我以为他还在睡觉。第二天早晨他母亲一早就出去买菜了，以为儿子还在睡觉。我是稍微晚一点起床后听到他爱人说他出事了，才匆匆赶到镇里去。所以他做扶贫这个工作，做扶贫专干很努力的。有一段时间回家他说好累，事情好多。我说累有什么办法呢。

家里在他结婚的时候买了一辆小汽车，本来他爱人也要上班，但是他工作又要下乡，他就老是一个人开着车去单位，开着车下乡。车只买了两年，他就跑了大概有 7 万公里。他爱人总是埋怨他，私人车子你把它当成公车用了。他担任扶贫专干又是在村里面兼任村书记助理，非常用心，一心扑在那上面。我只来过杭口镇一次，这一次都是他说没时间回家，我想见一下儿子，当时小孩一岁多。他让我们把孩子带过来跟他玩一会儿。有时候没有车，他就走路去下乡。

第二个就是他有太多的材料要搜集整理，太多的资料要做，主要是这些事情。

采访组：一个人的精力是有限的，工作和生活难免会发生矛盾，您是如何看待这些矛盾的？他又是如何去处理矛盾的？

程永祥：一个是他曾经借调去了县政府的某个单位，在那里工作了大概两个月，我说你到这里好啊。可是工作了两个月他又回来了，又回到了镇里面。我说你本来到县里工作多好，你为什么又要回去？他说还是愿意到村里面踏实一点工作。我们没有怎么责怪他，也没有太反对。

家里的事情他确实是顾不过来。作为父母，我们还是支持他在这里努力工作。但是他的爱人就不一样了，有时候他们也闹矛盾，因为他总是不着家。有一次他和他爱人闹得很凶，还是我在他们中间做工作，我劝他爱人这也没有办法。他爱人当时是在江西银行上班，工作比较辛苦，中午休息的时间很短，当时小孩也小，才一岁左右。也就是说他在做扶贫工作的时候，正好妻子生了小孩，所以他和爱人还是时常闹些矛盾。我们做父母的就得在中间给他们打圆场，我们多半还是责怪儿子，站在儿媳妇那边。但是也没办法，还是要支持他的政府工作，我们不能说你工作不能做，我说你工作也要做，但是你要有时间回家看一看。

采访组：他的扶贫工作给当地老百姓带来哪些影响？当地老百姓是怎么看待他扶贫的工作？

程永祥：他出事的时候，我记得好多人都过去了，我不认识。一些村里的干部跟我说，有好多老乡都过来了。村里的村主任跟我打招呼，他说这小孩儿（程扶摇）是一个特别好的人，他们觉得非常难过，他出这个事情大家心里都很痛。

采访组：如果还有最后一次机会和他说一句话，您会对他说什么？

程永祥：如果还有机会的话，我会跟他说要好好珍惜，珍惜朋友，珍惜亲人，珍惜生活。

· 采访对象：章水兵（杭口镇杨坊村书记）

采访组：您和程扶摇的接触多不多？

章水兵：我们接触得比较多，他是 2015 年到我们村上做大学生村官——村主任助理。

采访组：在他的扶贫工作中，有没有发生让您印象深刻的事？

章水兵：那我就简要介绍一下程扶摇在我村挂职两年的具体工作。第一个方面程扶摇在我村担任扶贫专干，兼任村主任助理。他这个人很诚实，工作都很负责任。拿一个例子，我村一个扶贫户，那是一个 80 多岁的老人。有一次他生病了，晚上 10 点钟他打电话给程扶摇。程扶摇从修水县赶过来把他送到人民医院治疗。人家一个年轻干部晚上 10 点能把老人送到医院，还给他交了医药费，我非常感动。

第二个就是我们村上修一条路，是 4 个组的集体公路，当时有几户不同意，因为这条路会阻断有些人的路，占用有些人的菜园。当时我们做了很多工作，他们还是不愿意。程扶摇知道这个事情后，晚上 10 点左右跟我们的委员一起上户，连续三个晚上才把事情谈拢，以最好的工作状态把我们的路修好了。现在只要是小程过来了，工作上各方面的东西，我们的老百姓都非常买他的账，都会给他面子，他们说这是一个年轻的好干部。

第三个就是我们班子不管大大小小的事，他作为年轻干部总是爱发言爱提建议，我们班子非常融洽，非常团结。在我们村工作的两年当中，他为我们村上做了很多的贡献，这一点我深有体会。因为我是支部书记，他提出的好多意见都是很透彻，都是非常好的，我们年纪大一点，有些东西我们还没想到，他想到了，这是他生前所做的一切。

他很用心，很细心。有一次我跟我们村主任之间有矛盾，算是一种工作上的争执。我们僵持了接近一个星期的时候，小程找我们两个人单独谈话，把我们的思想都统一了，后来我们的工作也非常团结。他很用心，我们村干部办事难，接触的方方面面他都想到了。他到了我们村上后，两年时间把我们村转化成了现在的新村，我们连续两届荣获县先进村、镇先进村。这是我要讲的第一个方面。

他在扶贫工作上精心策划，摸清底数，走访贫困户，把我们村的贫困人口和贫困户摸得熟透了。有很多人要争取扶贫户，大家都说找小程，小程都是将扶贫政策一一解读给村民。很多村民不理解，当时怎么自己没有落到扶贫户，都责怪他，但是经过他精心策划和沟通，最后也得到了老百姓的支持。

我们扶贫服务当中碰到了方方面面的事，他都能挺身而出，能跟老百姓化解矛盾，这是他负责任的工作态度。在这两年内，我们班子非常明确，老百姓关系搞好了，村上的基础设施建设也得到了很大的提升。小程的遗体被找到后，我们近400名村民都自发组织，亲自为英雄送行。

采访组：您觉得程扶摇给当地的老百姓带来了哪些影响？

章水兵：我们村的产业得到了提升，原先我们村的经济发展不太好，在程扶摇挂职杨坊村两年后，我们村上发展了一大批产业，一个农之宝水果基地，一个修品果业基地，村上有个"一领办三参与"的茶园基地，这三大产业带领了我们的扶贫户，产业救济务工。每个家庭都有在产业园里做事的，做得多的一年有三万元，少的都有五六千左右，平均每个家庭增收了4800多元。

采访组：如果用三个关键词来描述程扶摇，您会用哪三个词？

章水兵：他在工作上尽心尽责，有思路，在我们扶贫工作上取得了非常明显的成效。拿2015年7月我们村开的党员会，准备维修老泵站的事来说，当时有部分党员反对，他解释了前因后果以及各方面原因，他能够细化地讲解到每一条灌溉水渠，为我们的灌溉方法，怎么改造等方面他都提出了很多好的建议。比如7组水渠原先老化了、破烂了，他向我们水利局申请了115万元的资金，把我们杨坊7组的水渠硬化了。当年夏季开工，到年终前就结束了。全部是他向上级部门争取的资金，帮我们村解决了杨坊 7 组的问题，受益面积 170 多亩。他在生活上非常朴素节约，在我们村上挂"村官"的时候，村里的伙食有时候会超标。虽然他作为年轻干部很辛苦，但他总是把伙食标准降到极低。

采访组：程扶摇在工作中有没有和同事发生矛盾，他又是怎么化解的？

章水兵：在我们村上同事之间肯定没有发生矛盾。虽然也有很多不理解他的村民，就比如刚才说的某些没有落上扶贫户的就怪他，经过他耐心地把扶贫的要求、各方面的原则跟大家讲，和大家细化，也有一部分经过他调解处理、慢慢讲解以后，也得到了大家的支持和肯定。他工作细致、耐心，讲解透彻，这方面他还是非常优秀的。

采访组：当听到他牺牲后，您是什么感受？是什么反应？

章水兵：凌晨三点十分左右，我接到电话，说匡美健书记、邓旭、程扶摇他们去申请抗洪的时候被洪水冲走了。这个电话是我们原常务副镇长冷春生打的，我接到后都不敢想象，第一时间立马起床，去叫隔壁原先捕鱼的邻居，他有个小船。我去敲他的门没应，叫了好几遍才把他叫醒。

我们马上用三轮车把小木船拖到现场，当时我跟着小船的船主去找人。大水猛涨，划都划不动，我们两个是攀树枝爬过去的，我们到现场的时候什么都没有看到。当时我说完蛋了，这么大的洪水，天又很黑。我们回来的时候又是顺着树枝攀过来的，我们用电筒用力挥用力喊，他们都没有回应，我们只能返回。返回后唐文、冷镇长他们上来了，唐文抱着我痛哭说，三个人出来了，三个人不见了，我心里也非常难过。因为我是在水边长大的，我对那里非常熟悉，他们三个人可能凶多吉少了。我心里非常难过，眼泪都流出来了，他们为我们地方的抗洪献出了宝贵的生命。从他出事后，我连续三个晚上都睡不好觉。后来程扶摇被打捞起来了，我走到了尸体旁边抱着他的手，对他这两年在我们村上各方面的工作表示了感谢，也对他妻子及家属进行了走访慰问表达我们的心意。

采访组：如果有最后一次机会和程扶摇说一句话，您会对他说些什么话？

章水兵：我会说，扶摇，你在我们村工作了两年，从你当村主任助理以后，我们村得到了很大的改变，希望你一如既往关心支持（我们村）。你一路向前，为我们村作出了很大的贡献，未来还请你理清思路，把你的想法、把你好的一面，都献给我们老百姓。

·采访对象：徐文进（杭口镇人大原主席，现任修水县统计局一级主任科员）

采访组：您和程扶摇是什么关系？

徐文进：我们原来是一个办公室的。我当时在杭口镇任人大主席，分管扶贫工作，他是扶贫专干。

采访组：您对程扶摇的印象怎么样？他在您的印象中是一个怎样的人？

徐文进：我印象中他经常穿着运动鞋、运动衣。因为我们是一个办公室的，属于上下级关系。平常接触的话，他比较随和，任务完成得非常好，工作节奏还是挺快的。

采访组：如果用几个关键词来概括程扶摇，您会选哪几个词？

徐文进：第一是时间观念非常强。比如说 6 月 23 日晚上，他当时加班加到半夜才回家，他一定要赶在这个时间节点上把任务完成，工作量再大，他还是会在时间内完成。第二是工作的责任心也很强。第三是他工作完成的质量也很高。因为当时我办公室只有两个扶贫专干，我主要负责分管扶贫。我们经常加班，工作也很辛苦。他当时分管易地扶贫搬迁，他在上面要求每个贫困户建立档案。一份档案按常规，比如说一卡通账号、家庭成员等相关的资料和复印件都要准备的，包括旧房子的图片。程扶摇新增加了一个内容，他把家庭基本情况的相关资料也加在了档案里面。但是上面没有要求这一项，他还是把它加进去，所以他的心思是比较细的，工作非常负责。

采访组：在跟他共事的几年里，您觉得他有没有什么好的工作方法？

徐文进：他能够跟老百姓打成一片，有些话可以说到老百姓的心坎上。

我就举一个例子，当时我们做易地搬迁工作时，房子是政府统一建设，各家各户抓阄分房。贫困户的一卡通和存折我们应该拿过来复印，一卡通上面的钱我们肯定不会动的。但我们村有一个贫困户就是不愿拿出来。经过程扶摇做工作，他最终还是把一卡通和存折拿过来了，别人去就是不行，其他村干部都拿不了。所以我认为他工作还是有一点技巧的，有自己的工作方法。

采访组：您觉得程扶摇的扶贫工作给当地带来了哪些变化？给老百姓带来了哪些影响？

徐文进　应该说影响很大的还是2017年那年老百姓的居住条件的变化。我们在当时建了三个易地搬迁点，一个点几十户了，老百姓的住房条件包括外部环境都得到了极大的改善，老百姓对他的评价也非常高，他和老百姓的感情非常深。

采访组：当时听到程扶摇牺牲的消息，您是什么反应？什么样的心情？

徐文进：我们镇里分成三支队伍，我负责跟随陪同党委书记匡美健的家属，好长时间我们都是在河边陪着他们到处找，我们脚上的泡都磨出来了。当时我在这边陪书记的妻子他们一个大家庭60多个人在河边找，一听到程扶摇的遗体找到的时候，我当时眼泪就流出来了。然后我就立即打电话给我们的镇长，因为书记当时还没找到。我跟镇长说我要过去看一下，结果镇长说你暂时不能过来。当时我的声音是带哭腔的，我跟镇长说，我们是一个办公室的，如果我去看一下，心里就会好受一点。

采访组：如果还有机会和程扶摇说一句话，您会对他说什么？

徐文进：扶摇，有时间多陪一下家人。

·采访对象：王石生（茅坪村村书记）

采访组：您跟程扶摇接触多吗？你们平时见面的频率高不高？

王石生：接触比较多，见面的频率高。

采访组：您眼中的程扶摇是怎样的一个人？

王石生：他很刻苦认真，个人很阳光。他2017年2月就被分到我们茅坪村做扶贫专干，当时我也是扶贫专干。他当时在做易地搬迁的工作，我们茅坪村也有易地搬迁点，他基本上是每天白加黑地工作，比如协议各方面的工作都是他做的。

同时他工作也亲力亲为，讲方法、讲政策。当时有个贫困户——他帮扶的曹明燕，她家以前住在偏远的地区，房子是土坯房，而且是危房。曹明燕并不想搬过来，因为搬迁点是在公路旁边。程扶摇就去做工作了，告诉她以后怎么对他们进行产业帮扶。

采访组：您印象中发生的和他有关的哪一件事，最让您印象深刻？

王石生：有一次我们做易地搬迁工作时，去实地查看。因为下雨，后面有个鱼塘，他就掉到鱼塘里去了，印象极深。

采访组：您觉得程扶摇在扶贫工作当中，给当地的村民带来了哪些变化？他的帮扶给当地带来的变化大吗？

王石生：变化非常大，比如刚刚我们所说的易地搬迁一共有24户，我们村（茅坪村）就有17户，从开始一直到他出事之前，全部都由他一个人亲手操办的。

采访组：程扶摇出事的时候，您听到这个消息之后，是一个什么样的心情？

王石生：我无法接受，那天我一晚没睡，不敢相信。我记得那天晚上我们在镇里（上班）的时候，我是9点才回家的，他在加班。我为什么不敢相信呢？因为以前他自己骑摩托车上班，有时候他叫他老婆来接一下。我们镇里的皮卡车没开过，那天晚上他就开回家了。我很奇怪，他开车回家了。又不是他值班，他怎么会回到镇里呢？我真的不敢相信。

采访组：如果要用三个词来概括他，您会选哪三个词？

王石生：为人踏实、肯干、能吃苦。有一次我们去扑山火的时候，当时是晚上，他就猛冲在前，浑身被烟熏得黑不溜秋的，真的很能吃苦。

采访组：他在工作当中有没有与同事发生过矛盾或者纠纷？

王石生：没有，他做工作都能耐心仔细地说服别人。

采访组：他作为一个年轻的扶贫干部，别人会不会觉得他这个人比较嫩、比较年轻？会不会有这种影响？

王石生：有啊，连我当时都觉得他很年轻。但正因为他是年轻人，不管做什么事都很有精力。特别是扶贫方面，经常走访社区，为贫困户解读政策，每个月都上几次户。

采访组：现在大家会不会怀念他？

王石生：现在大家都很怀念他，他是我们老百姓心目中的英雄，一提起这个名字大家都知道他是一个英雄。大家会以吊唁的形式怀念他，我们修水有一个革命纪念馆，基本上每年都有人去送花，有些学校里面会举行纪念抗洪英雄活动。

采访组：您觉得程扶摇离开以后，他给当地的老百姓留下了一笔什么样的精神财富？

王石生：他留下了不怕吃苦、冲锋在前的精神，这种精神永远支撑着我们。

采访组：如果还有最后一次机会和程扶摇说句话，您会对他说什么？

王石生：心里好激动，我都不知道怎么表达。他的精神永远都在支持着我们。

· 采访对象：周文（程扶摇同事）

采访组：您之前和程扶摇是同事，你们的办公桌有什么区别吗？

周文：他的办公桌上堆满了材料，堆满了扶贫的材料，还有合同以及项目上的东西。他当时又在做易地搬迁的工作。

采访组：他和你们聊过工作上的事情吗？会不会抱怨扶贫工作太艰难？

周文：抱怨的话他没有，主要是说业务量比较大，比较辛苦。他的孩子也很小，没时间照顾家，回家次数少，自己总是在加班。

采访组：他在做扶贫工作时遇到过比较棘手的问题吗？他是怎么解决的？

周文：没有碰到什么大的问题。应该说在扶贫上他解决问题的能力很强，比如和老百姓的沟通协调能力。他对整个业务的熟悉情况，统筹能力，对我们整个镇的情况他是如数家珍的。他在做易地搬迁工作的时候，处理问题的能力也很强，没有什么问题。特别是对他扶贫的茅坪村，对每户的情况都非常了解，加之他本身非常热情，老百姓对他比较信任。

采访组：众所周知，扶贫工作非常辛苦，是什么样的动力支撑你们去做扶贫工作，你们当时有没有想过去做别的工作吗？

周文：扶贫既是国家大计，又是政治任务，得服从组织安排，政治任务你不做其他人也得做。不是讲大话，说实在一点就是领了这份工资，我们就得履行这份责任。我们也没想过要换工作，既然有这份工作，就要把这份工作做好，我们杭口镇的几个人在一起都是有什么说什么，前线业务都是做得很好的，扶贫工作成绩都是名列前茅的。

· 采访对象：陈华东（茅坪村村书记）

采访组：之前周文同志说杭口镇的扶贫成绩名列前茅，现在的成绩是怎么样的呢？

陈华东：我们当地脱贫攻坚的情况是这样的：杭口镇是离县城比较近的一个乡镇，有 2.1 万人口，贫困户一直维持在 400 户左右，但有时候会有一些变动，比如一个五保老人过世了，这一户就没了。我们现在还有 395 户，1523 人，我们乡镇的脱贫攻坚工作真正启动是从 2016 年，也就是"十三五"才真正开始启动。总的来说我们有 5 个帮扶单位，县委组织部、九江纺织集团、修水县应急管理局、黄庭坚纪念馆和修水县中医院。

我们有 136 名帮扶干部，这些年我们主要还是围绕贫困户的"两不愁三保障"这一块在开展工作，围绕"十大扶贫工程"来开展的，在这些方面做了一些事。

"两不愁三保障"中，第一块是住房保障。我们做易地搬迁工作，做了三个点，有 62 户人从深山里面搬到了我们集中安置的中心村来居住，解决了住房问题，136 户实施了农村危房改造，有 78 户是新建的。历年政策也有些变化，大概是 500 块钱一平方米的补助，我们是 1 个人建 40 平方米，2 个人 50 平方米，3 个人 60 平方米，4 个人 80 平方米，4 个人就有 4 万块钱的补助。到 2019 年就已经全面消灭了危房。

第二块是教育保障方面，我们主要是做保学控辍，不能有因贫困辍学的学生。通过我们的工作，累计将 13 名孩子劝返了学校，现在是零辍学。新冠疫情期间，主要是落实无线视频教育，确保贫困户的孩子在义务教育阶段，没有一个人因为网络问题不能正常上课。有一些住在比较偏远的地方没有信号，我们连夜给他抢救线路，大概两天就给他接通了。还有教育补助，教育补助 5 年下来累计贫困户学生享受教育补贴有 297 万元。

第三块是医疗保障方面，我们住院的报销比例现在是控制在 90%，一开始的两年还能超过 90%。我们统计了一个数据，就全镇的贫困户 5 年以来住院一共产生了 1713 万元的住院费用，共报销了 1546 万元，报销比是 90.25%。在慢性病办证方面，我们累计办了 201 个慢性病证，给予他免费拿药和分配家庭医生的服务。在饮水方面，我们一共有 11 个村居，其中有 8 个在这个 5 年实施的农村饮水工程里，一共是争取了 410 多万元的项目。目前所有的村都开通了自来水，其中我们最偏远的三个村在 2019 年才开通，2020 年我们又发现了一些地势比较特殊，像杨坊村岗源片那边又实施了一些小型农业工程。我们贫困户 395 户里面，自来水供水的是 349 户，分散供水的是 3 户，饮水安全检测是全部达标的。

产业就业方面。我们杭口镇的产业是很有特色的，我们创建了省级现代农业示范园和九江市的一个国家农业科技园。除此之外我们还有很多特色的产业，比如洋沃水果种的是火龙果和黄金梨，这两种有 110 多亩。山谷种桑葚，也有搞加工和做红酒的，有 300 多亩。杨坊村有龙之宝、秋品两个大果园，有 590 多亩，主要是种奈梨或桃子之类的。还有一个坪下的蔬菜基地，它这个基地是我们县城最大的一个菜篮子，有 900 多亩。我们还有振泰茶苗，有 330 多亩，是种茶树苗的。还有红心柚等，这些产业是一个遍地开花的状态。同时我们目前现有的一个叫"一领办三参与"的政策，建了 8 个这样的基地，带动了贫困户入股产业基地分红。有一些是劳务输出，有一些是土地流转，这些方式一共带动贫困户有 134 户，这个覆盖率接近三分之一。这个理念就是年均每户收 2100 元左右。产业方面我们有小额信贷，一共贷了 690 多万元，贷给贫困户发展产业。同时有产业直补的政策，比如养一头猪，奖励他 500 元，养一只鸡奖励 20 元，种林果、蔬菜都有奖补的。小额信贷产业直补一共奖补了 216 万元，380 户贫困户受益，产业覆盖率是 96.2%，也是比较高的。

就业方面主要为交通补贴，外出务工给 500 元一个人的交通补贴，目前我们累计办理了 1319 人。另外就是公益性岗位，目前我们全镇公益性岗位有 158 个，工资在 500 元到 1000 元之间，最少的 500 元有 158 个，解决了一些当地就近就业的问题。同时，在疫情期间，我们点对点输送贫困户，往佛山、温州、深圳等地，这些人坐车都是免费的，引导他们外出返岗。总的来说，就业方面主要是交通补贴和工信岗位，还做了培训，培训了 207 人。

最后一块是兜底保障，兜底保障针对一些实在没有发展能力的贫困户，我们利用农村低保和分散的特困供养来进行保障。我们目前农村低保有 631 户 788 人，其中建档立卡贫困户享受低保有 305 户 450 人，分散供养户有 47 户，全部纳入了建档立卡。从 5 年来享受的低保金达到 702.5 万元，享受五保金是 124.4 万元。通过这个兜底保障确保一些特困户吃得饱穿得暖。

·采访对象：夏瑜（程扶摇同事，杭口镇干部，现任上奉镇党委副书记）

采访组：您和程扶摇的接触多吗？您对程扶摇的印象怎么样？

夏瑜：接触多，因为我们都是年轻干部，我是 2016 年到杭口的，他比我先到。

程扶摇是比较热情的一个人，他比较热爱体育，喜欢踢球，所以他身体好，非常有激情，对工作很有激情的，对生活也很有激情。包括为人处世，对同事、我们这些年轻干部也非常热情，非常爱帮助人。我 2016 年刚到杭口的时候还没买车，从县城到杭口有十几分钟的车程。刚开始那段时间基本上是他每天接送我上下班，持续了好几个月，我买车之后才没有接送。

采访组：如果要用几个词来概括程扶摇，您会选哪几个关键词？

夏瑜：首先不管是生活还是工作，他都富有激情。他对踢球非常热情，他在县里面很有名，有时候节假日为了踢球，他们球队一起开车去九江踢球。他无论做什么事都非常有激情。

在工作方面，他也是拼命三郎，因为他是分管扶贫，原先还协管新农村建设。扶贫业务方面的工作比较多，特别是扶贫专干，在电脑上面的操作，包括表格的工作比较多。而新农村工作就不一样，新农村工作可能到工地工程现场去指导，或者是去实地查看的比较多，所以他白天的工作以下乡为主，晚上再加班搞业务材料，每一天安排得非常满。因为我们那个时候乡镇工作压力很大，经常晚上加班到 10 点多，然后出去吃个夜宵，最后再回去休息，一天过得很快，从早上到晚上也没有停歇的时候。但是他身体一直也好，没有一个好体格，他撑不下来，每一天他的精力都非常充沛。

像 2016、2017 年那个时候我在双井，当时根据镇里面的分工安排，产业扶贫这一块放在双井进行，所以当时我负责全镇的产业扶贫，跟当时的程扶摇在工作上接触得比较多。因为我单纯负责产业扶贫这一块就需要对全镇的扶贫数据，包括扶贫情况进行核实。但我对全镇的贫困情况不太清楚，比如哪个村有多少贫困户，贫困户具体情况怎么样。我的主要工作是贫困户的实际发展产业统计，然后汇总报到县里，再进行补助奖励。在涉及一些基础信息数据的时候，我都是和程扶摇对接核实，他对全镇的扶贫情况都非常了解。因为他是扶贫专干，当时在负责易地搬迁，杭口这边易地搬迁的任务很重，所以他对全镇的扶贫情况都非常了解，基本上如数家珍。应该说要做到这样的一个程度，是需要大量的时间和精力的，他在工作方面是拼命三郎。

在他出事之后的两个月，基本上我们都在处理抗救灾的一些善后事宜，包括全镇的复产复工、整个生产生活的恢复。从 8 月中下旬开始，全镇原先的一些工作要重新进行了，包括程扶摇原先协管的新农村工作。我接手之后，到各个新农村点去督察工作、协调工作，还能经常听到他的名字。他不仅在扶贫工作，在其他的一些工作上面，一样是统筹兼顾，各方面都能做得非常好。

在与人相处方面，他是非常平易近人的一个人，很容易跟人打成一片。因为我 2016 年刚来杭口，跟大家都不熟，谁都不认识。刚开始第一天到这里来，寝室很脏，都是他主动带着我去购置生活用品，帮我打扫寝室卫生。同时他很友善，积极跟年轻干部打成一片，基本每次同事聚会他都是主要发起人，带大家一起聚一聚。所以他非常平易近人，是非常主动、热情的一个人。

采访组：程扶摇在工作中有没有与同事发生矛盾？

夏瑜：没有，他在镇里不管是跟上级领导，还是跟我们这里其他干部，包括扶贫对象，都能打成一片。他为人处世很有技巧，在我们镇里是出了名的人缘好。

采访组：在和他接触的过程中，他做过最让您感动的事情是什么？

夏瑜：不能说是一件事，应该是长期以来的一种坚持。就像刚才说的，我刚来的时候他每天接送我上下班，当时我住在修水县的城北，离他家还有一段距离。但是每天早上他特意早起，绕到我家楼下接我。他不是说偶尔今天接一次，明天就不接了，他是风雨无阻。

有时候我很不好意思，我说要不就算了，让我家里送我就行，那个时候我也没有考驾照，他就说没事。我非常感动，从其中也能看出他的为人很真诚，不是做做样子。

他年龄比我大，他1989年的，我是1993年的，他对我也非常关照，不仅在工作方面，在生活上也很关照。因为有时候像在乡镇，特别是搞扶贫工作，一加起班来可能吃饭就顾不上。在他出事的前一天，全镇在开扶贫工作的调度会，还有防汛工作的调度会，两项工作都在调度。那天就涉及扶贫工作，涉及我这边扶贫工作上就有一些关于国服系统调整，整个全镇的一些数据的变动。因为我们办公室是楼上楼下的，他的办公室是在扶贫办的楼下，他平时除了扶贫工作之外还有易地搬迁，需要有一个单独的办公室方便跟群众对接。那天因为他那里的数据比较多一点，我就借用了他办公室的电脑处理一些数据，他正好在楼上处理事务，那天从早上开始工作，也忙到挺晚的，他看到我没吃早餐，就去外面买了一个鸡蛋送给我，叫我记得吃。但是他已经牺牲在抗洪的一线了。

采访组：当听到他牺牲时，您当时是什么反应？

夏瑜：当天晚上他们是第二批去那边抗洪救灾的，我们是第三批，比他们晚10分钟进那个村。因为洪水来得很快，山洪一起一落都是瞬息之间的事。当时我们接到电话，那个时候通信快要断了，断断续续地听说他们那边被围困了，当时还没有接到他们出事的消息。然后我们第三批接到通知立马出发，但是车到了进村的路口的地方，洪水已经把所有的主路全都淹没了，所有进村的路都已经一片汪洋了，晚上已经完全看不清楚了，所以我们第三批的人进不去了，然后我们开始联络救援队的人员。

那天晚上也是一晚上没睡，不敢相信他们真的遇难了，直到第二天我们心存希望，希望他们可能被卡在哪根树权上。凌晨四点不到，县里面的主要领导已经赶到现场。因为当时洪水很大，当时还有一两百群众被围困在集镇，所以县里面主要领导说搜救工作由县里组织力量去，我们镇里这边的干部就集中力量去营救其他的群众。那天晚上全都集中力量在搞冲锋舟、挖机铲车去营救其他群众了。当时心里一直对程扶摇很牵挂，但那个时候通信已经全部断了，所以已经不知道那边到底是什么情况。当时电话也打不进来，电也没有了，到了早上7点多的时候通信慢慢恢复了，我们这边也才知道可能人没了，那个时候心情很复杂，因为在出事前的几十分钟，我还在跟程扶摇打电话，他跟我说路上的积水很深很深，他叫我注意积水。他还说七里山加油站那个位置的积水非常深，有车在那里抛锚，他叫我注意。通完电话不久之后，就接到了他们被围困的电话。所以心情也是非常的复杂，也难以置信。

采访组：如果还有一次机会和程扶摇说句话，您会说什么？

夏瑜：哥，我们有机会再一起去踢球。

·采访对象：冷春生（抗洪事件亲历者）

采访组：您和程扶摇是什么关系？

冷春生：我是镇里的班子成员，他是镇里的干部。

采访组：您跟他接触多吗？

冷春生：我们工作上接触比较少，下班以后接触比较多，他爱好篮球，我也喜欢打篮球，下班的时候我们经常在一起打篮球。

采访组：他在您眼中是一个怎么样的人，你可以用三个词概括他吗？

冷春生：热情、认真、有激情。

私底下他是一个热情奔放的小伙子，他愿意帮助别人，认真负责。我们乡镇经常举办篮球赛活动，我印象里他是一个精力特别旺盛的小伙子，篮球防守特别积极。

采访组：当您脱险之后，得知程扶摇他们三位同事还没有找到，您的反应是什么？之后您又做了什么？

冷春生：我不相信找不到，老百姓也一样，都一直在沿着河找程扶摇。我们跟着大伙参加了搜寻。

采访组：程扶摇的遗体被找到后，当时您的心情是什么样的？

冷春生：当时听说找到了，我们都赶过去看，见到后很伤心，头脑一片空白。感觉昨天还和这个活力四射的小伙子在一起，我们当时都不相信这是事实。

采访组：现在回想经历的那起抗洪事件，您有没有觉得后悔的地方？

冷春生：现在回想，主要是觉得有些事情太过盲目了，没考虑到自然灾害有这么严重。

采访组：如果有机会跟他说最后一句话，您会对他说什么？
冷春生：程扶摇你要注意身体。

· 采访对象：郭礼华（抗洪事件亲历者）

采访组：您能不能给我们还原一下现场情况？

郭礼华：2017 年 6 月 24 日，凌晨 1 点多我们从镇政府出去，经过杨坊村的时候，洪水已经很大了。我记得当时有 6 位同志前往抗洪救灾，在杨坊村老村口有一辆挖掘机，挖掘机司机在上面。司机说前面水很深，让我们不要过去。我们当时也没听清，加上我们想着一心一意为人民，直行就开过去了。洪水好大，开到桥上的时候，桥边的洪水猛地就把我们直接冲下去了。程扶摇当时是司机，他是第一个从车里出来的，他把着车前面的反光镜作为支撑。第二个出来的是匡美健，第三个出来的就是冷春生，我是第四个，我们都是从车子的左边出来。第五个是邓旭，第六个是唐文。洪水已经把车的前半部分打入了水里，车的后半部分就浮起来了。唐文一出来就被涌来的洪水打走了。我当时身上带着蛇皮袋，能浮起来。后来冷春生又被洪水打下去了，他在那喊救命啊！救命啊！我说冷镇长你别叫了，我下来了，你抓住蛇皮袋的尾巴，然后我就把他拖上来了。我让几个人游到一块，但他们三个还是抓着车子没动，在那喊着救命，我们的手机都没有了，都被水冲走了。我和匡书记说你把手放下来，你们来我这边。我当时站在旁边，我说我看看能不能把你救上来。当时他说你别管我们了，你赶快去叫人，你赶快走，去叫人把我们救上去。我跑到杨坊村一个早餐店里，我和店主说你们这里有没有人，有人就赶快帮我们去救人。他说这么大的水谁敢去救。我们后来来到一个养猪场，拿了几个化合箱和绳子后往我之前上岸的地方走。走到那，人也没看到，车也没看到。我当时觉得他们三个人应该是被水冲走了。

采访组：您平时和程扶摇接触多吗？

郭礼华：我跟他接触很少，工作上接触不多。他是"村官"，但是听很多人都说程扶摇难得，他为老百姓为工作都是敢于担当的一个人，确实是很难得的一个小伙子。

采访组：当听说他出事的消息后，您是什么反应？

郭礼华：听到出事以后，我回去一个星期都没吃饭。因为当时也就是我们六个人去，他们三个走了，我心里非常难受。我孩子母亲给我几个孩子打电话，说我一个星期没吃饭。我几个孩子都回来了，他们劝我说爸爸没办法，他们已经走了，你们也是同事，这份感情确实是难得，谁也舍不得。

所以我今天接受采访心里真的很难过，他们当时喊救命啊救命啊，当时那个水确实是大。如果是白天的话，他们三个人就不会走，我可能还可以救一个人。

· **采访对象：唐文（抗洪事件亲历者，程扶摇好友兼同事）**

采访人：您能给我们还原一下当时那个场景吗？现场当时是什么情况？

唐文：我记得当时是凌晨一点五十多，我接到一个电话，是镇里办公室打来的，说我们双井村出现了险情，需要把抗洪的一些物资运到村里去。然后我就起来到了办公室，办公室当时值班的人就是冷春生、郭礼华和邓旭副镇长。因为我是外地人，所以我是长期住在这里的。我们集合之后，从三楼把这些抗洪物资全部运到了皮卡车上。运到皮卡车上之后，我们就开着车出发往村里走，一路上的水都是比较深的，但可以行驶，只是稍微慢一点。走到杨坊村附近的时候有一个地方积水很深，当时差一点就熄火了。但是车还是过去了，积水虽然深但并不长，就是一小段路。郭礼华在车上说了一句，这里水都这么深了，杭口村那边肯定积水更深，可能就过不去了，因为去双井村要经过杭口村。我们书记的心情比较急切，就说我们试试看。这个车如果开到那里走不了了，我们肯定还是以保证人身安全为第一位的。车是无所谓的，大不了车就不要了，我们人还是可以走，然后就继续往前走了。

继续走到杨坊村一个拐角的地方，看到对面有个远光灯照过来，当时没看清楚是什么车。后来会车的时候，才知道是一个挖掘机。我们看到他跟我们好像在说什么，当时下好大的雨，又关着窗户，但是隐隐约约听见他说过不去，讲的是修水话，他说本来也是想过去的，后来又调头回来了。我们还是想去试一下，看看能不能过去。如果过不去就车子就不要了，人身安全还是第一位的。我们就往那边开，快开到出事的那个地方时，水已经把车灯淹没了。因为我们之前也过了一段这样的路，我们就继续往前走，坐在车上的时候就感觉车一直在往右边漂。程扶摇当时是司机，我们书记让他往左打方向盘，但是方向盘已经往左边打死了，感觉车还是在往右边漂。可能是水的冲力太大了，这车已经顶不住了。

我们书记反应还算是比较快，他就感觉形势不对了，让我们赶紧走，这个车已经控制不住了。洪水顶住了车门，打不开。幸好当时车还没有熄火，我们就摇下车窗，开了一半赶紧就往外爬，从车里面出来了。书记和程扶摇他们爬出窗户之后也没有地方站着，就一只手抓着那个门。我们后排四个人，就往车斗里站，想有个地方立足。爬出来之后四周都是水，又下大雨，那个时候已经凌晨两三点了，也看不清哪里可以落脚。我的印象是我刚站上车斗，还没站稳，车就被冲下公路了。因为公路左右是田地、庄稼地，有一定的高度，我们被冲到离庄稼地有一米来高。当时自己也站不稳了，突然就感觉有一个浪过来，直接把我拍下了车。我、郭礼华和冷春生都掉到了水里，匡书记和程扶摇都在前排抓住了车，后排本来坐了四个人，邓旭坐在最中间，所以他要等我爬出去了，他才能开始爬。他们三个人是抓住了车门的，我们三个人站在车斗里站不稳，就掉到了水里。但当时水特别急，自己也比较慌乱，我的水性也没有到那么好的地步，所以掉下去就开始呛水。我就喊救命，喊书记救我。我们书记还有程扶摇也一直在叫我的名字，很担心我。郭礼华从小水性很好，在河边长大，他能自保。冷镇长落水的位置就在郭礼华附近，他拿了一捆车里的蛇皮袋游过去给冷镇长，也拿了一捆在水面上推给我。他后来就拉着冷镇长往岸边游。我整个身子压在蛇皮袋上随水漂，幸运的是我没有被冲到河里，而是冲到了庄稼地那边。庄稼地那露出了两个玉米的头，我想玉米肯定没有我高，我身高一米八，说明这个地方的水没有特别深，于是我就尝试着站起来。站起来后水位是到我胸的位置。我喊程扶摇他们，想让他们过来，因为我这边水不深，有机会逃出去。我们书记说因为水太大了过不来。后来我才知道，书记也是在河边长大的，水性很好，其他人水性都不好，邓旭更是一点都不会水，书记可能也是不想丢下他们任何一个人，就没有游过来。我们书记向我做手势，拼命向我示意让我赶紧上岸找人来救他们。我就开始往庄稼地那边走，越走越浅，后来就上了岸。上岸后就看见了田埂，我沿着田埂就一直跑，跑了很久看到河对面亮了很多手电筒，我就冲着他们喊。因为我当时穿着防水的雨衣，雨衣兜里放了一个手电筒，我开着手电筒对着他们晃。他们看见了就用手电筒的光给我比了一个方向，让我从那边上来。我跑到了一个养猪的养殖场后上了水泥路，当时我心里知道自己肯定获救了，我开始往他们的那个方向跑。我们的距离还隔得很远，郭礼华就喊了一句："是唐文吗？"我说："是！"就往他们那跑过去，后来我才知道这些村民都是他和冷春生找来的。

聚集救人的村民很多，但是没什么办法，土地全被水淹了，大家也叽叽喳喳在那议论到底该怎么救。村民给镇里打电话，镇里也跟县里联系。打完电话之后，肯定要抓紧时间救人，他们的救援要晚一点到。后来突然有一个村民说村里有一个平时以打鱼为生的人，他有一条小木船，村书记章水兵就赶紧带着冷镇长去杨坊村找那户人家。我和郭礼华就沿着我之前上岸的那条路去养猪场，看看有没有什么东西能用得上。我们找了几个大的泡沫盒子，一人拎了两个，沿着那条路回去找他们。回去找他们的时候，我就感觉不对劲了，因为我是踩着田埂上来的，我们再回去田埂的水已经到大腿了。说明这个水位又涨了，五六分钟之前我上岸的时候是脚踏实地踩着田埂上来的。我跟郭礼华只能一步一步地摸索，在水里用脚探路。到那边后，因为郭礼华的水性比较好，他让我在田埂上等，他拿两个泡沫盒游过去冲着程扶摇他们喊。但程扶摇他们已经没有回应了，我们两个原路返回，船刚好到了。船有一个探照灯，因为路的两边都有树，我们拿一根很粗的绳牵着。他们又加了一个船，只有两个人去，一个是打鱼的人，因为这个船是他的，他驾驶起来轻车熟路。章水兵书记跟着去了，船也坐不了太多人。找了很久，也一直在喊，搜寻了个把小时。后来水涨得越来越高，离出事的地点越来越远。因为他船头有个探照灯，我看他掉头了往我们这边划，我以为他们找到了。就舒了一口气，我还和郭礼华说终于回来了，终于回来了。船靠近我们的时候，书记说喊了很久，一直没有听到回应，也看不到人，看不到车。当时我眼泪一下就出来了，觉得肯定出事了。如果这会儿没找到，之后肯定是凶多吉少。在那等了一段时间后，书记就说，你们一个晚上也没睡觉，浑身都是湿的，先去我家里换套干的衣服。他说他坐船再找一会儿，因为他弄的安全绳，基本上也没有什么问题。到他家的时候天已经蒙蒙亮了。换完衣服后在家也待不住，我们三个人心里都很急，我说我想走，想去再找找。当时电话在洪灾时泡了水信号卡可能出了问题，联系不上人，后来用村民的手机也联系不上。

修水县的信号可能是受到洪水的影响，没有信号。然后我和他们两个说，我在这里待一分钟我都着急，我还是要回镇里找。

因为很多路都被淹了，走不了了。我们 6 点多出发走山路，翻了一座又一座山。本来开车 10 分钟的路程，走了 3 个多小时，终于回到镇里，但是没有一个人，不知道他们去哪了，一楼全被淹了，我们一直在二楼待到了中午。村主任来这里看了一眼，他也没看到人，当时大家的手机都联系不上。他看到我们 3 个人在，就问我们什么情况，让我们先去他们家里去吃个饭。吃完饭我们打算回镇里，走的是另外一条路。因为当时杭口镇那座新桥已经被水给淹了，村主任来接我们的时候走的老桥，回去的时候水慢慢退了一点，新桥桥面已经露出来了，我们就走的新桥。走新桥的时候才发现救援的人全部都在交警大队那边，那边地势高一点没有泡水。

采访组：您和程扶摇的接触多吗？您眼中的程扶摇是怎么样的一个人？

唐文：我们接触很多，可以说在镇里应该就是我和熊泽俊跟他的关系最好。我虽然年纪不大，但接触的人也算是挺多了。在我接触到的所有人当中，他确实是脾气性格最好的一个人，从来没有看他跟谁急过眼。你跟他发脾气，他也还是和你开玩笑的口气回应你。他性格很温和，不会跟别人发脾气，比较乐于助人，不管是同志甚至是不太认识的人，只要他能帮上你的忙，他肯定会帮你的。不管是工作上还是生活上的还是干什么事情，永远都很阳光、充满激情。我很少看见他在生活中是很"丧"的状态，他永远饱含激情。

采访组：在和他接触的过程当中，让您印象最深刻的事是什么？

唐文：我和他都是普通人，也没有什么惊天动地的事。他比较乐于助人，一次我和他一起下乡，我没有车，坐的是他的车。当时是下午太阳很烈，我们看见一个妇女背着一个小孩，拎着行李箱，可能是刚坐班车回来，走路进村。程扶摇就把车开到她们身边，问她们去哪。她们说要去双井村，我以为程扶摇不会送她们回家，因为我们不顺路。但他还是让她们上车了，还下车帮她把行李箱放在后备厢，一直把她们送回了家，我们才调头去目的地。为什么我印象深刻呢，因为换位思考，如果不顺路我可能就不会送她们回家。

还有一个是我们是乡镇干部，有时候要应对突发情况。一次起了山火，我跟程扶摇在一个小队扑火。他这个人做事太富含激情了，用我们的话说有点"傻"，太认真了。

因为我们就是去控制火势，我们没有灭火器，也不是专业的消防员，没有经过专门的培训，扑灭不了这场火，我们只是防止它蔓延的趋势，不要让它扩大了。我们在山顶上清除草，挖出隔绝带来。火在我们下面，他扑火的时候抓住一棵树，把重心放在了那棵树上。树被火烧过，不一会儿就断了，他就往下滑了好几步。幸好抓住了树枝，没有继续往下滑。他以前扑山火受过伤，身上大面积烧伤。当时我很担心他的安危，我就挺生气地说："那么拼命干吗，万一掉下去了，掉到这个火里面去了怎么办？我们的任务也不是让你立马把火扑灭，挖出隔离带控制了火势就可以了。"熊泽俊、程扶摇、黄伟和我把隔绝带挖完了，火势控制了，火在慢慢熄灭，我拿着扑火的工具慢慢地把小火打灭了。

当时是夏天，特别热，扑灭之后我们四个人就在山上躺在地上休息了一会儿，准备下山的时候想拍个照留念。程扶摇本来就黑，再被山火一熏就更黑了。我们两个就在山顶上搂着合了影，后来我发了个朋友圈。别人说根本就看不出来谁是谁，这件事印象比较深刻。要说特别轰轰烈烈的事情也没有，都是些生活中的平凡小事。

包括那次的抗洪事件，当时我们六个人，因为我是长期住在这里，所以肯定要去抗洪。匡书记作为带头的，肯定要带着我们。其他三个是值班的，只有程扶摇是从县城赶回来的。他如果不是那么积极，稍微注意一下自己的安全，开慢一点，到得没那么快。因为在来的路上车也不好开，下那么大的雨，他也就可能不会跟着我们去。但他第一个就赶到了。

后来别的同事也来了，但是他们晚了一点，当时水已经涨起来了，那个桥被水淹没了，他们已经过不来了。

他如果不是这种太积极的性格就不会出事。当时我们可能五个人开车就先去了。因为当时很急，我们只要把抗洪物资运上车就走了。但他就太拼命了，这就是他的性格。

采访组：如果说还有一次机会和程扶摇说一句话，您会说什么？

*唐文：*其实本来都已经过了那么久了，我已经将这些埋藏得挺深了，假设他还能醒过来也不切实际。当时他出事之后，我要调离修水，我在我们宿舍给他买了几瓶酒，带到他出事的地方，我跟其他人说不管我在哪个地方，在不在修水，肯定每一年都会抽个时间回来看你们一眼（包括匡美健和邓旭）。让他活过来想对他说什么也不切实际，如果他真活过来了，我肯定也不会对他说什么，肯定两个人先来个拥抱。平时我也把这些事包括跟他之间的经历和感情都埋藏在了心底，不去想了，但还是挺想他的。埋得再深，偶尔还是会想起。比如说下大雨，我现在自己开个车，还是会想到那些事情，还是会想到他们。

·采访对象：熊泽俊（程扶摇同事）

采访组：在您眼中程扶摇是一个怎样的人？

熊泽俊：他工作态度非常好，不管是做扶贫还是原来做"综治"或是"三农"这一块，责任心都特别强。比如说领导布置下来的任务就要完成，时间观念特别强，不会能拖几天就拖几天，而且最后做出来的事情也比较漂亮，做得比我们更好。有时候也会觉得他是那种过于忠厚老实的人，不懂得拒绝别人。比如我们的工作是有分工的，可能有一些额外的工作找他做，他也不会推辞，自己一个人加班加点地做。我们原来也有劝过他，不要搞得这么辛苦。

采访组：如果用两个关键词来概括程扶摇，您会选哪两个词？

熊泽俊：第一个是够意思。从我跟他的关系上来谈，我们是同事也可以说是兄弟，他很讲义气。

我们刚当"村官"时，一开始是在村里面工作。我之前骑车摔伤过手，后来就不敢骑车。我们中午没有地方吃饭，他就专门骑着他的摩托车从他们村到我们这个村来接我和汪梦诗，三个人一起去吃午饭。不管是在组织部也好，还是后来一起在镇上工作也好，他一直都是这样一个人，用我的话来说，就是很够意思的一个人。

第二个可能觉得他不够社会。因为周围形形色色的人，都会有一点点自己的小心思，这也无可厚非，但像他的话可能就没有。包括当时我们这些朋友也好，同事也好，也劝过他不要太辛苦。我们有时候一起去吃饭或者吃夜宵，一谈工作上的事情就会劝他，但没有办法，可能他就是这样的性格。但是我觉得他的性格对他周围的人有一定的影响。

采访组：当他的工作和家庭发生矛盾的时候，他家人是一个什么样的态度？从他角度来说，他怎么平衡这种工作与家庭之间的矛盾？

熊泽俊：我跟他妻子也认识，他妻子也会因为他的工作问题有怨言，但这也是人之常情。有时候他们有矛盾，他就会把更多的时间放在工作中。这可能是他化解家庭压力的一种形式或者办法。

采访组：他在工作的时候遇到过什么棘手的问题吗？他是怎么解决的？

熊泽俊：一开始扶贫时，我们这一块的工作压力比较大，但他是一个很真诚的人，他就想着要怎么帮助贫困户，帮他们增加收入。但当时自己也没有什么经济能力，阅历也不够，所以没有什么好的途径帮助贫困户。两年后，好的扶贫政策陆陆续续出来，工作压力也小一点。但扶贫工作压力较大这也是一个普遍存在的共性问题。

采访组：他在工作中和平常生活中有什么区别吗？

熊泽俊：我们两个都住在宿舍，那个时候只要他不回家，我们下了班就一起玩。在他工作时，让他放下手上的工作和我们去玩，他是不愿意的。但如果在生活中我们一起玩的时候，我们有什么想法去哪玩，他都会支持。

采访组：如果还有最后一次机会跟他说一句话，您会对他说什么？

熊泽俊：我会跟他说对不起。因为我脾气比较暴躁，有时候在工作中对他的态度可能不是很好。

· 采访对象：汪梦诗（程扶摇同事）

采访组：您和程扶摇是什么关系？

汪梦诗：我们是 2013 年同一届的"村官"，我和程扶摇还有熊泽俊三个人是同时被分到杭口镇的。

采访组：程扶摇在您眼中是一个怎样的人？

汪梦诗：我们和别的"村官"不太一样，别的"村官"当时是分配在乡镇的。我们第一年都分配在村里面，交通不便。当时只有他一个人有摩托车，我和熊泽俊都没有车。他看到我们没有车，非常热心，经常来接我和熊泽俊上班。虽然我们离得蛮近的，但如果骑摩托车的话，要三四十分钟才可以进来，其实也蛮久的。后来他买了车，他的车就相当于一个公车，接大家上下班，几乎有求必应。

采访组：在和他接触的过程中，让您印象最深刻或最感动的一件事是什么？

汪梦诗：他非常热心，热心到哪种程度呢？他对老百姓的同理心或同情心特别强，尤其是对一些老人。有两件让我印象深刻的事。一次是坐他的车的时候，看到一个老人带着一个小孩儿，提着很重的东西，他就停下来帮他们，送他们去要去的地方。不管认不认识，只要车里有空座位，他都会送人。

还有一次，我们当时在办公室，有一个老人来问我们医保方面的问题，其实和我们工作内容不相关。这种情况，可能大部分的人都会说和我们工作不相关，你去别的地方问问。程扶摇就站起来跟老人说奶奶你要问什么，问得清清楚楚，然后把具体情况告诉这个老人。看到老人还是不懂，他又说："奶奶，你要不等我一下，我中午下班送你去。"后来他就送老人去了县医保局。

有的人看到那种沟通理解能力有障碍的老人，他们不会理会。但程扶摇遇到这种老人，他会很热情地接待，这令人挺感动的。有时候别人都不理解程扶摇，说你去县城的车费油钱从哪里得来？他本来工资就不高，现在又基本都花在油费上了，所以家里可能也会有一些想法："挣什么钱，工资连汽车油费都满足不了。"但他一直坚持这样。

采访组：如果用三个关键词来概括程扶摇的为人，您会选哪几个词？

汪梦诗：热心、忠厚、善良。

采访组：他有没有和其他同事在工作中发生矛盾？

汪梦诗：我的印象还真没有，因为他是那种别人叫他干什么他就干什么的人。不单是领导，就是同事让他帮个忙，他都很好说话的。我打个比方，有一次我的手机坏了，一般我们会拿到市面上去修，维修人员会给你拆开。他听说后开玩笑说他以前为了省钱，手机自己拆开修好了。后来他帮我把手机全部拆开，里面零散的一些零件全都修好了，也换了内屏，整整修了一个下午。所以说不单是工作，生活中别人需要他帮忙的，他都会有求必应。

采访组：您当时听到他遇难以后，是什么心情？

汪梦诗：我第一反应还是不相信的，当时就是想不通。他们说"被水打掉了（方言）"。我以为可能程扶摇走在路上被水打到河里去。我说怎么可能，怎么会？后来因为他妻子跟我也是朋友，我就联系她，她也不知道具体情况。然后我第一时间就去了镇里，刚好唐文在，他就说了当时的一个具体情况。我们之前一直在杭口，等了两三天。到了27号发现他的遗体，他妻子说戒指好像是程扶摇的，她才敢确认。

我的第一反应是完全不信的。所以他们刚开始一听到程扶摇遇难就哭了，我却没哭。等到确认了以后，我一直在安慰他妻子。直到27号一个人开车回家的时候，突然意识到他牺牲了好像是真的，觉得很可惜，很难过。

采访组：一个人的精力是有限的，工作和家庭生活难免顾此失彼，当他工作和家庭生活发生矛盾的时候，他是怎么去协调的？

汪梦诗：我和他妻子也是很好的朋友。他妻子刚开始心里也有埋怨，工资 1900 元一个月，钱全部用在帮别人上，时间又都花在工作上，很难得到别人的理解。他妻子说程扶摇作为干部、朋友，是非常好的。但是作为丈夫、父亲，还是有那么一些不称职。他也经常和妻子、儿子说，以后带他们去玩，以后带儿子去踢球，以后带他们去环游世界。他妻子说他总是这样说，总是承诺以后，说以后时间多了再去。后来他妻子又会想通，自己喜欢他不就是因为他善良热心吗？他妻子心里还是心疼他，支持他。

程扶摇出事后，他妻子肯定释然不了，尤其是有了孩子……其实他妻子心里很难受，这个孩子什么都不喜欢，但一看到足球就特别喜欢，孩子爸爸喜欢踢球，孩子也喜欢踢球。孩子生病感冒发烧了，她又会联想到自己的丈夫小时候也是这样经常发烧感冒。类似很多事情，她都感觉有丈夫的影子在。

采访组：您觉得程扶摇在扶贫工作当中给扶贫对象以及当地老百姓带来了哪些影响？

汪梦诗：我觉得他的精气神是最能带动这些扶贫干部的。比如说有一家人，他们自己有一点点钱，平平淡淡地过着日子。但是如果家里突然来了一个小伙子，积极呼吁他们，爷爷奶奶我们要不做点这个事，你要什么我都来帮你。他们好像多了一个儿子，多了一个在身边的孩子一样。他帮扶陈利华一家时，他会说："爷爷奶奶，我们来打豆腐，我来帮你们。同时我想点办法帮你们推销，在朋友圈晒一晒、卖一卖。"万事开头难，有了这个开头，后面陈利华一家靠自己劳动养鸡，程扶摇就会教他们在微信朋友圈卖鸡，所以这是一个很好的开头。

因此我觉得最大的变化就在于程扶摇用心用情去带动他们，让扶贫对象自己想勤劳致富。尤其是在程扶摇出事以后，他帮扶的对象陈利华夫妇自己都说要是再返贫就丢了程扶摇的脸。他们都被他这种精气神感染，我觉得这种属于精神上的扶贫。

他也有自身的人格魅力。在出事之前，可能在我们大家眼里，他就是一个老好人。又或者是像"傻子"一样，但他出了事以后别人才知道他的珍贵。

采访组：如果还有最后一次机会和他说一句话，您会说什么？

汪梦诗：我觉得他应该多陪陪家人和孩子，毕竟工作这一块他已经做得很好。他出事后最痛苦的应该是家人和孩子。我之前和他父母接触过，程扶摇是独生子，如果不是他还有一个孩子在世，他父母都没有活下去的勇气了。现在他们也是想着一定要活下去，好好把这个孩子养大成人。所以我会说："多陪陪家人，多陪陪孩子。"

·采访对象：黄鸣铭（程扶摇好友，现在县工商局工作）

采访组：您和程扶摇是什么关系？

黄鸣铭：我和程扶摇是好朋友，我们是通过足球结缘的。我是 2011 年回到修水，2013 年跟他认识。我们当时在修水有一个小球队叫绿茵 FC，这个球队连续几年在修水县的联赛中取得了比较好的成绩。我和他更多的是心意相通，他在认识我之前没有获得过冠军，我也在认识他之前没有获得过冠军，但我们成为好友后心意相通，在 2015 年修水县夺冠，之后我们开始征战九江地区。因此我们也一直被称为"绿茵双子星"。扶摇他喜欢克里斯蒂亚诺·罗纳尔多，喜欢的俱乐部是皇家马德里，最喜欢葡萄牙国家队，他是 C 罗的粉丝。我们共同是皇马的球迷，恒大那一年亚冠联赛第一次夺冠的时候，我们也是在一起观看的。

采访组：在您眼中程扶摇是一个怎样的人？

黄鸣铭：他为人诚实、踏实，比较勤恳，凡事都很本分，很守原则。做人也很和善、厚道。

我们在生活中是好友，但我们更多的接触是在球场，私底下关系也非常好。有一次我们参加九江市的比赛，当时是 8 进 4 的比赛，对手是江西省聋哑足球队。扶摇的足球实力特别强，强到在九江地区整个业余足球界都很有名声，也令对手非常害怕。所以在比赛的过程中，对方对扶摇的小动作特别多，对他多次犯规，但他也没有抱怨什么。直到下半场开赛 20 分钟左右，整个比赛打到 60 分钟到 65 分钟这个时间段，业余足球赛是禁止铲球的，一个很高大的后卫对手直接把他铲到地上，扶摇趴在了地上，他鼻子、嘴巴都在流血。我们的队友和观众都站起来了，对这种行为特别愤慨，对对手进行指责。但扶摇站起来后只是擦了擦鼻子和嘴巴上的血迹，跟对手拍了拍手就走了。可能因为足球是竞技体育，比较充满血性。但扶摇的血性更多的是在足球场上的技术层面。他不会因为对方对他进行伤害而产生报复的行为或心理。

因为聋哑足球队有很多队员都存在失聪或不能说话的情况，他对这些人特别关爱。球赛结束后，我们因为这个事情特别生气，一直都在指责对手，但是扶摇说："这是竞技体育，能够理解。特别是他们这样的弱势群体，我们更要怀着宽厚的态度对待他们。"所以在比赛结束后，我们和对手没有产生太多纠纷。

论足球实力，应该说程扶摇是在修水县可能是10年甚至20年都不会出的一个人。我们有一个队友是1987年的，是江西省的半职业球员、注册球员，但风格跟扶摇是不一样的，他擅长组织进攻。但扶摇除了组织进攻，他的个人突破和终结能力特别强。所以当时我们在九江市打比赛的时候，好多球队为了防住我们1987年的队友和程扶摇，速度快的前锋都不打前锋了，就直接让后卫跟着他，这种情况还完全跟不上。所以他在九江地区都给人印象特别深刻，有点像古代剑客的那种作风——一剑封喉。

采访组：您还记得第一次跟他见面的情景吗？

黄鸣铭：我们在2009年通过一场足球赛见过面，但我不认识他。当时是5人制足球赛。我很热爱足球，从小学就开始踢，到2009年的时候已经二十几岁，我也认识很多一起踢足球的小伙伴。我记得第一次看见他，他穿着一身绿白相间的葡萄牙球衣，当时我就觉得奇怪，怎么突然间修水县出来一个这么厉害的小伙子，还特别黑，也不爱说话。可能年轻人骨子里更多的有一种想在球场征服对方，但不会过多接触的理念，特别是竞争对手，所以我和扶摇当时也没有接触，只是觉得这个小伙子踢得特别好，话也不多，只是很认真地在踢足球，实力也很强。

采访组：在和他接触的过程中，有没有发生让您印象非常深刻的事情？

黄鸣铭：我们很多队友要么在外地工作，要么就是县直单位的，在乡镇的相对来说比较少。但是也知道乡镇的工作艰巨复杂，还会遇到很多突发情况。就比如有一次杭口发生山火，他去扑灭山火。我们都很担心，他出来后在群里给我们发了张照片，说请大家放心，没有事。照片上他咧着嘴在那笑，整个人都被烟熏得黑黑的，只有牙齿是雪白的，我们作为好友也特别心疼。从工作层面来说，他非常负责任，不会去计较个人的得失，不会说因为这件事情有危险而把责任推出去给其他人承担，他一直是比较负责比较勤勉的那种人。

采访组：如果用几个关键词来形容程扶摇，您会选哪几个词？

黄鸣铭：第一个是真诚。我觉得这个应该是他特别闪光的一点。我和他以及他妻子都是好朋友。在日常接触中的很多细节，包括他对朋友、对陌生人都是特别真诚的。可能在成人的世界里大家多多少少都会有自己的心思，但是对他来说他觉得接触必须先以真诚待对方，他没有什么其他的小心思。比如某件事该是怎么样的，他会如实且平和地告诉你，不会因为自己的利益去隐瞒一些什么细节。

第二个是和善。我觉得更多的是从这种细微中去体验或者在更多的是从这种日常交往中去认识他在为人处世中的态度，他对我们的影响更多的是润物细无声的这种。

第三个是认真。只要是对方托付的事情，或者与他相关的，是他的责任，他都会特别认真对待去处理。

采访组：您对他参加扶贫工作怎么看呢？您会觉得他这个人会有反差吗？

黄鸣铭：我记得他当时通过"三支一扶"考试被录取之后，特别开心给我打了电话。其实当时我的第一反应是这个小伙伴以后可能就不会出去闯荡了，有了一份固定的工作。同时我也相信他一定会胜任扶贫工作的。因为他的情感其实很细腻，从他平常在朋友圈写的一些个人感言可以看出来。他会一以贯之地把自己的注意力投入工作中，所以我觉得扶贫虽然是一件很艰巨的任务，但是以他细腻的感情一定是能够做到的，一定会把它做好的，用心去做好。

生活和工作也会有反差。拿踢足球来说，因为在球场上他是放松，更多的是去实现一个胜利的目标。但他在扶贫工作中更多的是体现了细腻，同样的他也是为了争取自己的帮扶对象早日脱贫，为了去实现这个工作上的目标。

采访组：一个人的精力是有限的，难免顾此失彼，当家庭和工作发生矛盾时，他是如何去平衡的？

黄鸣铭：扶摇跟他妻子是多年的恋人，从大学开始谈恋爱，一直走入婚姻的殿堂。他们之前也产生过一些分歧，比如不能经常陪伴在他妻子的身边；当妻子怀孕的时候，他有时候可能很晚才能回来。但是我觉得相爱的人他们的心灵也是相通的，其实扶摇对于一些工作会和妻子做一个简单的说明，包括他此刻在做什么，大概需要多长时间来完成这项工作。他会让妻子放心，整个沟通的过程还是比较好的，所以他妻子在这方面还是挺支持他的。

采访组：当您听到程扶摇遇难后，您当时是什么反应？什么心情？

黄鸣铭：其实那天早上我并不是通过正式的官方途径得知杭口有人失踪，而是我们一个一起踢足球的师兄说的，他在省卫健委工作。当时他应该是听到了小道消息，然后给我打电话。因为我是市场监督管理局的。早上5点我在修水这边一个大型的批发市场抗洪。当时他问我摇摇去哪了？因为我们私底下就都称扶摇为摇摇。我说我不知道。他说你现在在哪？我说我在抗洪，然后他说你现在在赶紧到杭口，我听到消息说杭口抗洪有干部失踪了。我当时特别不能理解，特别惊讶，特别震惊。转移完一部分商户后，我就跟同事请假，开了辆车6点多赶到了杭口。

我那时候看见那座杭口大桥时，内心特别绝望，因为水已经漫过大桥了，连车都没办法过去，路已经被封住了。之后我找到我们杭口人大的副主席，借了两台航拍器。我们内心是充满着期待，希望这不是事实。当时我们跟着航拍器翻了大概一个多小时的山路，走到了事发的抚州坊旁边一带。那时雨还特别大，我们问了周围的一些村民，他们只是模糊地说今天早上好像有人呼救，他们也不是很确定，所以我觉得可能还有一线生机，然后要求两台航拍器接力去搜寻。当时两个航拍器的主人说航拍器可能会因为雨大而损坏，我说："但凡损坏要赔偿的我来赔偿，我只求你们尽快起飞。"

大概过了20分钟，雨稍微小了一点，他们就准备起飞了。巡查航拍大概一个多小时，完全没看到小山头或者树林这种能够让人短暂避险的地方，我特别绝望。因为航拍器所有电池都用完了，我们就往回走，突然看见镇里的那辆皮卡车（程扶摇出事前开的车）露出了一个在顶上的喇叭，然后其他的部分全淹没在了水里。那个时候已经非常难受，不敢相信这是一个真事，特别是看见他们开车经过的桥的栏杆已经完全被水冲毁之后，我觉得可能他们真的是九死一生了。整个回去的途中我没有说话，只是内心一直希望他们能够发现还有足够让他们避险的地方。后来我们到了杭口交警中队，摇摇的爸爸当时就在杭口中队里。我用我们修水这边的话和他说："爷老子（九江尊称方言），您放心，其他地方都有生还的这种先例，吉人天相，应该没事的。"他父亲一直看着远方，没有说话。

我当时走到三楼的时候，忍不住心痛就倒在了楼梯上，一直在那哭。其实我内心非常绝望，总觉得应该还有生机。扶摇遗体找到后，其实整整三天我没有睡觉，就是睁着眼睛，也没有流泪。一直到把他的骨灰送到修水县烈士陵园暂存的时候大哭了一场，感觉特别不真实、很虚幻。

采访组：他出事以后您去看过他的家人吗？他家人是什么状态？

黄鸣铭：出事后我去过他家里陪着他的家人，他父母确实难以承受这样的打击。以前一般每周到了星期五，如果他母亲知道扶摇要回家，她就会打电话给我，让我去他们家吃饭。他母亲非常开朗，说话的中气特别足，非常豪爽。但是经过那次打击后，我明显感受到他父母的精神消沉了很多。因为我参与了他结婚、生子、乔迁等人生大事，他孩子出生我也是第一个见到的。所以我感觉他这个事情对家里的打击确实是太大了，无法用言语来形容。似乎扶摇带给他们家的那种活力一瞬间就完全被掠夺走了。

这几年如果他们在修水县的话，我们见面也比较频繁。有时候他们回老家了，如果我正好到那工作或经过那我也会去看望他们。现在相对来说他们的精神状况可能要好一些，或许这件事情可能一生都无法淡忘，他们更多的是去接受这个事实。他父母更是把所有的注意力都转移到小孙子身上，可能这样也会帮助缓解他们的情绪。

采访组：如果还有最后一次机会和他说句话，您会说什么？

黄鸣明：大概是"我很想你"这句话吧。因为扶摇走之后，有时候回想着特别难过的时候，我也会给他的微信发消息。我对他很思念，真的是很思念。每年他的忌日，我都会去看望他，都会号啕大哭，内心是特别希望他回来，虽然知道这是一个奢望，一个不可能实现的梦。

• 采访对象：刘清（程扶摇同学兼好友）

采访组：他会和您聊工作方面的事情吗？他是如何开展扶贫工作的？

刘清：他在杭口工作，我在县城工作，只有周末的时候，我们才能相聚。我记得他和我聊过扶贫方面的事情。他说他响应政府号召，因为是村干部，每个干部都会分派几户扶贫对象。有些人说的是方言或者有些老人家普通话说得不是很标准，听不太清楚，他会反复地听。他总是很虚心地参与讨论问题，把扶贫对象的事情记在心里。

记得有一个年纪很大的婆婆，他们家是瓦房，屋顶漏雨。听完他们讲述困难后，他亲自上前查看，并且交代有关方面的人进行修缮。同时关于每一个扶贫对象的记录都很清楚，他会根据自己的一些感触，或者他觉得自己应该为他们做一些什么，写一些心得，以此针对每一个扶贫对象开展不同的扶贫工作。他经常和我们说很多扶贫对象身体不好，有点不忍心，然后带着我们去看望扶贫户，并送点油、米之类的，之后带我们在附近景点逛逛、聊聊天。

我们是支持他的工作的，他有时候会和我们说工作很辛苦，我们说："没办法，我们也是乡下出来的孩子，现在回到乡下了，回到农村了，就要为家乡多做点事情。"这也是我们这几个同学一致认可的一件事。

采访组：在您眼中程扶摇是一个怎样的人？

刘清：在我们以前上学的时候，我们一群小伙伴都不怎么会踢足球，是他带领我们全班的男生组织足球比赛，他会教我们怎么踢得好。通过他的一个带动，我们整个班的足球能力在全校来说是数一数二的，他其实是一个非常有感染力的人。

采访组：如果要用三个关键词来概括程扶摇的为人，您会选哪三个词？

刘清：我觉得他在我心目中首先是一个善良的人，因为我们2004年开始是高中同学，2007年我们班上有一位同学也是我和程扶摇很好的兄弟，很意外地在修河里溺水身亡了。当我们都知道这个事情的时候，程扶摇首先组织我们同学一起去探望安慰他的父母，而且千叮咛万嘱咐我们要轮流安慰他们，尽管我们才十七八岁，没有多大的能力，但还是要当作他们的儿女那样，尽可能地表达出我们对溺水同学父母的一种安慰。我们中国不是有回来就要去上坟的习俗吗，事情过后他经常组织我们在外面读大学的同学回来一起去给溺水身亡的同学上坟烧香，表示对这个同学的怀念。所以单单从这件事情，我就感觉他的心是特别善良的，他会考虑到溺水身亡同学父母的心情，他也会联系身边所有的同学对他进行怀念，并且自己主动组织同学去悼念。

我和他关系很密切，高中我们是同一个宿舍，甚至我们去各自的大学玩的时候会睡在一张床上，有时候会聊到父母这方面的事情。他是家中的独生子，他父亲是我们的语文老师，也是我们的班主任。平时聊到他父亲时，他其实很怕他父亲，但是他心里又很疼父亲。所以我对他的第一个感观是一个非常善良的人，通过我刚刚讲的溺水身亡同学的故事，以及他对他父亲的看法，都可以很直观地感受到他是一个善良的人。

第二个他是一个阳光的人，我们说一个人的阳光包括很乐观、很大气，这方面他都有，所以我用"阳光"这个词来形容他。他给别人感觉是他每天很开心、积极向上，特别体现在他的最喜欢一个兴趣爱好上——足球运动。在足球运动上，我们所有修水县的足球爱好者对他的第一个直观感觉就是很阳光，很厉害。我们总说他球技好，是修水的C罗，他也喜欢C罗。所以他在生活中对他的伙伴、朋友、他的运动员队友来说，就是一个阳光的，永远在拼搏，永远在奔跑，不断努力前进的一个人。这同时也体现在他对工作的态度上，他对待工作都是勇往直前的，从不会有所畏惧有所退缩，他在他阳光的外表下也有一颗阳光的心，这是我对他的第二个感觉。

第三个是有责任心，我和他很熟悉，记得他妻子怀孕的时候，正好他扶贫工作也比较忙，很少有空闲时间陪伴他妻子产前散步或者聊天。有时候他妻子也会稍微和我们几个要好的同学抱怨，说程扶摇工作量大，有时候想散步他都没时间，但其实我们都知道他是在忙扶贫工作了。在他难得有假期回来后，吃完晚饭他还是会陪着自己的妻子在一中学校校园或者是沿江路散步、放松，但总体来说时间是比较少的。

他同时也比较在乎朋友兄弟感情。他总是充当聚会的发起人，也是主持人那种关键性质的人，所以有时候有同学回来，他也避免不了应酬聚会、同学聚餐之类的组织活动。但是他每次都会把这些事情安排好，和他妻子把这个事情、道理讲清楚。对待他妻子的一个态度就是除了我的工作外，你在我这里是最重要的。

当时他父亲还在一中教书，他母亲和妻子会一起来照顾他。尽管回家的次数不多，但他时常自己买好菜，烧一两个拿手的菜给母亲和妻子品尝，然后带着她们去附近的地方逛逛。

采访组：从当地的老百姓的角度来说，您觉得程扶摇牺牲后给他们带来了什么影响以及哪些精神上的财富？

刘清：我觉得在他本职扶贫工作的过程中，更多的是体现在他做事亲力亲为，尽他自己全部的力量去做上。具体细节我可能不是很懂，但他平时在工作中的一个态度，我觉得能够体现出他亲力亲为，不退缩、不畏缩的这种精神。我后来也因为工作上的事情去过杭口，接触过那边的人。只要提到程扶摇，提起他们抗洪英雄事迹的时候，当地老百姓的第一反应就是说可惜了，觉得很心痛，牺牲了几个这么好的领导，这么好的扶贫工作人员，这么好的工作干部。这是老百姓对他们共同的认可。

程扶摇给当地老百姓带来的最大一个精神财富，就是不畏艰辛，勇敢向前这样一个精神方面的指导，给整个杭口镇茅坪村一个精神上的指引，即我们要更积极建设，努力把扶贫工作做好，努力把乡镇乡村建设得更好的一种信念。这种精神加强了他们对扶贫工作信念的认可。

采访组：当您听到程扶摇牺牲这个消息时，您的反应是什么？您的感受如何？

刘清：他是和他们的书记领着另外两个同事一起前去做防汛紧急通知，当时不知道河水会涨得那么快，在到杭口那边的大桥的时候，河水突然暴涨，把他们的车子推翻了，人就被冲走了。

　　其实他出事那天晚上9点多钟我们还有联系，那天正好星期五，我们放假了，本来想约他出来聊聊天坐一下，他直接回绝了我，说今天晚上镇里要加班，就没有后续了。当听到他出事时，我和另外一个同学都不相信，感觉不可能。我说昨天晚上还给我打电话了，因为我是第二天早上5点多钟接的电话，我在程扶摇那边有同学、有朋友，出了事他们会第一时间通知我，我说不可能。后来我立马联系另外两个我们共同的同学，5点多钟起来，6点多我们就到了第一现场，一直在那边焦急地等待。接着又听说我们的一个朋友唐文生还了，我就跑到山上去寻找，当时觉得还是有希望找到程扶摇的。时间慢慢过去，我们心里越来越着急，一直不放弃希望，沿着修河河岸连续走了一两天。后来在修河河道南圳大桥那边发现了他的遗体，当时是我和程扶摇的堂弟两个人冲下去第一眼看到的，我瞬间感觉接受不了，很崩溃。之前还感觉有希望，看到遗体的时候我们就直接崩溃了，接受不了。当时其实他的脸是朝下的，但我看见那件衣服就知道是他。就在两天前我们在一起的时候他就穿着那件衣服，但就是接受不了。

　　采访组：如果还有最后一次机会和他说一句话，您会说什么？

　　刘清：我会对他说："扶摇，我们再一起喝杯酒吧。"

- **采访对象：陈利华（茅坪村程扶摇帮扶对象）**

采访组：您对程扶摇的第一印象是什么？

陈利华：程扶摇第一次来我们家，他穿了件白色的罩衫，我当时觉得他好年轻、很热情。

采访组：他第一次来您家待了多久？他和您主要聊了什么内容？

陈利华：两三个钟头，主要是询问我们的家庭情况，比如我们家里有几口人，家里是做什么的，有什么困难。

采访组：程扶摇一般去您家的时候待多长时间？

陈利华：一般 3 个多小时。

采访组：程扶摇在您眼中是一个怎样的人？

陈利华：程扶摇是我们的好英雄、好干部、好党员呢，我们当时有 6 个人，都是他的帮扶对象。我们已经年纪大了，老伴 84 岁，我也 74 岁了，儿子在外面工作。程扶摇对我们很热情、很关心、很细心，嘱咐我们注意身体，经常来我们家里，好像我们的亲孙子一样。

采访组：程扶摇当时在做您家的扶贫工作时，生活发生了什么变化？

陈利华：他教我们养鸡养猪，养了几十只鸡，他也教我儿子打豆腐，开小作坊。现在儿子也懂得做，能挣得两个钱，生活也富裕起来了，家里过上了幸福小康的生活，比以前好得多。

采访组：如果您还有最后一次机会和他讲一句话，您会讲什么？

陈利华：你很像我们的孙子，你真的是我们的好干部。

· 采访对象：曹明燕（杨坊村程扶摇帮扶对象）

采访组：您好，可以做一个简单的自我介绍吗？

曹明燕：我叫曹明燕，我家住在江西省九江市修水县杭口镇茅坪村 8 组，我是程扶摇的精准扶贫户。

采访组：您还记得第一次见到程扶摇的场景吗？

曹明燕：好像当时 2017 年刚刚过完端午节，有一天下午 2 点多的时候，我刚好跟我丈夫在家。太阳很大很热，像一个火球一样，他骑着自行车到我家，他说这是范春江（曹明燕丈夫）的家吗？我说是，他就开口叫我嫂子。然后我叫他坐下来，泡茶给他喝，然后他就坐在那里跟我聊天，他人很客气、很温柔。刚好过完端午节有粽子、鸡蛋，还有凉茶，我拿给他吃，他都不要。

他说："嫂子，大哥在家吗？"我说他刚出去了，不知道去哪里干什么了。他说："平时你们都在家里吗？"我说："没有，因为过节我老公就回来了。"然后他说："你在家带小孩吗？"我说："我是在家带小孩。"他说："我前段时间来你们家，我看你那个房子是土坯房，泥巴的墙，墙都裂开了几道缝几道口子了，这样住着很不安全，现在你们转到这边一层的小平房很挤的。"因为这是我哥的房子，我们住在他们家。他说："太挤了也不好，你现在没房子住，现在有政策有优惠，政府现在在集体建房，精准扶贫，你们这些贫困户都可以去里面住。"

他又问我丈夫现在是在外面还是在家里工作，我说在外面，他现在是过节回来。他表示我在家里带小孩，可以去修水找点事做，他还答应帮我去问问。因为我一个人在家带小孩，婆婆身体不好，她去其他儿子那养病了。之后还聊了很多，他对我说要是生活上有什么需要有什么困难，都可以尽管和他说，他给我问一下，看看修水哪些工厂里要人，可以介绍我去做事。

采访组：在您眼中，程扶摇是一个怎样的人？

曹明燕：我觉得他的头脑很聪明，他会给我们制定一套发家致富的方案，或是建议我们出去做点什么事，他都会帮我们出主意出点子的。像他帮扶的一个叫陈利华的，他就帮她出了很好的点子。因为老人不能出去打工，常年在家，他就建议陈利华自己在家搞小作坊，现在也搞得很好，这么多年过去了还是做得很好。反正我感觉他没有缺点，我也看到他喜欢运动，不管什么时候他都去打球跑步。他不怕辛苦的，不怕太阳大，皮肤晒得黑黑的，他是很精神的一个小伙子。我很遗憾，和他接触时间太短了，没有长时间在一起聊天沟通。

采访组：他在做您家的扶贫工作时，具体做了哪些工作？

曹明燕：他在做易地搬迁移民工作时，我问要不要什么费用。他说前期都已经做好了，什么都不需要，直接搬进去住就行了。我当时很感谢他，我说我很感谢国家政府，感谢你们的帮忙跟支持，帮我们争取到这么好的条件。

他为了帮我们致富，动员我们做一些种植业、养殖业，像养鸡、鸭，还有猪、牛。但是我那时候老房子马上要拆了，没有地方养，也没办法。他说我们可以多种点瓜果蔬菜，他建议我们先往这一方面发展。他就帮着我们出主意、一起计划，但是还没来得及落实他就不幸牺牲了。

他还动员我们上班。那个时候我老公一直都在外面工作，我在家里带小孩。第二次他就到我家和我说介绍工作的事。他说："大嫂，我在修水问了一个鞋厂，里面要人，你可以去看一下，问一下工资，可以跟他面谈。"我当时真的是太感谢他了，但婆婆去外地了，家里有两个小孩没人带。我说："谢谢你的好心好意，我不能去。"他听完后让我去鞋厂看看情况，看了后再决定。他也是想让我们生活得更好一点，有事做，收入更高一点。

每一次程扶摇去我们家，都会问我们家少什么吃的吗，或者少什么穿的吗，还需要什么用的吗，都是很关心的问候，对我们嘘寒问暖。每一次走访，他都认认真真地把情况记下来。他有时间就会来我们家，还送一些东西过来，比如米、油或者牛奶之类的，他说我们家里有小孩，生活要过得好一点。他这个人真的很好，每次来我们家都说我们需要什么，就直接跟他讲，如果我可以帮扶到你，我就一定会尽力帮到你。

我见他最后一面是 6 月 15、16 日左右那一天下午，他告诉我政府搬迁移民点在哪个地方，是哪一栋房子。他告诉我，我们家有 5 个人，房子面积有 125 平方米。之后他还带我去移民搬迁点那个地方（现居住地）看房子的地基。

端午节过后没多久他就去世了，总共我跟他见了四次面。他工作也很忙，总是匆匆来，匆匆走。

采访组：在他的帮扶中，您家的生活发生了哪些改变？

曹明燕：那时候还没有搬到移民点，但是生活方面有提高。我们有衣服穿、有饭吃、房子在慢慢改进。其实之前我也因为没有钱心情不好，经常心烦。他知道了，就对我说："困难只是一时的，没有困难是长期的，只要你坚持振作去找事做，或者看看附近有没有事做，都可以战胜困难的。"听了他的话，我就开始干农活打发时间，想着把那些不开心的事情都忘记。我也开始自己种菜自己吃，菜吃不完还可以拿去卖，也算是有一点收入。这些收入就可以买点肉或者是蛋、豆腐之类的，改善一下生活。他没来之前我只是心情压抑，人也不勤快。他来了后就给我做思想工作，开导我，后来我就变勤快了，思想也开朗了很多，做事也积极，他给了我精神上的激励。

采访组：您觉得他的扶贫工作到位吗？有没有什么优点或者缺点？

曹明燕：优点很多，缺点我是没有发现，他帮我们有衣服穿、有饭吃、有房子住，帮我们致富，让生活有所改善。我们有需要或有困难的地方，他都会尽量帮我们。他总会帮我们出很多主意，想哪一个适合我们，哪一个不适合我们。想发家致富的点子，让我们去尝试，他都想得很周到。最主要的就是让我们能过上富裕的小康生活，他的心愿应该就是这样。

采访组：在和他接触的过程中，他有没有做过让您特别感动的事？

曹明燕：记得有一次我在菜园里干活，我在挑粪，满身大汗。他说：

"大嫂，做不了的那些重活你就不要做，作为一个女人不要那么辛苦，你要是担不动我帮你担。"他帮我把粪挑去了菜园，还帮我把菜都浇了。那时候我真的很感动。其实我对他印象很深，他人看上去很精神，虽然晒得黑黑的，但是不怕辛苦不怕累。他经常骑着单车上门去关心每家贫困户。

采访组：你们之间有没有发生过矛盾？

曹明燕：没有，都是很愉快的合作，我觉得他那个人很温柔很和蔼，说话声音都是很轻言细语的，很有礼貌，对他没有不满意的地方。

采访组：周围的人是怎么评价他的？

曹明燕：周围的人说他这么好的一个人还这么年轻，这么早就走了，真的是太可惜了。如果他现在好好的，还在世的话，肯定还会为我们做很多事情，为杭口做很多事情。

采访组：当您听说他遇难后，您的心情是怎么样的？

曹明燕：那一个月涨了两次水，他出事的第二天早晨我就听说了。我想这么好这么年轻的干部怎么会让他的生命这样就结束了，心里很不是滋味，觉得这么好的一个人为什么走得那么急，真的很痛心，我永远都记得那一天，但是我心里还有很多话没来得及跟他说。

2017年底，我们搬了新房子，国家、政府现在把房子做好了，可惜他已经走了，没有看到我们住新家高兴的样子，他遇难确实是很痛心的一件事。过去这么多年每一年我都会记起他说起他，我都会说他的为人很好，这么多年过去了我对他的印象还是很深刻，每年忌日我都会在心里默默祈祷。

采访组：如果还有最后一次机会和他说一句话，您会说什么？

曹明燕：我想对他讲："你的头脑真的很聪明，非常感谢你让我能住这么好的房子。"因为这个房子本身都是他帮我们设计好的，有4个房间、一个客厅、一个厨房、一个大餐厅。当时他设计好图纸指给我看：这里是厨房，那里是餐厅，再过来一点是两个卧室，还有一个楼梯。然后再过来一点就是一个大的客厅，客厅旁边还有两个卧室。他和我说，他想设计想了一个星期左右。我说："这样的设置布局很好。"他就说："得到你们的同意，我就算是放心了。"房子是他设计的，设计得很好。如果我还能见他一面，我想邀请他去我家吃饭，聊天喝茶。让他去我家坐坐，看看他设计的房子，让他感受一下他自己的成果。

①

②

③

①家人合影

②程扶摇登记贫困户信息

③程扶摇带领的足球队

④进行安全生产检查

⑤火灾后和同事唐文合影

生命的战场：
中国减贫英烈口述史　　　　　　　　　　曾翔翔

　　曾翔翔，男，1989 年出生，2016 年加入中国共产党。生前任宿州市埇桥区支河乡路湖村扶贫专干、宿州市第一人民医院团委副书记。2018 年 8 月 18 日，他在村里排查雨水灾情、转移群众途中不幸触电牺牲，年仅 29 岁。曾翔翔是习近平新时代中国特色社会主义思想的模范践行者，是新时代新作为新担当的先进楷模，是新时代青年的优秀代表，在脱贫攻坚工作中用生命诠释了忠诚、责任和担当，充分彰显了新时代青年干部为党分忧、为国尽责、为民奉献的精神品格和不忘初心、扎根基层、甘于奉献的时代精神。

• 采访人：郭　音
• 记录人：叶昕颖
• 采访时间：2020.12.8—2020.12.11

1. 冯朝伟（党总支书记）

2. 路　亮（党总支委员）

3. 王秉璞（驻村第一书记）

4. 武建华（党总支委员）

5. 王　峰（扶贫小组长）

6. 葛思荣（贫困户）

7. 郭永发（贫困户）

8. 武成宝（贫困户）

9. 蔡　泉（重症监护室主管护士）

10. 宋　敏（财务科科长）

11. 赵秀珍（普外科护士长）

· 采访对象：冯朝伟（党总支书记）

采访组：请您做一个自我介绍。

冯朝伟：我叫冯朝伟，路湖村总支书记。

采访组：您跟小曾是搭班的关系，是吗？

冯朝伟：同事。从他开始到我们村，到他牺牲我们都在一起。

采访组：那咱们先说一说他的扶贫思路，您能跟我们大概讲一讲吗？

冯朝伟：他思路很简单，但是也很认真。就是下来以后逐户排查，100多户400多人，他用短短的一个多月时间，全部走访一遍。到贫困户家了解基本信息和生活情况。贫困户之中特贫困的，他会坚持过几天就去一趟，针对每一户的家庭情况来制定方案。

采访组：他都做了比较详尽的方案，您能给我们讲几个您印象比较深的吗？

冯朝伟：我印象最深的是郭永发这一户，因为他三个小孩都是智力障碍者。最小的小孩，是上不上户口的。郭永发的老婆，也是智力障碍者。等他过来的时候，他亲自带着郭永发和他的小女儿做了亲子鉴定，亲子鉴定以后，把户口给登上了。

采访组：我看咱们材料里面有说这个事，当时亲子鉴定好像是花了几千块钱。

冯朝伟：对。

采访组：这个钱当时是怎么筹集的？

冯朝伟：一部分是他的工资，工作队出了一部分。因为孩子不上户口的话，是进不了我们贫困系统的。

采访组：这样这一家就进到了贫困户里了，是吧？
冯朝伟：对，咱们就给他认定为贫困户。

采访组：认定为贫困户以后，对这家有哪些具体的帮扶？
冯朝伟：进行危房改造，还有产业扶贫。

采访组：产业扶贫针对他们家是做什么？
冯朝伟：他是养羊。

采访组：咱们养猪和养羊有什么依据吗？
冯朝伟：这个是他们自愿。

采访组：这家是养羊，养了几只？
冯朝伟：养了三只羊。

采访组：他是把羊给卖了，卖羊肉吗？
冯朝伟：他都是喂的母羊，然后生了小羊养大了，他再去卖。

采访组：这一家的生活就是通过产业扶贫，还有种地是吧？这两个结合起来？
冯朝伟：对。

采访组：您跟小曾一起工作的时候，您觉得他跟一般的干部有什么不同吗？
冯朝伟：朴素，非常朴素。从城里来没有娇生惯养的架子，很接地气。

采访组：您能举个具体的例子吗？
冯朝伟：他到我们村以后，都是把西服换掉，穿老百姓的衣服，包括鞋子、衣服都是跟普通老百姓一样。到村里以后，见人都是大娘婶子、哥哥姐姐那样叫。

采访组：您应该是亲眼见过他在扶贫工作当中的状态，是吧？

冯朝伟：对，我们经常一起加班。

采访组：他对工作和对村民是不太一样的态度吗？

冯朝伟：对工作积极认真。他虽然是下来做扶贫专干，但所有的工作他都在协助我们做。比如说禁烧、防洪，包括村里建设，各项工作他都在积极地配合我们推进。

采访组：刚才听村民说他负责修路的工作，是吧？

冯朝伟：还不能户户通，这个达不到，但我们达到了每一个村主要干道通了水泥路。

采访组：咱们在修路的过程当中遇到过什么困难吗？

冯朝伟：小曾应该以前也没经手过这样的事。修路主要是质量问题，因为都是上面拨的财政资金。修路的时候，他在现场监工。经常到现场，到一线。

采访组：像施工队什么的都是怎么选的？

冯朝伟：施工队都是正规的公司招标。

采访组：以咱们村为单位来招标吗？

冯朝伟：不是，我们村只负责提供施工环境。如果说村里有什么障碍物，就需要我们清理，提前提供有效的施工环境。然后我们村里派一部分党员干部，对质量进行监督。

采访组：咱们当时监工是怎么排班？一个人大概要去多久？

冯朝伟：他们上班我们就去。

采访组：是一条一条路修还是几条路同时开始修？

冯朝伟：一条一条修。

采访组：您跟小曾要是去的话，一次要在那待多久？

冯朝伟：他们在施工的时间段，我们会轮流值班，基本上不断人，一直盯着。

采访组：在这个过程当中有没有发现什么问题？

冯朝伟：有时铺的厚度达不到，我们会及时让他们改正。有村民影响施工的，我们会及时调解。

采访组：咱们当时有清除什么东西吗？像小曾负责的路段，有清除掉什么障碍物吗？

冯朝伟：主要是清理住户门前乱七八糟的东西。这项工作基本上老百姓还是理解的，只有个别的不配合，但不影响我们正常施工。

采访组：如果遇到不太配合的，咱们怎么去劝他们？

冯朝伟：做工作，不能影响我们全党的规划。告诉他们项目既然争取过来，我们得让项目落地。

采访组：我听其他帮扶的贫困户说，好像他在工作的时候是一个特别温柔的态度，是吗？

冯朝伟：对。他对我们贫困户来说，就跟自己家人一样。

采访组：您能跟我们谈谈防洪这件事吗？

冯朝伟：他17号晚上回去了，18号一早回村的。首先到龙湖村的西学自然庄，这里紧靠主道河流欧河，如果水大，容易开堰。我们还有4个排涝站，在水大的时候排水。第一个是跑到西学两个贫困户家里，这两个贫困户家都是危房，当时他看不安全，把他们劝到他们儿子家去了。后来他又去看了房子不太安全的三户，看过以后就直接去了防洪一线，一上午基本上就过去了。然后下午，他在西学结束以后，到王海孜那儿去了。

当时出事的时候，我在我们的排涝站上。当时也不知道是他，后来我过去以后，刚好有村民给我打电话，我看到他的车都没灭火。他是趴着的，也看不着。等我将他扒下来以后，看到胸部有一个胎记，因为经常跟他在一起打球，一起玩，我当时就怀疑是他，我就给他打电话。一打电话，电话在他车里，我就向党委政府汇报了。

采访组：他的扶贫工作，从您的角度看肯定是比较宏观的，您大概会把他的整个扶贫工作分成哪几个阶段？

冯朝伟：第一阶段，他对扶贫工作也不是太熟。他来了以后，对贫困户进行摸底，在走访的同时，详细记录每一家的基本情况。第二阶段就是针对每一户贫困户的基本情况制定方案。

采访组：跟他一起工作的过程当中，您有没有见过他发火发脾气？

冯朝伟：有时候工作干不好，他还是会有情绪的。主要是不仅自个儿要干好，还要求别人也要干好。如果说干不好的话，他有时候也会有情绪，他对工作质量要求比较高，但大家水平不一样，怎么可能都和他做的一样。我们基层干部的水平和文化程度也达不到。

采访组：您能给我们举个具体的例子吗？比如哪个事儿他觉得没有做到位？他比较追求完美，是吧？

冯朝伟：我们其中有一个小组长在业务这块不是太熟。小曾是比较重感情的，他当时说要换个小组长的话，面子过意不去。我们当时以评级的方式，对成绩进行考核，结果这个小组长在考核中倒数第一，最后以这个理由把他给换掉。我认为他这个做法是比较到位的。

采访组：他在这儿这段时间，您见过他谈到什么问题的时候会流泪？

冯朝伟：他很少回家，他老婆也上我们这个村来过，他不回去，他让他老婆过来。他父母和老婆都在家，人之常情，想家也很正常。他对家庭，有时候会表露出愧疚。

采访组：您跟他在扶贫工作的过程中，有没有觉得咱们一方面是要做具体的帮扶，另一方面有没有遇到过需要思想脱贫的案例？

冯朝伟：因为现在政策宣传力度比较大，老百姓基本上还是能理解的。再一个上面对扶贫资金的支持也都是比较大的，老百姓都感恩不尽。

采访组：您觉得跟他一起工作的过程中，他成长比较大的一个方面是什么？

冯朝伟：有一次印象比较深，因为我们这个地方在禁烧期间，当时害怕有人搞破坏，他把所有人员都调动起来了，他这个思路还是很清晰的。

采访组：我听说很多村子在认定扶贫这件事情上出现过一些问题，有的村民会有意见，说为什么不认定我是贫困户。咱们遇到过这种情况吗？

冯朝伟：这一块刚开始在2014年的时候，可能不是太规范。但是从2016年以后，我们在逐步地调整，每一年都调整，还是比较规范的。该脱贫的脱贫，也有该纳入贫困户的，当然也有该清退的。年年都在动态调整，2016年以后还是比较规范的。

采访组：小曾他来咱们这儿工作以后，有没有他经手去调整的？

冯朝伟：有。有一户在被列入评估系统的时候，做法不规范，这个到时候就清退了。

采访组：这家人闹了吗？

冯朝伟：他怎么会没闹呢，但小曾做了他的工作。

采访组：您了解具体思想工作是怎么去做的吗？

冯朝伟：跟他解释，因为他的子女是吃财政饭的，不能列入贫困户。

他确实条件相应好一点，这样就清退了。告知他根据资料，对照上面的政策是不符合的。

采访组：他会尽量照顾到谁是有条件去享受的，去申请的，他会帮着想这些，因为他知道有哪些政策，是吧？

冯朝伟：对。一户一方案，针对每一户的情况制定一个方案。

采访组：您跟他在工作的过程当中，有没有过什么时候您觉得这个事儿这样做好像不太合适，您给他提意见，或者他给您提意见，有没有？

冯朝伟：说实话，因为他来的时间也太短了，但是他给我提意见很多，公众态度这一块儿，处理问题这一块儿，我们可能还是有差距的。

采访组：他给您提意见，您能举个例子吗？比如说什么事他给您提意见了？

冯朝伟：比如说有时候我们说 8：00 开会，弄到 8：30 才开，时间观念都不强。

采访组：您跟小曾也是两个人互相学习，是吧？

冯朝伟：我向他学习比较多，因为他文化程度高。

采访组：在具体的工作分工上，你们两个人各负责什么内容，有没有这样的分工，各负责哪一块？

冯朝伟：他主要是负责扶贫，我负责村里的全面工作。

采访组：有没有哪件事让您印象特别深的？

冯朝伟：我对他的印象最深的是，在禁烧期间，基本上到夜里 12 点左右，我们就都回家了。他带一个凉席子，在那里就过了一夜，整夜在那儿守着，晚上睡一会儿。

采访组：他就一个人在那守着。然后这样大家就可以去休息？

冯朝伟：对。

采访组：实际上他应该守的时间大概是多久？

冯朝伟：基本上在夜里 12 点就可以撤了。

· 采访对象：路亮（党总支委员）

采访组：您能做一个自我介绍吗？

路亮：我叫路亮。

采访组：您跟小曾是什么关系？

路亮：同事关系。

采访组：您和他是同事关系？

路亮：对。我在村党委工作。

采访组：您和他共事是从他来到咱们村开始的？

路亮：是的。

采访组：您担任什么职务？

路亮：支部委员。

采访组：您是村支部委员，您是党员？

路亮：对。

采访组：您跟小曾平时见得多吗？大概多久能见到一面？

路亮：我 2017 年 10 月开始做支部委员，当时他已经到咱们村来扶贫了。

采访组：在这一年的时间里，您大概多久能见到他一次？你们工作经常接触吗？

路亮：经常能见到，只要我到村里来或者是在村里下地，经常见到他。

采访组：您能不能用三个词概括一下他是一个什么样的人？

路亮：对工作认真负责，实事求是地说，对我们照顾得比较全面，做得比较多。

采访组：您能举个例子，比如说他对同事怎么想得比较全面，照顾比较周到，有什么具体的事例吗？

路亮：一次禁烧期间，有人放火，我具体负责处理这个事，就报告当地派出所协调处理这个事。协调处理后，那人不服气到村里闹。我当时从家里来到村部，刚好碰到小曾。他说你不要去了，怕那人是来找事，怕他对我有什么威胁。等闹事的人走了以后他才叫我去。所以说他对同事照顾，想得比较周到。

采访组：后来小曾对这个事介入多吗？我听说你们后来好像还每天晚上去值班什么的。

路亮：对。禁烧，小曾也是非常负责任的。老百姓大多数都是比较认同的，但是也有少部分人搞破坏。

采访组：不烧的话咱们怎么办？

路亮：不烧的话，老百姓都能种地，秸秆还田。

采访组：这个咱们对百姓就是一个引导，是吧？

路亮：对，燃烧会影响大气质量。

采访组：在推行的过程中，有没有什么您印象深刻的事儿？

路亮：在我印象当中还有一次。乡党委政府安排村"两委"和扶贫专干参加禁烧。其间，乡里来检查，看到基本上这个点都没有咱村"两委"的禁烧人员了，只有小曾一个人，只有他自己在。

采访组：当时就只剩下他一个人在岗位上？您是陪着领导下来视察？

路亮：是，陪着领导视察。

采访组：突击检查？

路亮：对。

采访组：跟村民在介绍秸秆还田时，您能跟我们讲讲这个是怎么跟大家说，然后怎么去推行工作的？

路亮：不好做。我们介绍了几年，大部分老百姓都有意识了，只有少部分是不认同的。

采访组：咱们是怎么去讲的，是谁去讲这个事，是把大家伙都叫到一块，然后跟大家讲这个事儿，还是怎么去讲？

路亮：我们乡党委政府有宣传车，每天不停地播放。我们村里也安排有两部车，做宣传引导工作。

采访组：这个录音是咱们乡里录好的吗？

路亮：在乡里录好了，然后咱们放在大喇叭里播就行了。

采访组：咱们是要亲自去跟百姓聊这个事吗？

路亮：那是的，我们经常接触老百姓，像咱们在最基层的都接触老百姓。

采访组：了解情况之后咱们去做思想工作，这个是谁负责？除了您，还有小曾吗？

路亮：很多人，都得去。另外我们都在一起禁烧，白天晚上都在一起，在一块值班。

采访组：您觉得和小曾一起值班与跟别人一起值班有什么不一样吗？

路亮：小曾工作认真负责，在小曾看的那些区域没出现过火点。

采访组：咱们每一个值班的人，管的地方一般都会出现火点？

路亮：也不能说都能出现，但也出了好几个火点。小曾负责的就没有出现过。

采访组：我听他医院的同事说看到他发朋友圈，晚上经常整夜整夜地在麦地，就是咱们禁烧的时候是不是？

路亮：对，是的。

采访组：这个时候，有好多蚊子吗？

路亮：那时候蚊子多，夏天蚊子多得很。

采访组：尤其是麦子割完以后，麦茬很硬啊，您下去的时候也得穿长裤吧？

路亮：都穿长裤，这也得挨咬。

采访组：小曾是不是还穿短裤呀？

路亮：他喜欢穿短裤，因为他个子高，体重也大，他怕热。

采访组：您见过他那个腿吗？您见过他值一夜班以后的腿吗？

路亮：都是红包，蚊子咬的。

采访组：您有没有那种怎么这么多包，特别触目惊心的感觉，有没有这个时候？

路亮：有这种感觉。他是城里的孩子，来到这边他确实是受苦，比咱一般的农村人都还能受苦，穿着朴素，穿着布鞋下贫困户。吃的也是简简单单的，吃的酱豆子，吃也吃不好，睡也睡不好。

采访组：您跟他接触的过程中，有注意到他这个人有什么特点吗？比如说他喜欢吃什么，有什么爱好，这些您了解吗？

路亮：我不知道他喜欢吃什么，在这里吃得也非常简单。另外，他最大的爱好就是闲暇的时候写个书法，写得很好。

采访组：像你们平时值班的时候，那也没啥事，就是在那盯着，这种时候你会跟他聊聊天吗？

路亮：聊天，没事就说说话。

采访组：他一般都跟您聊点什么内容，他会跟您说家里的事吗？

路亮：也聊过家庭的事，基本上还是说他自己。他父母都在城里，还有妻子。另外当时我跟他接触的时候，他还没有孩子。

采访组：他跟您聊家里的情况一般都怎么说，是担心还是什么？

路亮：他也没说什么担心，因为他就是自告奋勇地下来的。

采访组：他父母其实身体都不太好，这情况您了解吗？

路亮：对。所以他每个周末都得回家。

采访组：他妻子也来过，您见过吗？

路亮：见过一次，后来见是到他家里去，是在小曾去世的时候，我们去过。

采访组：我们应该是采访不到他的妻子了，我觉得您跟她还比较熟。

路亮：他妻子来过一两次，和他妻子没太接触。

采访组：您了解他家里对他扶贫事业大概是怎么一个态度？

路亮：他家里人当时是不理解，后来还是理解了。

采访组：大概什么时候他们就理解支持了。这中间有什么事吗？

路亮：他跟我们聊天的时候说，刚开始他妻子不理解，他来了差不多超过半年后，妻子也是妥协了，接受这个事。

采访组：他有没有其他的情绪，比如说您见他流过泪吗？

路亮：我见他有心情不好的时候。因为当时咱们扶贫这个愿望没实现，当时扶贫工作在我们乡里应该是靠后的位置。他当时就说了你放心，下次我一定要争取把工作搞到前三。其实小曾扶贫工作业务能力是非常强的。在我们乡扶贫领域的几个人里面，其他人对电脑、对扶贫的业务知识没有他理解得透。他基本上在工作以后没事的时候，就看扶贫的那些书。

　　采访组：您有没有印象哪一次你们在处理什么事的时候，他说了什么东西让您觉得这个年轻人确实是对扶贫工作特别了解？

　　路亮：我记得上次乡里来了两个扶贫工作专干，具体我也记不清了，但是后来还是照着小曾说的方法来做的。

　　采访组：那个问题是有一点分歧吗？但是最后他说的是对的？

　　路亮：最后的实施，还是按小曾说的。

　　采访组：我想了解一下小曾和王院长他们的分工是怎么样的？

　　路亮：王院长是我们路湖村的工作队长，小曾是扶贫专干。

　　采访组：等于说王院长是领导，是这样吗？

　　路亮：对，王院长负责上层思路的决策，小曾具体落实。

　　采访组：小曾牺牲的事儿，您是怎么知道的？是谁跟您说的，当时您在哪？

　　路亮：那天我印象特别深，那一次我和村"两委"一个同志，俺俩在一起，到我们西湖，有一个闸没落下去，我们俩去把闸落下去，防止洪水灌到农田，应该是下午四五点钟。我们把闸落下去，在回来的路上，雨下得特别大。扶贫专干给我打个电话，说小曾被电打死了。我说不可能的事，我们一直在一起工作，我确实不能接受这个事实。他说是真的，你赶紧来吧。我们两个人，骑着三轮车，直接就奔到王海孜，在他出事的地方。

采访组：我了解小曾在咱们这儿扶贫期间做了几件事，一个就是危房改造是吧？您了解吗？您跟他一起去过吗？

路亮：我没跟他一起去过。

采访组：有人要放火，想偷偷烧是吗？

路亮：对。

采访组：他想偷偷把他田里那块给烧了？

路亮：已经点着了，只有那一个人在现场，我怀疑就是他，我向书记反映过，确实把他送到派出所了。后来过了几天，他们到村里来闹事。

采访组：小曾有没有需要动用这种强制手段的时候，他有处理过这种事件吗？

路亮：他没处理这个事件。因为当时他在村部，但是他知道，我们全村都知道这回事。带到派出所，那人不太服气，也没有确凿的证据。

采访组：那人就觉得疑罪从无，你们是怀疑我，不是我，然后他就要闹，为了证明自己的清白，是吗？

路亮：事实就是他。我看管的，他走过以后就着了，不可能是别人。

采访组：后来他怎么来闹的？

路亮：我把他送到派出所后，派出所说没有证据，就把他放出来了。他就到村部来闹事，找村里麻烦，说不是他放的。当时我要求把他送到派出所，小曾知道这个情况。他来闹事，当时我到了村部门前，小曾见我就叫我，然后把我拉回去了。他说放火的人来闹事。小曾说这样不行。小曾个子又大，给我拉到食堂。等他们走了以后，小曾跟我一起出去的。不论干什么，他非常细心，他能考虑得这么全面。

采访组：您还记得您第一次见到小曾是什么时候吗？

路亮：第一次见小曾应该是 2017 年 10 月我刚进入支部的时候，他已经扶贫半年多的样子。第一次见他，我跟他不熟。在我们村部的工作台上，小曾到我跟前，跟我说他叫什么。

采访组：当时您对他的第一印象是什么，还记得吗？

路亮：看着也不像一个城里人，穿着也朴素，年龄不大，不像城里人穿得那种光鲜亮丽的，初次印象是这样的。

采访组：什么时候您跟他熟了？

路亮：我们经常来值班，天天在一起，慢慢就熟了。

采访组：您有没有哪一次觉得对他有点改观，就是觉得这个年轻人原来是这样的。

路亮：通过扶贫这个事，看得出他比较稳重、老实。他讲解扶贫知识的时候，分析哪个做得不好的时候，说话非常利索。

采访组：当时是干什么，您觉得他很利索？

路亮：比方说明天上午开会，他就今天下午 5 点之前，各项工作必须提前完成，不会拖拉。做什么工作都会提前，不会到最后的时间来做。他说早完成也是完成，晚完成也是完成，不如早完成。

・采访对象：王秉璞（驻村第一书记）

采访组：您方便做一个自我介绍吗？

王秉璞：没问题。我是驻村的工作队队长，跟曾翔翔同志是同事，是宿州市第一医院党委书记王秉璞。

采访组：咱们就从小曾开始准备扶贫工作，自己报名去申请这个事开始聊。行吗？

王秉璞：行，没问题。

采访组：当时他是跟您递的申请书吗？还是怎么一个申请的过程，您还有印象吗？

王秉璞：当时任务下到我们医院以后，我们要挑选一些政治觉悟比较高、工作能力比较强的年轻人。当时曾翔翔同志是主动请缨，要求到脱贫攻坚一线，当时我们考虑了一下，因为他本身是学财务的，他在电脑使用操作方面比较棒，因为到农村去，很多时候要用到电脑，所以当时考虑他是可以的。但是要他去做家里人工作，做通以后，我们才能让他去。当时他也做家里人工作，后来做成了就来主动找我们。

采访组：您了解他跟家里做工作都做了哪些内容吗？

王秉璞：他父母身体不太好，我们当时想着他父母年龄大了，身体也不太好，所以一开始也没有对他抱多大希望。但是他保证一定能做成家人的思想工作。但具体怎么做成的，这个细节我们不大清楚。但是从后来来看，他家里面对他扶贫工作还是很支持的。

采访组：当时咱们一共有多少人主动请缨报名要到扶贫一线？

王秉璞：咱们医院当时报名的人不是很多，都是我们团委的几个同志，曾翙翔是我们的团委副书记。因为团委的书记是临床，他是在做医生的工作，下来以后可能有很多不方便的地方。所以，当时总务从行政这一方面考虑而没有从临床去考虑。

采访组：您当时在医院的时候对小曾是怎么一个印象？

王秉璞：在驻村以前对他印象不是很深，他年轻，和我相差 20 多岁，接触得不是很多。但知道这个年轻人很上进，平时单位加班，他一般都是主动要求。对这个小孩就感觉不错，但是深层次没有多少交往。

采访组：您跟他第一次比较密切的接触，就是两个人一起到扶贫一线来这一次，是吗？

王秉璞：对。

采访组：您还记得第一次是怎么样一个情形吗？

王秉璞：一开始我们来的时候，因为当时我们报到第一站不在这个地方，不在现在这个村，是另外一个村。报完到以后，第二天才赶到这个县。当时因为我们报到的时候一起来的，虽然说报到以后第二天换一个村，他也没有任何怨言，适应能力都很强，随后到村部以后很快就进入工作。因为城里的孩子们到农村大部分肯定是还有一个很长的适应过程，他适应很快，很快就进入这个角色。到我们村当时用了两个多月时间，我们把所有事情都搞一遍，然后我就感觉这个小孩特别好。工作很踏实，而且他很快能和当地老百姓打成一片。包括一开始我们来的时候自己做饭吃。我们把大部分时间尤其是早上，要赶集去买菜，就怕他在这个地方生活上不大适应，所以基本上都是我去买菜多一点。

采访组：您也是在这个村吗？

王秉璞：对。同一个村。

采访组：您是担任什么位置？

王秉璞：他是专干，我是第一书记，是他直接领导。

采访组：能介绍村子的贫困情况吗？

王秉璞：我们当时来的时候，村里贫困的情况大概占到人口的 10%，180 多户贫困户，400 多人。我们是 2017 年 9 月到这里的，扶贫了 30 户，小曾是在 2018 年 8 月去世的。我们来到这，他工作就短短一年时间。在这一年当中，曾翙翔做了大量的工作。我们两个人性格都是不大喜欢张扬的，平时去下户干什么，也很少留下一些图片资料。所以，后来让我们提供一些视频或者图片资料，都没有特别多。

采访组：您作为第一书记，咱们在扶贫的过程中，一般小曾都负责哪些具体的工作？

王秉璞：具体的工作主要是像到村到户的这些产业、项目的落实跟踪，前期的这一些申请公示评估，包括到部门去核实每户适合做一些什么账户的项目。另外呢，包括有一些贫困户家中有就学的，或者是有需要看病的。因为我们本身是医院，还有不少贫困户有时候需要到医院就诊，都是打我们电话，我们负责帮他们安排到医院检查、住院什么的。

采访组：您跟小曾在一起工作的这段时间，您觉得他工作上有什么特点吗？

王秉璞：比较明显的特点就是，一般人到这个地方来工作，单纯把它当成是一种工作。但是小曾在工作中注入了爱心和激情。他到贫困户家中不单纯是工作，而是在用爱心去帮助他们。所以，我们的帮扶群众对他感情很深，并不是因为单纯工作关系，主要是他倾注了自己的感情。

采访组：您能给我们举一个具体的例子吗？

王秉璞：你之前采访过的那一家叫郭永发，他们孩子在上小学六年级的时候户口问题仍一直没有落实。升初中的话必须要户口，像这么大年龄段上户口很麻烦，需要先做亲子鉴定。小曾找公安机关问询上户口的事情。在这之前呢，小曾就多次到他家去了解情况，这小孩为什么要去做亲子鉴定，然后又多方联系，了解需要经过一个什么程序。他当时除了搞这个事情以外，还需联系做亲子鉴定的事情。亲子鉴定还需要资金，当时大概是3000多块钱，不过这家公司很好，当时收的费用很便宜，而且是亲自到这个地方，为了避免贫困人口各方面不方便或者是不配合，就是公司进到我们村里。曾翙翔同志根据这个情况做了很多工作，同时也积极筹措资金帮他们解决了困难。他在工作的时候是设身处地为困难群众着想。

采访组：资金最后是怎么解决的？

王秉璞：资金最后是他自己掏了一部分，然后我们工作队出了一部分。他做了很多工作，包括把这一户的情况给这家公司讲，说价格上能不能优惠一点，然后说这家人智力上都有障碍，你能不能到我们这里来。这件事情做成背后，他付出了很多的努力，很不容易。

采访组：这个事情跟这个家庭认定贫困户也是有直接关系的吧？

王秉璞：那是的，教育扶贫，也是我们国家扶贫政策的一部分。因为那个小孩如果她升初中以后没有户口，没有学籍，她就不能享受到教育扶贫政策。

采访组：教育扶贫是哪些政策？

王秉璞：教育扶贫包括我们国家有就学补助，学杂费是免的，同时每年国家还有一定的教育补助，像"雨露计划"之类的。对有孩子上学的贫困户助学基本上是这样。不会花什么钱，能上得起学，不会因为家庭困难而辍学。

采访组：您跟小曾在一块，他有没有做过什么事情让您觉得这个年轻人还挺温暖的？或者是其他让您觉得印象很深的一件事？

王秉璞：他个人温暖的事情很多。应该讲这个小孩，用我们的话来讲就是非常厚道，我们单位每个月都有同事过来，去贫困户家中走访。每一次来，基本上如果时间允许，都在我们这吃饭。因为我们是自己做，他每次都招待我们同事，从来不计较个人的经济上的事情。包括偶尔去餐馆吃饭，他都主动付账。他在生活上很简朴，但是对同事、对朋友不是个吝啬的人，很大方。对自己，从他穿的衣服包括鞋子都能看出来，非常破旧了，他还在穿。他对自己很苛刻，对朋友、对同事特别大方。所以，很多同事或者是朋友，觉得他是一个有血有肉的人，非常重义气的人。

采访组：您对他家庭了解吗？他家里的情况跟您说过吗？

王秉璞：不是特别了解。关于他父母，聊得不是很多。因为平时我们在一起的时候，从他和家人通话能感觉出来，他对他父母的关心，我只是后来才听说他父母的具体情况。他岳母就在我们医院所在的办事处，我跟他岳母之前是比较熟悉的。经常也能听到他岳母聊到这个女婿，她对这个女婿非常认可，称赞比较多。

采访组：我之前也听咱们村的村民说，好像他妻子来看过他，是吧？

王秉璞：是的，他妻子来过。

采访组：您觉得他妻子对扶贫工作是比较支持的一个态度吗？

王秉璞：他结婚大概就是一年多不到两年时间，一直没有要孩子，估计可能当时他妻子也不会多赞成他下来，毕竟两地分居。小曾他做思想工作的能力还是很强的，做他妻子和父母的工作。家属到后期呀，应该讲是非常支持他下来工作。否则的话，那肯定要经常吵架了。

采访组：他大概多久会回家一次？

王秉璞：一般没有特殊情况，都是每周回去一次。我们是周末可以休息，可以回城。

采访组：您刚才也说到他特别擅长做思想工作，他在做扶贫工作的过程当中，除了基本上每一户制定方案以外，具体的这种思想上的扶贫，咱们有什么措施吗？

王秉璞：其中有一户，小孩子初中毕业以后，他感觉上学包括上高中考上大学毕业以后，出来工作一天也不过赚两百来块钱，有时甚至还拿不到这么多钱。像我们宿州市的工资水平也就是 3000 块钱左右，平均下来每天也就不到 200 块钱。所以，我们年轻小孩初中毕业以后就打工的非常多。其中有一户贫困户的孩子还没有初中毕业，厌学、成绩不好，然后也不想上学了，想出去打工。我们是 9 年义务教育，他还没有完全完成义务教育。按照国家政策来讲，贫困人口的子女就学是不允许出现辍学这种情况的。曾翙翔就跑到那户人家里做工作，告诉他继续打工的话，没有文化，只能够通过自己的体力去获取报酬。后来把这个工作做通了以后，他孩子又重新回去上学了。

采访组：您能跟我们聊一聊小曾跟您在村子里修路的事儿吗？

王秉璞：他争取的这个修路到村的项目是在我们村部旁边一个叫杨桥的地方，这个村的基础设施一直是比较差。我们经常要去到户里面去看，然后就发现了这个问题。他就主动找上面要一个项目，最后要来了道路硬化的项目，就放在了杨桥这个地方。在道路施工的时候，他经常是三天两头要去监工，要去看质量怎么样。其中有一次下雨，他滑倒了，腿划破了。

采访组：他是风雨无阻去做这个事情吗？

王秉璞：对。他不是把这个项目申请来了就完了，还要去看修路，怕工程质量上有问题。

采访组：修路给这个地方带来了实际的一些改变吗？

王秉璞：出门就方便了，有路。不像以前，下雨天都是泥和水。

采访组：比如说咱们农户做买卖什么的，可能会更方便一些，是吗？

王秉璞：对。出村更方便，平时下地劳动，或者是运粮食，都方便多了。

采访组：您能再跟我们说一说他抗洪这个事吗？

王秉璞：他去世的前一天，我们这个地方已经开始在狂风呼啸，大雨倾盆。他出事的那一天是周六，是8月18日，那天实际上我们是可以不来的，因为周六我们可以休息了。但他一早上就主动开车到这个地方，大概6点多钟就从家出发，城里到处都是积水，从城里面出去都很麻烦，要绕很多路。他大概是不到八点就到村了。我们进村的时候，村干部正在组织相关工作。因为这个村离西边的河很近，最近处只有一百多米，远的也就是二三百米。当时水很大，老百姓的生命财产安全受到严重的威胁，村干部还有党员同志都主动到河岸，用沙袋加固河堤，防止水倒灌进村。他一直忙到中午，一直都在抗洪抢险一线，在泄洪闸、加固堤坝，下午开始上户里。因为我们这地方一些老人住的房子一般都是老房子，地基很矮，下大雨了以后，房子就会进水，会把房子泡塌方。为了保证安全，他就劝贫困的老人转到安全的地方。

采访组：因为您和他都是医院系统的，你们好像给村里的卫生室添了很多东西？这个事是怎样的情况？

王秉璞：他发现我们这个村的卫生室条件很差，包括病人躺着吊水的床很破，没有空调，也缺乏电脑和一些办公设备。所以，当时他就主动到医院去，找到当时负责扶贫工作的工会主席，是个姓李的院长。当时也就是想问问医院能不能帮助村卫生室解决一些实际困难。实际上不光是我们包的路湖村，还有另外两个村，一共三个村，报了大概30万元的预算，包括病床、空调，还有电脑。办公室里这些都配齐了，所以村卫生室的硬件条件改善了，村民们就诊条件也好一些了。

环境改善了，而且设备像血压计什么的这些，比原来要好得多。

采访组：您能不能跟我们谈一谈咱们在这个村子的整体扶贫思路，是怎么做顶层设计的？

王秉璞：现在我们村10%的贫困户大部分都是老弱病残，像这种没有多少劳动能力，想用产业扶贫的方式不是很现实的。像这种特困户啊，都是国家政策养起来。对于家里面有劳动能力的这些户，我们采取开发一些工作岗，让他自食其力，通过自己的劳动来脱贫，一个月有600块钱工资，这样的话一年下来就可以有 7000 多的收入。还有我们扶贫工厂，可以优先选择贫困户就业。还有就是能够种地的，可以去搞一些特色的种植，包括经济作物。另外可以做一些特色的养殖，包括养殖鸡、鸭、鹅、羊、猪这些，去带动老百姓增加收入。因为我们这个地方水比较多，曾翔翔同志曾经计划在当地养殖大虾，结果他跑到几个地方调研，因为受这个地方的水不是很稳定等因素影响，项目没有做成。

　　采访组：他也做了很多实地的调研？
　　王秉璞：对。

· 采访对象：武建华（党总支委员）

采访组：您方便做自我介绍吗？

武建华：我是路湖村总指挥部的委员武建华，负责党建工作。

采访组：我想问问您，当时是怎么样一个具体的情况？当时是特大暴雨，曾翙翔到您那个村里是去看当时的贫困户吗？

武建华：是这样的，我还原一下，在 8 月 17 日的晚上，受"温比亚"影响，我们宿州市路湖村开始降特大暴雨。在这期间我们晚上，村"两委"的都在我们那边的欧河，我们村部和路湖村就坐落在欧河的东堰，路虎村岩桥自然庄就紧邻着欧河东堰。所以说，在这个时间我们村"两委"的都在几个防洪大堤上。欧河堰一旦溃堤，将直接威胁人民的生命和财产安全。当时我的手机已经没电，在早上 7 点多钟，我到村部充电，小曾正好刚来，开着车。从小曾家到我们路湖村几十里，但是为什么他走了那么长时间，接近两个小时，主要是因为"温比亚"来袭以后，雨大风大，树刮得到处是，搞得乱七八糟的，像蜘蛛网一样，行走困难。这时候路面不好走，他行驶过程当中速度非常慢。

我们俩简单地沟通后，一路我坐着他的车，到 4 个排涝站去巡查排涝的情况。虽然说开着车，其实和步行没有两样，车只能开到主干道上，每一个闸口到主干道上，都还得有几里路。中午回来的时候就是在 1 点多钟了，我们来到村部，我们俩在一起简单地吃了一点泡面，之后稍微休息一下。

这时雨比上午下得还大还猛。曾翙翔就建议去几个贫困户独居老人家看看，他们住的房子还是比较陈旧的。当时我们虽然搞了一些危房改造，但有些农户经济条件还不许可，没能及时把他们的危房给处理掉。我们在下午 2 点左右，打着伞，有扶贫小组长，带领我们到李召宝老人家去。

大概 2 点多的时候，我们就了到李召宝家，看到他的房屋已经进水了。但是李召宝一个 70 多岁的老人，思想比较陈旧。当时他正在屋里面用脸盆往外舀水。雨势这么大，风又那么大。我当时打着伞，曾翙翔先进去的，劝导他，让他挪走，他不愿意挪。至少得有四五十分钟，就劝他。他说我人在屋就在，我屋不在，我人就不在。说啥都不干。翙翔说："这样吧，大爷，今天这样，我把你带走，跟我一起住，上总部去，可好？"然后找小儿子来说服他，最后才把他送到小儿子家里住。

已经下午4点40分左右了，独居老人全部搬到他们该去的地方了。

曾翙翔跟我说他想上王海孜，我说行，咱马上把这事安排好，到西学看看那几个路口。有的路口多少年没见过这么大的雨，小路口基本上都被农户用土给垫了，所以说这些水无法从小河沟往大河里面流。为了疏通，村总支部委员带着挖机，陆续疏通这几个小沟。

这时我家属给我打了一个电话。我家门前有一溜杨树，风一大雨一大，地里一饱和，树根扒不住了，慢慢就倒下了。正好西边是一家住户，两层小洋楼，眼看着就倒到人楼上去了。我跟翙翔说："我的树马上就倒下了，我得去把它处理掉，然后我们再去。"他说："那这样你先去处理树，我去看看王海孜，因为那还有几家贫困老人。"然后我回家去，树的险情还没能排除掉，我就接到了书记的电话说，小曾触电了，可能会遇难。当时我听到以后，第一句话说，胡扯，你说的啥话。不可能的，绝对不可能，别开玩笑。他说，真的，可能已经不行了。然后我及时通知了我们村总委员，我们俩就驾车到那一看，他已经没有呼吸了。

采访组：他下户的工作状态，如果您用两个词去概括，您会选哪两个词？

武建华：一心为民，爱岗敬业。

采访组：小曾在工作当中有没有什么比较特别的能力，或者是特别的方式方法？

武建华：有。曾翙翔我总结他两个优点，一个是他好学，再一个就是工作上勤勤恳恳。

采访组：他让您印象最深的一件事是什么？

武建华：在他遇难前我们到欧河堰去巡查。他到我们村主抓贫困户脱贫，他能以身作则，诠释了一个共产党员的忠诚和担当。

采访组：作为一个同事，他有没有做过什么事情让您印象特别深的？

武建华：我快 50 岁的人了，对电脑非常陌生，智能手机都得经过年轻人指导。工作之外的时候，他就来指导我学习电脑打字、做表格之类的东西。我心里很感激他。

· 采访对象：王峰（扶贫小组长）

采访组：您方便做个自我介绍吗？

王峰：我叫王峰，是这个村的扶贫小组长。小曾生前，我们可以说关系很好的。

采访组：这个扶贫小组里面都有谁？

王峰：这个村子里面分成好几个小队，我是其中的一个自然庄的小组长。

采访组：小曾他来参加扶贫工作以后，您觉得他最大的特点是什么？

王峰：有一个，就是反复地交代怎么做得细。给他反映一个问题，他立马就开始去取证核实。有一次在我们填表、建资料的时候，我说我们自然村里有两家反映还有一项款项没打过来。过了大概有半个小时，他就回来了说是没打过来，下午就去处理这个事。

采访组：在咱们扶贫工作当中，您觉得有哪几件事是您跟他一起做的比较重大的？

王峰：都是星星点点的事，都是很平常的事情。有一个贫困户老马，生活比较艰苦，家里喂了一只鸡。生的鸡蛋他也不煮着吃，要拿去卖掉。小曾就给他买来了，买来好像有 10 来个鸡蛋，他好像是给了 50 块钱。再以后，给他 100 块钱，老马不愿意要，他说你买我这个不值。有一次好像是 16 个鸡蛋，他给 100 块钱，只有两三个不是坏的，因为存的时间太长了。

采访组：这一家是小曾负责的户吗？

王峰：不是。

·采访对象：葛思荣（贫困户）

采访组：请您做个自我介绍好吗？
葛思荣：我叫葛思荣。

采访组：您也是小曾负责的贫困户，是吧？
葛思荣：是的。

采访组：您能说说您家具体的情况吗？
葛思荣：你大叔他是 2015 年得的脑血栓，血压高，天天不能动。2017 年那会儿小曾来了，小曾一来就到贫困户走访一遍，到俺家来。俺家在这东头，路也远，不好走。我正好带吴成敏，他坐轮椅我推他，遇到小曾了。他说，大叔你叫什么名字？我说他叫吴成敏。我说你是哪的？他说是驻村工作队的，负责贫困户的。他问我家进没进贫困户，是你申请的，还是人家给你帮的？我说，我俩自个申请的。我说你看你大叔好好的，就是脑子开刀了，偏瘫不能动，俺申请贫困户。

好得很，没见过那么好的干部。他总是上俺家去，给买个菜，或者买个西瓜。有一天你大叔弄一床了，我弄不动，正好小曾去了。他知道我一个人弄不动他呀。小曾就说，大姨，你别急，你有了什么困难，我给你帮忙。然后给你大叔擦、洗、弄，我越不叫弄，他越得弄。我长那么大，也没见过这么好的干部。那不脏嘛。人家是城里的孩子，俺是农村人，弄那个，这俺心里真过意不去。

有一回，到麦地，他穿着个大裤衩子，戴个破草帽子。我给切块瓜，这个都不吃，他说的俺这不能吃。我说你都给俺帮忙弄，吃块瓜喝点茶，这又算什么事。他说俺也不能吃人东西。

他帮助俺太多，不只是帮助俺，就走到路边也要帮人。有一次看那有90 多岁的老人，也是扶贫户，去拾麦子，拿着口袋。他说，老奶奶，你弄什么呢？人说我拾麦子。他说我给你背着，然后手里拿个叉子，戴个破帽子，给提着，送到人家门口。我看到了说我给提，他不用。他是真好，不是假好。他在我们路湖村做得太多太多。你看这真是想不到的事，他牺牲在俺这路湖村了。可惜，太可惜了。

采访组：他总能看到您可能自己都没太注意到的一些事，他都帮您想到了，是这样吗？

葛思荣：是的是的，你家要是缺什么了，他都能想到。他本来是医院里头工作的，他说的叫他大叔多买点降血压的药。他买了那个苦荞，让大叔泡茶喝。我给他钱，说啥都不愿意要。他说，这不值钱。我说，这再不值钱，你挣钱不易。他也不喝你的茶，也不吸你的烟。

采访组：他对您的帮扶主要在哪几个方面？

葛思荣：入股分红这些都是他给提供的，他给帮扶的。

采访组：您能给我们讲讲入股分红是怎么回事吗？

葛思荣：入股那个企业给分红，一年就分红，给我入股的利息。他说这能改善点，能多收入点。他说的给你大叔买点骨头吃，买点青菜。他不只对俺这一户，对哪一户都好。

采访组：你入股的企业叫什么名字？

葛思荣：源源畜牧有限公司。

采访组：这个公司是他张罗着成立的吗？

葛思荣：不是。他是帮俺申请。

采访组：这个是谁都可以参加吗？

葛思荣：贫困户才可以参加。

采访组：您当时入股了多少钱？

葛思荣：3000 块钱。

采访组：现在一年大概能分多少钱？

葛思荣：180 块钱。

采访组：还有什么其他的帮扶措施吗？

葛思荣：他给我帮扶一个光伏管理员，就是光伏电站的管理员，一个月 100 块钱。还帮俺申请了低保。

采访组：然后还有什么其他的吗？

葛思荣：还有残疾福利补贴。

采访组：该有的福利补贴都帮您申请了？

葛思荣：对。他还带着俺和你大叔上县医院去检查。

采访组：他自己开车带着您去检查？

葛思荣：对。我没法弄去，你大叔偏瘫，我又弄不动，给他钱也不要，还得管俺吃饭。

采访组：您能回忆一件您跟他一起去做的事吗，您印象最深刻的？

葛思荣：最感动的一件事，给俺家的偏瘫大叔擦身子。他儿子都没给洗过。

· 采访对象：郭永发（贫困户）

采访组：您叫什么名字？

郭永发：我叫郭永发。

采访组：您是小曾负责的贫困户吗？

郭永发：是呀。

采访组：您的事其实之前我们已经有一些了解，但还是想听您再讲讲。

郭永发：我家有个小孩原先没有户口，要登。大队一听说我小孩没有户口，小曾非常热情，就给我小孩办的户口，给做了亲子鉴定帮我小孩户口办了，现在也上学了。

采访组：我听说您做亲子鉴定花了一笔钱？

郭永发：花了几千块钱，这些都是小曾他们给我办的。

采访组：其实这个钱有一部分是小曾的工资，您知道吗？

郭永发：我不太了解，我还以为是村子里面公共的钱。他帮忙把户口办了，我现在小孩上中学，这不办的后果就是不能上中学。他把这个事搞得清楚，来来回回跑很多趟才把手续给弄好，我就到县医院去。

采访组：您第一次见到他是在什么地方？

郭永发：在我家。

采访组：他第一次到家里面，然后跟您聊，咱们去认定贫困户的事？

郭永发：是的。

采访组：当时咱们就发现户口问题，不能认定贫困户，是不是？

郭永发：对。学校说小孩户口的事，然后他就把户口给我办上了。不办现在也不能上。

采访组：具体咱们认定是贫困户了，后面他给您讲的哪些方案，就是说能给您增加一些收入？

郭永发：也讲了叫养羊，我正在考虑，还在考虑要不要养。还有入股，还有个小额信贷。

采访组：您其他的方面，还有就是小曾建议您养羊，但是您最后还是在犹豫，您犹豫的原因是什么呢？

郭永发：咱没养过，不知道能不能成功。

采访组：小曾帮扶您前后，您觉得您的生活有变化吗？

郭永发：那生活有变化，比以前好得多。

采访组：有没有哪一件事，让您觉得还挺感动的？

郭永发：给咱做了多少好事，咱能不对人有好感吗？他工作非常扎实，对我也非常关心。

采访组：他都关心您什么呢？

郭永发：关心家庭生活，关心有什么困难。建议我做各种事，维持生活。

采访组：还出了什么别的主意吗？

郭永发：他叫搞种植，搞经济发展，但搞这个咱没有经验，咱也不敢动。家庭条件本身不好，就不敢。

采访组：他建议你种什么？

郭永发：种花生、红薯。

采访组：您也不是特别敢迈出这一步，您跟他说了自己这些顾虑吗？

郭永发：说了。小麦、黄豆咱常种咱知道，其他的咱不知道，不敢种。

采访组：他说什么？

郭永发：他说你得试试，我就不敢干。

采访组：我听说他对孩子是特别好的，他对您家的孩子怎么样？

郭永发：对我家这小孩蛮好。

采访组：比如呢？

郭永发：经常问问小孩上学情况，家里生活情况，有什么困难，问这些事情。

· **采访对象：武成宝（贫困户）**

采访组：大爷您先给我们做个自我介绍，好不好？

武成宝：我叫武成宝。

采访组：您是小曾具体负责的贫困户是吧？

武成宝：对。

采访组：他来您家里负责帮扶，是在有了第一书记之后，还是说之前就是？

武成宝：他是经常到我家去。

采访组：经常来您家，您是什么时候第一次见到他的？

武成宝：2017 年 10 月份吧。

采访组：当时是在什么样的一个场合见到他？是他专门来找您，还是他第一次来到村里当书记？

武成宝：上我家去。

采访组：您能跟我们讲讲当时是怎么回事吗？

武成宝：到我家一看我这个房子，就说危房要倒了，然后说危房要改造一下。

采访组：当时他是看到什么说您的房子是危房？

武成宝：当时的房子是从前方往后面倒，歪了，是土房。

采访组：后面已经塌了，是吗？

武成宝：对。

采访组：是塌了半间吗？还是有多大？

武成宝：三间后墙都快要倒塌完了。

采访组：都快塌了，住在里头您不害怕吗？房子塌了怎么办？砸着您怎么办呢？

武成宝：就给改造了嘛。

采访组：然后他正好来就说给您改造一下，是吗？

武成宝：嗯！

采访组：第一次见面就给您这么大一个实惠。当时见到他，您高兴吗？

武成宝：我很感动的。

采访组：他对你的帮扶除了危房改造还有没有其他的部分？

武成宝：还有自种自养。

采访组：他鼓励您去开展一些自己的养殖业、种植业是不是？

武成宝：对。

采访组：具体是养什么？

武成宝：养猪。

采访组：养猪您可发了，现在猪肉好贵。你养了几头猪？

武成宝：10头猪。

采访组：那工作量是不是很大、很辛苦呀？

武成宝：也没什么辛苦的，反正一天喂两顿就可以了，一般都是中午喂一次，下午四五点钟喂一次。

采访组：除了养猪，您还种什么吗？

武成宝：小麦、豆子。

采访组：咱们村都是小麦和大豆是吧？

武成宝：对。

采访组：像您小麦种完了，咱们收割了，您自己去卖吗？还是村子里面统一给咱们收购？

武成宝：外面有专门的人来拉，定点就收走了。

采访组：您觉得这个价钱怎么样？您卖给他觉得这个价钱是高是低？

武成宝：价钱现在都是一样的，都还可以的。

采访组：在小曾来之前，您有什么变化吗？他来之前您是主要种什么养什么？

武成宝：他没来那时候我没有养什么，就是种豆、种小麦。他来了之后养了有几头猪。

采访组：他是怎么跟您说让您养猪鼓励您养猪的呀？

武成宝：他跟我说，你养猪的话，到时候上面能补贴一点。

采访组：每养一头猪咱们就有一些补贴？那您养 10 头，它能补贴您多少钱？

武成宝：5000 元。

采访组：猪要生病了怎么办？咱们请兽医吗？还是怎么办？

武成宝：请兽医。

采访组：那一般您的猪生病了，您会去找小曾吗？

武成宝：找小曾，他会帮我找兽医。

采访组：您还记得就上一次猪生病，他帮您找兽医，猪是怎么了？您还有印象吗？

武成宝：有印象。猪都病了，生了猪瘟。

采访组：怎么办呢？

武成宝：一年没赚钱，还赔钱。

采访组：当时您这个事小曾知道吗？

武成宝：知道。

采访组：他当时怎么说？

武成宝：他说，以后再看看，然后各方面再补一点吧，再帮我想办法。

采访组：那咱们有没有哪一年养猪挣着钱了的？

武成宝：第一年能挣钱。我第一年挣了万把块钱。

采访组：包含那补贴的 5000 元吗？

武成宝：不算那 5000 元钱。

采访组：那也不错，能顾着生活。小曾来了以后，他叫您养猪了以后，您觉得咱们生活有什么实质性的改善吗？您赚了钱以后都买了什么东西？还是存起来了？

武成宝：存起来了。

采访组：您准备存钱干吗？

武成宝：我还有个儿子没结婚的呀，要存钱给儿子娶媳妇。

采访组：儿子多大了？

武成宝：儿子今年 21 岁了。

采访组：他对他的未来有什么想法吗？他现在在做什么？

武成宝：现在在外打工。

采访组：能补贴您点吗？

武成宝：不要补贴，孩子花钱厉害得很，不像咱们这么节约。

采访组：现在小孩就是这样的，他们的消费意识比较强，是吧？因为您儿子也不在身边，那小曾到您家里面，除了说帮您养猪以外，还有没有在生活上面给您一些温暖呀？

武成宝：过节的时候，会买一桶油、买一袋面、买一袋米，或者过来打扫卫生，做一顿饭。

采访组：我听说他自己种了个小菜园，是吧？他是给您做他种的菜吗？

武成宝：自己家都有种的菜，有什么菜做什么菜。

采访组：你有没有什么印象，他做哪个菜特别好吃或者特别不好吃的，有没有？

武成宝：哪个都好吃。

采访组：反正好不好吃，这心里都是挺高兴的，当时您那一顿饭做了几个菜，您还有印象吗？

武成宝：做了 4 个菜。

采访组：有肉吗？

武成宝：有。

采访组：吃的什么肉？

武成宝：猪肉。

采访组：他一般什么时候会来给您做一顿饭，大概多久？

武成宝：这个时间长，也记不住。一般都是一个礼拜或者是半个月来一次。

采访组：每次来都给您做饭吗？

武成宝：要是有时间，他有空就做。

采访组：有空的时候，就跟您一起吃个饭聊聊天，觉得特别温暖是吧？逢年过节也来看您吧？

武成宝：哎，对。

采访组：您当时是怎么被认定成贫困户的？他有跟您说吗？

武成宝：我家属因为是残疾人，两个小腿都截掉了。

采访组：然后就确定了小曾具体来帮扶您。那您第一次知道您是他的帮扶对象的时候，心里怎么想的？

武成宝：心里很高兴。

采访组：为什么？

武成宝：他作为一个城里的小伙子，在家里面肯定是宝贝，所以他一来，咱们都很高兴的。我们一般农村都不干净，或者是环境差一点，他来到这，能适应的话，我很高兴。

采访组：您会不会觉得第一书记来帮我，我肯定会比较沾光，会这么想吗？

武成宝：对，是这样想的。

采访组：然后像您在脱贫的过程中，有没有什么时候是小曾觉得您这个想法不对，然后他纠正您的？比如说这个过程当中，您会不会觉得养猪还得投入本钱，我今年可能还挣不着钱，有一定的风险，那时候您没有这个顾虑吗？

武成宝：没有这个顾虑，我自己考虑好了，一般养猪的话就有赚有赔的时候，我有这个思想准备。

采访组：您以前也没养过，这怎么养，您会吗？

武成宝：他帮我找技术员，培训一下。

采访组：是给您一个人培训还是好几个人一块？

武成宝：一年一次，一次的话，十来个人一起去培训。

采访组：是在哪培训？在队部吗？

武成宝：一般经常在别的村住，还有乡里面，专门有人集中去培训。

采访组：您跟小曾一起出去过吗？

武成宝：出去过。

采访组：一起去过哪儿？

武成宝：到人家那地方，看看人家的养殖模式。

采访组：这是他组织的是不是？还有咱们是去哪个地方参观的？

武成宝：青山养殖场。

采访组：到了这个地方，您当时感觉收获比较大的点是什么？

武成宝：看人家养殖，然后听人家介绍，你万一做的时候，按这个就可以。

采访组：这个跟他派的技术员讲的东西应该不太一样，是吗？

武成宝：是的是的，各人有各人的方式，所以得多听几家，然后才能摸索出自己的方法。

　　采访组：当时您到了咱们说的青山养殖场，您在那学会了什么？还有印象吗？

　　武成宝：技巧和技术。

　　采访组：您能说得具体一点吗？

　　武成宝：养殖的技术，比如说养猪需要打这个针，你学了以后，就知道了，你就可以自己给它打了。

　　采访组：咱们下去的时候，小曾当时提过什么问题吗？

　　武成宝：他说，人主要是帮你讲解理论，咱自己要实践。意思是这只是个参考，要按自己的方法去实践。

　　采访组：您赚到钱的时候，小曾应该还在吧？

　　武成宝：已经不在了。

　　采访组：他对您的帮扶前前后后大概持续了多长时间？

　　武成宝：持续了几个月。

　　采访组：对小曾的为人，您能说两个特点吗？

　　武成宝：为人正直、心善。

　　采访组：您能举个例子吗？他正直体现在什么地方？

　　武成宝：就是，他觉得你搞好了，他也很高兴。

　　采访组：心善呢？体现在什么地方？

　　武成宝：你看他这个人，也不发脾气，又不说啥，听他说话各方面都很温柔的。

采访组：平时他怎么称呼您？

武成宝：都是喊大叔。

采访组：您怎么叫他？

武成宝：咱只能喊人书记。

采访组：他不在的消息，您是什么时候知道的？是谁告诉您的？

武成宝：我们就听说到，听说下雨了，电把他打倒了。大家就都知道了。

采访组：具体到您是听谁说的？

武成宝：我听说时都到第二天了。第二天村民都知道了。

采访组：那您当时的心情是怎么样的？

武成宝：心情我是很难受的，觉得挺可惜。

采访组：您自己觉得他扶贫工作有没有什么比较特别的能力，就是他和别人不一样的地方？

武成宝：这个人可以的，我很感动。

采访组：他属于是比较打动您的？

武成宝：哎，对。

采访组：他的工作方法您觉得都有哪些？

武成宝：工作方法各方面都还可以，都很好啊。他一般都是跟我谈谈心、拉拉家常，坐一起吃饭。

·采访对象：蔡泉（重症监护室主管护士）

采访组：首先请您做一个自我介绍。

蔡泉：我叫蔡泉，我是我们宿州市第一人民医院 ICU 的护士，我是他的初中同学，也是他在医院的同事。

采访组：您和他是初中同学？

蔡泉：对。

采访组：您初中是在哪个学校上的？

蔡泉：是在宿州市第二中学。

采访组：当时你们是一个班的吗？

蔡泉：对，当时我们是一个班的。

采访组：是同班同学。曾翔翔当年在班里面学习好吗？

蔡泉：学习算是中上等。

采访组：当时你们座位离得近吗，跟他熟吗？

蔡泉：初中的时候其实和他不是很熟，因为初中的时候我们是按照个子的高矮顺序来排座的。上初中的时候，他个子就很高，在我们班他身高基本上排到前三名了，他坐在后排，我们就坐在前排，和他的接触也不是很多。

采访组：后来到了医院，初中同学又碰见了是不是关系比较好？

蔡泉：对。

他不是在财务科嘛，有一次我去要工资证明，就碰到他了，我说老同学你怎么也在这里，他说对，我是去年进来的，然后我就感觉同学之间，多年之后见面还是非常亲切的。

采访组：你觉得他跟初中相比有什么变化吗？

蔡泉：比初中感觉要稍微胖一点。他见到人打招呼的笑脸都是一模一样的，你一见到他，就感觉还是初中时候的样子，还是在我印象中。

采访组：他初中在班里面担任什么班干部之类的吗？

蔡泉：初中的时候应该是生活委员。因为他个子比较高，在班级里负责自行车的摆放。我们摆放好自行车之后，他们男生都要再重新摆放一次，摆放得很整齐。还有班级里面饮用水也都是他们扛。

采访组：他到财务科工作以后，你们私下的接触多吗？除了工作？

蔡泉：其实不多，因为我们俩分属两个部门，而且我也上班，还有家庭，都很忙，所以说我们平常接触也不是很多。

采访组：你了解他的扶贫工作吗？

蔡泉：其实他到村里扶贫之后，我们就很少见面了，而且我也有扶贫任务，所以说他的扶贫工作我不是很了解，因为有一次他回城，在医院的路上我见到他了，见到他之后，远远地，我没喊，我感觉这个人又像他又不像他。看着是他，又不像，因为以前他很注意个人形象的，以前他都是衬衣、西裤、皮鞋这种办公室上班族的装扮。

现在呢，就是短裤、T恤衫，而且是很随意的打扮，底下还是个拖鞋，我感觉特别接地气，而且变得很黑。我就问他，你现在怎么那么黑了，我都没认出来？然后他很乐观地说，这就是现在流行的小麦色呀。然后我当时就觉得"哇"！

因为他是一个城里的男孩子，而且还是独子，是在父母手心儿里长大的孩子。没有想到他去了生活比较苦的村里而且还以此为乐，我觉得他还挺让人心生敬佩的。当时他的形象在我心中又高大了。

• 采访对象：宋敏（财务科科长）

采访组：请您做一个自我介绍，好吗？

宋敏：我是宿州市第一人民医院的财务科科长宋敏。

采访组：您是和曾翔翔同事，是直接同事关系吗？

宋敏：是的，一个科室。从他进医院之后，我们都是在一个科室的。

采访组：那您对他应该是比较了解的，是吧？

宋敏：对。像他这个小孩怎么说呢，是阳光帅气的那种。然后还很孝敬父母，他心思很细腻，而且还挺乐于照顾人。在工作上也是的，很负责任。

采访组：您能给我们讲几个具体事例吗？比如说他孝顺父母有什么事是您了解的。

宋敏：他刚来医院的时候，我们就在一起聊天，然后他就说了，他当时考上的成都，还是四川一个国税，他都已经考上公务员了。我说，那这个比我们事业点要好得很多。

他说，姐你不知道，太远了，俺家就我一个孩子，最后想一下还是在宿州买房，父母也能照顾到。而且他父母身体还都不是太好，而且还有他外公外婆爷爷奶奶，还都在。

采访组：他是一个喜欢去张罗事儿揽事儿的人，很多责任都挑到一个人肩上是吗？

宋敏：对，他知道他要负起的责任是什么，而不是去逃避。

采访组：他跟您讲过吗？比如他有没有说要去照顾父母或者父母身体不好，是在咱们医院定期复查吗？

宋敏：他父亲是在哪一年来过，我记不太清了，是血压高、脑梗，他母亲心脏不是太好。

两个老人生活的担子还是很重，要照顾两个这样的老人，毕竟都是挺严重的这种病，老年心脑血管病。

采访组：但是他还是很乐呵的，一个人在工作？

宋敏：是的，是的。你刚刚也听他们讲了，其实怎么说，你只要看到他神情的时候，他总是笑呵呵的那种感觉，你一看他，就很舒服。

采访组：他当时是从咱们科室去扶贫的吗？

宋敏：是的。

采访组：他申请扶贫工作这个事您知道吗？

宋敏：他跟我说了，他说姐我听人家讲这个事了，我是党员，又是团委副书记，这个事我想去，我觉得也能历练历练。然后他就给领导打报告去了，是自己主动请缨去的。

采访组：自己主动去了，那当时您有没有跟他说农村好苦，他有可能吃不了苦？

宋敏：没有，没有。因为我知道他能吃苦。在我们科室干活的时候，我就知道他是个能吃苦的小孩。

采访组：您怎么知道他能吃苦的？

宋敏：我说一个事。原来我们办公区在医院对面那个地方，是在二楼，我们每一次医院的发票都是咱财政局印的，我们都是一领一批，这个得去领多少箱啊。基本上都是成百箱地领。因为跑一趟，得用车去接，然后我们还得从那边搬到车里，再从车里再搬下来，放到仓库里，这都是我们财务科自己人干的。当时我们科室就两个男孩，然后还有一个年龄大的男同志。所以说当时一起去拉发票就这几个年轻人，我们就自己去。然后我们就从那边搬，然后来到这就卸了，之后再往楼上搬。我基本上是两箱没问题。

然后他说姐，你歇会儿吧。你腰不好，我们俩就管了。他都是三箱三箱地往上抱。他一看我也抱，他就说你慢点儿，然后走的步子比以前还要快，就怎么说，夏天时候取货，我们都尽量不在最热的时候去取，就那样，衣服都湿透了。

真的是一个很好的小伙子！

采访组：来了之后结婚您去了吗，当时结婚的时候？

宋敏：结婚的时候咱们有规定，不允许。八项规定里头有。但是他们结婚的照片什么的，我们都看到了。

采访组：他去扶贫这个事情，您当时没有提醒他要考虑家里之类的吗？

宋敏：那倒说了一些，但他说没事，他说虽然父母身体不好，但是离得近，下乡星期六星期日也还能回来。他父母只要按时吃药就行，没有什么突发性的事情就可以，而且他去的时候跟李杨已经结婚了。

采访组：其实他去的时候妻子应该怀孕了是吧？

宋敏：其实怀孕的事是他去过之后，都好长时间了。那天他还没确定下来，还神神秘秘地给我们科室李娜说：娜姨，估计有好消息，然后娜姐就跟我说：翔翔可能是有了。我说：那还得庆贺庆贺呢，挺高兴的一件事。他说：不急，等三个月以后才能说出来。要不然说太早了不好。他还比较谨慎。因为李杨当时反应特别重，他也不能在身边，那个时候只能周末回去。

• 采访对象：赵秀珍（普外科护士长）

采访组：请您跟我们做一个自我介绍好吗？

赵秀珍：我是宿州市第一人民医院普外科的护士长赵秀珍。

采访组：赵姐，您跟曾翔翔同志是一个怎么样的关系呢？

赵秀珍：我们是同事关系，同时也是在路湖村一起扶贫的队友。

采访组：他是作为第一书记被派下去的吗？

赵秀珍：对。

采访组：您具体是负责什么内容？

赵秀珍：我主要就是负责报告，就是我们每个人都报告两户。我报告的这个户也是在路湖村。

采访组：您平时去看自己的负责户的话，他会陪着您一起去吗？

赵秀珍：他有时候工作忙。我们自己去，要是如果他工作不太忙的时候，就会陪着我们一起去。

采访组：您跟他见面的频率大概是怎么样？多久能见到一面？

赵秀珍：因为我跟他虽然是同事，但不在一个科室，接触得不太多。但是在路湖村的时候，就因为我们每个月要下去至少一次，基本上都是两次以上，基本上每个月都会见到曾翔翔。

采访组：他从最初下去当书记，一直到后来，他的扶贫工作已经有一定的成就，您觉得这个过程当中，您见他的哪几面是印象比较深，变化比较大，大概能分成哪几个阶段？

赵秀珍：他给我的印象主要是比较积极向上的，工作很踏实。因为他每次见我，都喊我赵姨，他是很能吃苦耐劳的一个人。我从哪里看出来的呢，因为刚开始我感觉城里的孩子都是父母的宝贝疙瘩，没有受过苦，但是有一次我看到他朋友圈里面，他夜晚睡在麦地里。我见他，就跟他开玩笑，我就说翔翔，你的卧室可真不小。天当被子，蚊子陪，我说你这能睡着觉吗？他就笑着说，赵姨，在麦地里睡觉的感觉真好，还有土地的气息，累了到哪都能睡着。

我就感觉这个小孩不像城里长大的孩子。因为，我觉得农村的孩子都受不了这个苦，还在麦地里睡。他在这个环境中还能够工作，我觉得确实是一个好孩子。

采访组：您了解为什么他在麦地里睡吗？

赵秀珍：我们每个在收麦的时候，都有一个进收小组，他是一个队员，得在野外地里看护，有时候晚上他还是不能睡，你说他睡得好觉那是不可能的，因为他还要巡逻。

采访组：是为了什么巡逻？

赵秀珍：防止哪里着火了，或者麦地着火了，防止有意外发生。

采访组：那个时候快到收获的时候了，是吧？

赵秀珍：对，收获的时候，有时候收获结束，也还得有一个月左右的时间，他需要在那儿。

采访组：他自己作为第一书记也要下到地里等着干活，是吗？

赵秀珍：对，他也帮农民收麦子。那也真是特别能吃苦，而且麦茬都挺硬的。

采访组：您到村里见到他，有没有什么印象比较深的时刻？

赵秀珍：我们每一次到路湖村，首先得到队部，反正他每次见到我们，都乐呵呵的，离很远就跟我们打招呼，笑呵呵的。

采访组：您去过他住的地方吗？

赵秀珍：去过。

采访组：他住的地方大概是一个什么样子，您能给我们讲讲吗？

赵秀珍：他就一间屋，一间房子还没有 10 平方吧。里面就是一张床，夏天的时候，也就是一个蚊帐吧，那里边蚊子也是比较多，门口他还种了一些菜。

采访组：您见到他种的菜了？

赵秀珍：有时候我们也到那儿去，他还叫我们去摘点带回家。

采访组：他都种了什么菜，你能给我们介绍吗？

赵秀珍：比如说小青菜、豆角，还有萝卜，他几乎都种过。

采访组：他在城里也没种过地呀，这怎么到村里就学会了呢？

赵秀珍：他感觉前面空了块儿地，觉得也怪可惜的，有时候在没有事的时候，他就刨刨地、种种地。他觉得这样比较好，还有一个吃住都在村里，买菜也不是太方便。我们一起扶贫的时候，偶尔人员比较多，他就自己去买菜，自己做饭，让我们在那儿吃。他平时自己应该也是自己做饭，自己种的。

采访组：您感觉他整个人的状态就是一个很快乐的样子，是吗？

赵秀珍：对，很乐观，你就没看过他说工作难干什么的，没有。

采访组：您下去的时候见过他和贫困户打交道吗？

赵秀珍：反正到那里去，我听我的包干户经常提起他，都喊他小曾。

采访组：您了解他扶贫工作当中比较困难的部分吗？

赵秀珍：他也没怎么跟我说过什么困难，但是我就觉得我们刚扶贫的时候，有时候真不知道怎么干，还有一个，怎么真正让老百姓脱贫，大家都很茫然。自从曾翙翔去了以后，每天都会走村串户，他不是说搁队部坐着，他经常会下去，到村里边儿，然后拿个笔记本，把每个贫困户的情况都写在笔记本上。因为以前我也没看到有文件柜，自从他去了以后，我就看他住的那个地方里边摆的文件柜，有两个文件柜资料，我就看了做得很细，摆放得很整齐。刚开始我们扶贫老是纠结在扶贫手册怎么填写怎么去搞，自从他去了以后，我们理顺了，感觉扶贫不是那么艰难了。

采访组：他也给您出了很多这方面的主意吧？比如表怎么填，然后这些东西怎么弄呢？他一方面是帮扶这些困难群众，另一方面也是在支持，就像一个基地一样，支持咱们医院其他医生的扶贫工作，是吧？

赵秀珍：对，是的。

采访组：他原来在医院做财务的时候，您了解他吗？那个时候跟他接触多吗？

赵秀珍：不是太了解。我刚开始不认识他，只知道他是嘴很甜的小孩，见我就喊赵姨，当时我就想这哪个小孩，嘴那么甜，不是太了解，就觉得挺好一个小孩。

采访组：您对他记忆最深刻的是什么？

赵秀珍：我就感觉这个小孩做啥心都比较细，你看着他大大咧咧的，他心细在哪呢？就是我有一个贫困户叫陆继胜，陆继胜他父子俩都是残疾致贫。因为我刚接手这个贫困户，那时候对贫困户还不是太了解，然后遇到了曾翙翔，就给我说，陆大爷家有个院子，门上面有一个电插座坏了，存在安全隐患，他还给我一个新的电插座，叫我帮忙，叫我捎过去。就一个电插座这一点小问题，他都能看到，他的心是比较细的，是一个工作很细致的人。

①

②

③

①曾翔翔同志练习书法

②曾翔翔同志整理工作文件

③曾翔翔同志参加运动会

④曾翔翔同志看望贫困户